**Claudio Feser**
**Karolin Frankenberger**
**Daniella Laureiro-Martinez**
**Stefano Brusoni**

# Super-Entscheider

Claudio Feser
Karolin Frankenberger
Daniella Laureiro-Martinez
Stefano Brusoni

# Super-Entscheider

## Effektive Entscheidungsfindung in dynamischen und unsicheren Zeiten

Aus dem Englischen von Ursula Bischoff

WILEY
WILEY-VCH GmbH

Das englische Original erschien 2024
unter dem Titel *Super Deciders: The Science and Practice of Making Decisions in Dynamic and Uncertain Times* bei John Wiley & Sons, Inc., Hoboken, New Jersey



**Bibliografische Information der Deutschen Nationalbibliothek**

Die Deutsche Nationalbibliothek verzeichnet diese Publikation in der Deutschen Nationalbibliografie; detaillierte bibliografische Daten sind im Internet über http://dnb.d-nb.de abrufbar.

**Print ISBN:** 978-3-527-51212-6
**ePub ISBN:** 978-3-527-85104-1

**Umschlaggestaltung:** Christian Kalkert (in Anlehnung an das englische Originalbuch)
**Satz:** Straive, Chennai, India
**Druck und Bindung:** CPI books GmbH Lec[illegible] Germany

# Inhalt

# Vorwort

Ich war im Verlauf meiner Karriere mehr als zehn Jahre lang als CEO in großen Versicherungskonzernen tätig. Entscheidungsfindung ist ein kontinuierlicher, prägender Aspekt meines Arbeitsalltags und genau das, was Mitarbeitende mit und ohne Führungsverantwortung von mir erwarten. Ich habe während meiner beruflichen Laufbahn eine Menge gelernt, von der Produktvielfalt bis hin zu den Schattierungen der Märkte und den Präferenzen der einzelnen Akteurinnen und Akteure. Vor allem habe ich jedoch gelernt, Entscheidungen in unsicheren Zeiten und in den unterschiedlichsten Krisensituationen zu treffen.

Dieses Wissen und die langjährige Erfahrung haben mich nach meiner Überzeugung befähigt, fundierte, gute Entscheidungen zu treffen, die den aktuellen Entwicklungen in unserer Branche Rechnung tragen.

Die Versicherungsbranche befindet sich heute – wie jeder andere Industriezweig – im Umbruch. Was einst als reifer, hochgradig regulierter und relativ stabiler Wirtschaftssektor galt, ist nun infolge der technologischen Fortschritte und der veränderten Kundenbedürfnisse und Erwartungen der Stakeholder einem rasanten und grundlegenden Wandel unterworfen.

Zukunftsweisende Technologien, insbesondere die digitale Konnektivität, Big Data und Künstliche Intelligenz (KI) haben innovative Wettbewerbsteilnehmende auf den Plan gerufen und den Branchenführern neue Chancen eröffnet. Die digitale Konnektivität – die Vernetzung auf der Grundlage digitaler Infrastrukturen – ermöglicht uns heute zum Beispiel, unserer Klientel nützliche und notwendige Dienstleistungen anzubieten und den Zugang zu einer Versicherung zu erleichtern und zu beschleunigen. Big Data, die in großer Menge, Vielfalt und mit hoher Geschwindigkeit anfallenden Daten, erlauben uns, Risiken mit der gebotenen Sorgfalt einzupreisen, Klientinnen und Klienten mit guter Risikobewertung zu belohnen und die Kreditexpositionen angemessen zu steuern. KI schafft hervorragende Möglichkeiten, Serviceleistungen zu verbessern und präzisere Risikobewertungsmodelle zu entwickeln.

Die rapiden Veränderungen der Kundenpräferenzen und Erwartungen sind nicht nur ein Ergebnis des technologischen Fortschritts, sondern auch auf den demografischen Wandel zurückzuführen. Mit dem Aufstieg der Gen Z, der zwischen Mitte der 1990er und Anfang der 2010er Jahre geboren, entstanden Erwartungen ganz eigener Art. Für die Angehörigen dieser Generation sind Kompetenz im Bereich der digitalen Technologien, das Bedürfnis nach personalisierten und zweckdienlichen Serviceleistungen und ein ausgeprägtes Umweltbewusstsein charakteristisch. Sie interessieren sich zunehmend für Versicherungsprodukte, die auf ihre Nachhaltigkeitsziele ausgerichtet sind. Dazu zählen zum Beispiel Versicherungspolicen, die Schutz für öko-freundliche Initiativen, grüne Technologien und Risiken bieten, die mit dem Klimawandel einhergehen.

Das Thema Nachhaltigkeit verändert nicht nur die Erwartungen der Klientel, sondern auch vieler anderer Stakeholder. Die Stakeholder im Versicherungssektor repräsentieren ein breites Spektrum, das Investoren, Regulierungsbehörden, Interessenverbände und die allgemeine Öffentlichkeit umfasst. Sie fordern zunehmend, dass Versicherungsunternehmen eine aktive Rolle bei der Lösung von Umwelt- und sozialen Problemen übernehmen. Das schließt eine Verpflichtung auf nachhaltige Praktiken ein, zum Beispiel die Reduzierung des $CO_2$-Fußabdrucks, die Unterstützung erneuerbarer Energien und die Bereitstellung von Versicherungsprodukten, die Nachhaltigkeit fördern, wie Policen für grüne Unternehmen oder Projekte, die erneuerbare Energien voranbringen. Auch der Ruf nach mehr Transparenz und ethischem Verhalten wird immer lauter. Stakeholder erwarten von den Versicherungskonzernen, dass sie ihre Umwelt-, Sozial- und Corporate-Governance-Bilanz offenlegen, das heißt, Bericht über ihre Initiativen hinsichtlich Kohlenstoffemissionen, Diversität und Inklusion zu erstatten und sich, unter anderem, verantwortungsbewusste Investitionspraktiken auf die Fahnen zu schreiben. Vor allem Investorengruppen bewerten Versicherungskonzerne zunehmend nach ihrer Herangehensweise an das Thema Nachhaltigkeit. Unternehmen, die Nachhaltigkeit begrüßen, stehen angesichts der vielfältigen Umwelt- und gesellschaftlichen Disruptionen bei den Anlegern, die Wert auf zukunftsfähige Renditen legen, hoch im Kurs, weil diese als resilienter eingestuft werden.

Diese Veränderungen verlangen sowohl von Organisationen als auch von Führungskräften Agilität und Reaktionsfähigkeit.

Doch Agilität beschränkt sich nicht nur auf einen adäquaten Umgang mit diesen Formen des Wandels. Auch die Fähigkeit, adäquat auf die erhöhte Unsicherheit zu reagieren, ist von zentraler Bedeutung. Die Unvorhersehbarkeit, die mit den neuen Technologien, dem veränderten Verhalten der Klientel und den aufscheinenden Erwartungen der Stakeholder Einzug gehalten hat, wird von den geopolitischen Entwicklungen und neuen Risiken wie dem Ausbruch von Pandemien in den Fokus gerückt. In einem volatilen Umfeld, das von Kriegen, geopolitischen Krisen und neuen Gesundheitskrisen geprägt ist, sieht sich die Versicherungsbranche – genau wie viele andere Wirtschaftssektoren – zunehmender Unsicherheit und zahlreichen Risiken gegenüber. Geopolitische Verwerfungen können zu wirtschaftlicher Instabilität, regulatorischen Anpassungen und wachsender Sorge um die Sicherheit führen.

Niemand kann wirklich voraussagen, wie sich dieser Wandel weiterentwickeln wird, wohin er führen und wie die Versicherungsbranche am Ende dieses Jahrzehnt aussehen wird.

Wissen und Erfahrung haben uns in der Vergangenheit gute Dienste geleistet, aber sie sind möglicherweise nicht ausreichend, um große Unternehmen in unserem Wirtschaftssektor zukunftssicher aufzustellen und so zu führen wie noch vor wenigen Jahrzehnten. Im Gegenteil, Wissen und Erfahrung mögen die Eckpfeiler einer effektiven Entscheidungsfindung sein, aber sie können uns blind für die neuen Herausforderungen und Chancen in einer rastlosen, sich rapide verändernden, unsicheren Zeit machen.

Dieses Buch bietet Orientierungshilfen für die Optimierung unseres Wissens- und Erfahrungspotenzials in Szenarien, die von Unsicherheit geprägt sind. Es beschreibt einen Entscheidungsfindungsansatz, der auf kollaborativer Teamarbeit, kritischem Denken, Daten und Fakten, intellektueller Bescheidenheit und Werten aufbaut.

Kollaborative Teamarbeit bedeutet, dass auf sämtlichen Ebenen der Organisation unterschiedliche Perspektiven, Ideen und Standpunkte ermutigt, zusammengetragen und in Entscheidungsprozessen verankert werden, die unter dem Strich vielschichtiger und fundierter sind.

Kritisches Denken bedeutet, sich an der Praxis zu orientieren, Fragen zu stellen, statt Antworten im Alleingang durchzusetzen, oder bereit zu sein, sich Zeit zu nehmen, um nachzuhaken, zum Beispiel mit Überlegungen wie »Was überzeugt mich an meiner Problemlösung?«, »Von welchen Annahmen gehe ich aus?« oder »Warum hältst du deine Option für die beste? Welche Hypothesen liegen ihr zugrunde?«.

Daten und Fakten bieten die Möglichkeit, unseren Entscheidungsfindungsansatz anzupassen, indem wir Hypothesen und Annahmen überprüfen und validieren, sprich auf seine Praxistauglichkeit testen. Es geht darum, unseren Denk- und Sprachmustern auf den Grund zu gehen, die mit unseren Überzeugungen einhergehen. Es gilt, unser Narrativ zu verändern, von »Ich bin überzeugt …« zu »Meine Hypothese lautet …« oder »Ich gehe davon aus …«. Überzeugungen sind persönlich, rigide und schwer infrage zu stellen. An den Grundfesten einer Überzeugung zu rütteln, wird oft als Versuch gewertet, die Identität oder den Charakter eines Menschen in Zweifel zu ziehen. Hypothesen und Annahmen sind im Gegensatz dazu kein persönliches Attribut. Sie sind ausschließlich das, was sie sind: Thesen und Theorien, die sich überprüfen und validieren lassen. Sie sind flexibel und können sich ändern, wenn neue Fakten auftauchen. Diese Flexibilität ermöglicht Lernprozesse, fördert die Anpassung an neue Gegebenheiten und weicht starre Denk- und Entscheidungsmuster auf.

Intellektuelle Bescheidenheit erfordert die Erkenntnis, dass sie im Führungsverhalten unverzichtbar ist, weil wir nicht alle Antworten haben und von anderen lernen können.

Werte sind der innere Kompass, an dem wir die Entscheidungsfindung ausrichten sollten. In dynamischen Situationen sehen wir uns bisweilen einem Dilemma gegenüber, da keine der verfügbaren Optionen wünschenswert ist. Wenn uns die Möglichkeit oder die Zeit fehlt, nach einer optimalen Lösung zu suchen, müssen wir uns manchmal mit einer Entscheidung begnügen, die sich später als die falsche Wahl erweisen könnte. In solchen Situationen spielen Werte – unser innerer Kompass – eine wichtige Rolle. Wenn sich die Umstände rapide verändern, und nicht zu unseren Gunsten, müssen wir am Ende des Tages vielleicht feststellen, dass wir den falschen Weg eingeschlagen haben. Aber zumindest haben wir mit einer Entscheidung richtiggelegen: unsere »Follower« ins Boot zu holen und zu inspirieren, was Führungskräften bei der nächsten Entscheidung zugutekommt. Diese Fähigkeit, wertebasierte Entscheidungen zu treffen, unterscheidet die erste Liga vom Rest der Führungskräfte.

Die in diesem Buch beschriebene Herangehensweise an den Entscheidungsfindungsprozess fördert eine Kultur des kontinuierlichen Lernens. Sie ermutigt Organisationen, zu experimentieren, sich auf Neues einzulassen, die Kompetenzen fortwährend zu erweitern und sich mit jedem Entwicklungsschritt den aktuellen Gegebenheiten anzupassen.

Aber es geht nicht nur um Anpassung an eine Umgebung in stetigem Wandel; noch wichtiger ist die Fähigkeit, den Kurs der Entwicklungen aktiv mitzugestalten. Unternehmen werden oft mit lebendigen Organismen verglichen, die auf Veränderungen ihrer Umwelt reagieren. Doch Unternehmen sind keine biologischen Einheiten. Sie werden durch die Entscheidungen und Aktivitäten ihrer Führungskräfte beeinflusst.

Dieses Buch rückt das Konzept der »Superentscheidungen« in den Fokus der Aufmerksamkeit und weist auf die Macht einer effektiven Führung bei der Gestaltung von Organisationen hin. Es stellt eine Einladung dar, eine Form der Entscheidungsfindung zu begrüßen, die einen erheblichen Unterschied in der Entwicklung von Organisationen zu bewirken vermag. Und da Organisationen aus Menschen bestehen, hat sie darüber hinaus auch erheblichen Einfluss auf die Entwicklung des Lebens ihrer Mitarbeitenden und auf die Gesellschaft schlechthin.

Die Fähigkeit, »Superentscheidungen« zu treffen, kann einen aktiven Beitrag zur Gestaltung unserer Zukunft leisten.

*Mario Greco,*
*Chief Executive Officer*
*Zurich Insurance Group*

# Einführung

**Claudio Feser, Daniella Laureiro-Martinez, Karolin Frankenberger und Stefano Brusoni**

Sollen wir unsere Verbrennungsmotoren nachbessern oder auf Elektromotoren umsteigen? Sollen wir expandieren oder unser Unternehmen umstrukturieren? Sollen wir unser Filialnetz optimieren oder einen digitalen Vertriebskanal eröffnen? Sollen wir unser neues Geschäftsfeld Schritt für Schritt aufbauen oder ein Konkurrenzunternehmen kaufen, um unsere Entwicklung zu beschleunigen?

Das alles sind Beispiele für Entweder-oder-Entscheidungen, ein Dilemma, mit dem sich Führungskräfte tagein, tagaus konfrontiert sehen. Ein Großteil der Führungsarbeit besteht darin, in Situationen wie diesen eine Lösung zu suchen und eine Entscheidung zu treffen. Einer Studie der Unternehmensberatung McKinsey & Company zufolge verbringen Führungskräfte annähernd 40 Prozent ihrer Zeit mit der Entscheidungsfindung (De Smet et al., 2019). Der Management-Guru Peter Drucker schrieb, dass Führungsaufgaben gleich welcher Art stets auf einem Entscheidungsprozess basieren (Drucker, 1967).

Die Performance, sprich das Leistungsniveau von Führungskräften, ist in hohem Maß von der Qualität ihrer Entscheidungen abhängig (Harrison, 1996). Studien deuten sogar darauf hin, dass die Fähigkeit, gute Entscheidungen zu treffen, am stärksten mit Führungseffektivität in Verbindung gebracht wird (Hoffman et al., 2011).

Auf Unternehmensebene können gute Entscheidungen spielentscheidend und schlechte Entscheidungen fatal sein.

Ende der 2000er Jahre ignorierten die namhaften Autohersteller weitgehend die Nachfrage nach Fahrzeugen mit reinem Elektroantrieb und zögerten, in die E-Technologie zu investieren. Tesla, ein Branchenneuling, erkannte die Chance und sorgte mit seinem Aufstieg zum weltweit wertvollsten Automobilunternehmen im Juli 2020 für Marktverwerfungen. 2008 lehnte das Webportal Yahoo ein Übernahmeangebot von Microsoft in Höhe von rund 45 Milliarden US-Dollar ab. 2012 stimmten die Instagram-Gründer einem Verkauf an Facebook für eine Milliarde US-Dollar zu. Möglicherweise bereuen sie ihre Entscheidung inzwischen. Instagram ist heute allem Anschein nach eines der heiß gehandelten sozialen Netzwerke der Welt. 2023 erzielte es für Meta (ehemals Facebook) Einnahmen von mehr als 50 Milliarden US-Dollar, und Analysten schätzen, dass es derzeit mehr als 100 Milliarden US-Dollar wert ist. Google gelangte Ende 2022 zu der Entscheidung, keine neuen Serviceleistungen mehr anzubieten, die auf der klassischen LLM-Technologie basierten – ein »großes Sprachmodell«, das Texte aus umfangreichen Datensätzen generiert – und gab damit den Weg für ChatGPT frei, einen Chatbot des US-Softwareunternehmens OpenAI (der mit einer Vielzahl von Texten trainiert wurde, mit Nutzern kommuniziert und derzeit den Markt für Generative KI dominiert).

Gute Entscheidungen haben nicht nur in Unternehmen einen hohen Stellenwert. Sie sind in allen Bereichen des Lebens von zentraler Bedeutung. Soll ich meinen Partner/meine Partnerin heiraten oder lieber auf jemanden warten, der perfekt zu mir passt? Sollen wir zu zweit bleiben oder Kinder einplanen? Was wäre der nächste beste Schritt für meine berufliche Laufbahn? Soll ich in meiner Firma bleiben und meine Karriere hier vorantreiben, oder soll ich das Unternehmen und vielleicht sogar den Beruf wechseln?

Gute Entscheidungen zu fällen, ist nicht immer leicht. Die meisten Entscheidungen müssen in Situationen getroffen werden, die dynamisch sind, und das in zweifacher Hinsicht. Erstens auf der externen Ebene: Häufig fehlen uns relevante Informationen, das Zeitfenster ist eng, die Unsicherheit groß und das Umfeld ändert sich fortwährend. Zweitens auf der internen Ebene: Unsere Ziele, Präferenzen und Neigungen sind nicht fix, sie entwickeln sich schrittweise weiter, abhängig vom jeweiligen Kontext.

In diesem Buch geht es um *Super-Entscheider*, um eine effektive Entscheidungsfindung in dynamischen und unsicheren Zeiten. Es gibt keine allgemein gültige Regel oder mathematische Formel, die Ihnen genau sagt, wie Sie zu absolut perfekten Entscheidungen gelangen. Doch zu verstehen, was Entscheidungen unter Unsicherheit antreibt, kann Führungskräften helfen, bessere Entscheidungen zu treffen.

In diesem Buch wird ein Entscheidungsmodell beschrieben, das wir als Entscheidungsnavigator bezeichnen. Es handelt sich um ein Modell, das auf empirisch zusammengetragenen wissenschaftlichen Erkenntnissen basiert und den Entscheidungsfindungsprozess in unsicheren und dynamischen Zeiten erheblich verbessert. Es sorgt nicht nur für eine durchdachte Entscheidungsarchitektur auf individueller und Organisationsebene, sondern trägt darüber hinaus auch zum Aufbau einer Lernumgebung und Organisationskultur bei, in denen Entscheidungen als Experimente betrachtet und gescheiterte Initiativen nicht stigmatisiert, sondern als Stationen einer Reise zu neuem Wissen, Erkenntnissen und Fortschritten verstanden werden.

Effektive Entscheidungen hängen nicht allein von der jeweiligen Situation ab. Sie sind auch das Ergebnis unserer Ziele, Präferenzen und Neigungen. Das in diesem Buch beschriebene Modell fördert vor allem die Selbstanalyse und Selbsterkenntnis.

## Die Struktur des Buches

Das Buch setzt sich aus fünf Teilen zusammen.

Im ersten Teil, »Entscheidungen unter Unsicherheit verstehen«, werden Entscheidungen als »Entweder-oder-Dilemma« betrachtet – insbesondere als ein Dilemma zwischen Exploitation (Nutzung und Optimierung vorhandener Ressourcen und Prozesse) und Exploration (Erforschung und Erschließung neuer Geschäftsmodelle und Geschäftsfelder). In komplexen Situationen neigt unser Gehirn dazu, Entscheidungen als Herausforderung zu präsentieren, als eine Wahl zwischen Stabilität (exploitatives Verhalten = alte Pfade optimieren) und Veränderung (exploratives Verhalten = neue Wege gehen). Die Wahl liegt keineswegs auf der Hand. Stabilität hat etliche Vorteile. Sie baut auf Erfahrungen auf. Aber Erfahrungen reichen oft nicht mehr aus, wenn das Umfeld einem rapiden Wandel unterworfen ist und Veränderung die richtige Vorgehensweise sein könnte.

Der zweite Teil, »Entscheidungen unter Unsicherheit treffen«, baut auf den aktuellen Fortschritten in den Bereichen Neurowissenschaft, Unternehmensführung und Psychologie auf, die dem Entscheidungsnavigator zugrunde liegen. Dieses Modell verwandelt Entweder-oder-Entscheidungen, bei denen viel auf dem Spiel steht, Schritt für Schritt in einen Entscheidungsfindungsprozess, in dem verschiedene Optionen entwickelt, Annahmen überprüft und Entscheidungen nachgeschärft werden. Es verbindet die Vorteile von zwei alternativen Problemlösungsstrategien, die induktive und die deduktive Methode, und leistet damit Entscheidungen Vorschub, die innovativ, kreativ und potenziell weniger von kognitiven Verzerrungen geprägt, sprich voreingenommen sind. Außerdem trägt es der wissenschaftlichen Erkenntnis Rechnung, dass Kognition und Emotion – oder Denken und Fühlen – keine voneinander getrennten Bereiche sind, sondern immer interagieren, ein Zusammenspiel, das für gute, effektive Entscheidungen unerlässlich ist.

Die meisten Entscheidungen, die im täglichen Leben anfallen, versuchen wir effizient und zeitnah zu treffen, indem wir unsere Intuition und Erfahrung als Hebel einsetzen. Das Entscheidungsnavigator-Modell führt uns langsam, Schritt für Schritt, an den Prozess der Entscheidungsfindung heran. Es ist vor allem auf Situationen zugeschnitten, in denen eine Menge auf dem Spiel steht und es unter Umständen nicht ausreicht, sich allein auf Bauchgefühl und Erfahrungen zu verlassen. Das Entscheidungsnavigator-Modell fördert eine experimentelle, lernorientierte und adaptive Herangehensweise an die Entscheidungsfindung, abgestimmt auf das komplexe Umfeld, in dem wir tätig sind.

Im dritten Teil des Buches, »Der Umgang mit Spannungen bei Entscheidungen unter Unsicherheit«, werden Möglichkeiten erkundet, solche Spannungen in den Griff zu bekommen. Sie sind eine unausweichliche Folge der Suche nach einer Lösung des Exploration-Exploitation-Dilemmas, in dem sich Organisationen befinden, und der gleichzeitigen Verfolgung mehrerer, oftmals widersprüchlicher Strategien. Das Buch nimmt verschiedene Herangehensweisen unter die Lupe, die den Umgang mit diesen Spannungen erleichtern, und bietet ein Rahmenwerk für die effektive Steuerung von Adaptions- und Veränderungsprojekten.

Der vierte Teil, »Super-Entscheider werden«, veranschaulicht den Ansatz, mit dem Führungskräfte in die erste Liga der Entscheidungsträgerinnen und Entscheidungsträger aufsteigen. Einige mögen besser als andere auf diesem Gebiet sein, aber alle können ihre Entscheidungsfindungsprozesse optimieren. Das Buch erläutert, wie Führungskräfte an sich selbst arbeiten können – ihren kognitiven Zustand steuern, ihre kognitiven Fähigkeiten fördern, sich bewusst machen, wofür sie einstehen und was sie antreibt –, um ihre Entscheidungen in unsicheren Zeiten zu verbessern und »Super-Entscheider« zu werden.

Der fünfte Teil, »Fazit«, fasst die Schlüsselkonzepte des Buches zusammen und geht den Auswirkungen von Entscheidungen sowohl auf individueller als auch auf Organisationsebene auf den Grund.

Das Buch zielt vor allem auf Führungskräfte in Organisationen ab, die in dynamischen Situationen weitreichende Entscheidung treffen oder treffen müssen, wenn sie eine leitende Position anstreben. Wir hoffen jedoch, dass es für alle, die es lesen, eine Bereicherung darstellt.

Nach der Einführung von ChatGPT hat die Diskussion über die Chancen und Gefahren der KI beträchtlich Fahrt aufgenommen. Der Historiker Yuval Noah Harari erklärte, die KI sei in der Lage, die Demokratie zu zerstören (*The Economist*, 2023). Demokratie sei das Ergebnis eines Meinungsaustauschs, und der Meinungsaustausch beruhe auf Sprache. Wenn KI die Sprache zu manipulieren vermöge, zerstöre sie unsere Fähigkeit, einen Meinungsaustausch sinnvoll zu gestalten, und gefährde somit einen Grundpfeiler der Demokratie. Fakt ist, dass KI inzwischen bemerkenswerte Fähigkeiten entwickelt hat, Realität zu erzeugen und zu manipulieren, sei es mit Worten, Toneffekten oder Bildern. Im Juni 2022 fielen zum Beispiel mehrere Bürgermeister europäischer Hauptstädte auf ein KI-generiertes Deepfake von Vitali Klitschko, Bürgermeister von Kiew, herein. Der »falsche Klitschko« sprach sich gegen die Aufrüstung der ukrainischen Armee aus und wies für den Fall eines längeren Krieges in der Ukraine auf das Risiko einer Massenmigration in Europa hin.

Die Vorteile der Konzepte, die in diesem Buch beschrieben sind, gehen über die Verbesserung der Effektivität von Entscheidungen in Organisationen hinaus. Infolge der »wissenschaftlich-empirischen Methode« des Erkenntnisgewinns, die das intuitive und Erfahrungswissen erweitert und optimiert, tragen sie dazu bei, das kritische Denken zu fördern. Das ist eine große Hilfe, um sich in einer Welt zurechtzufinden, in der die KI die Prädisposition unseres Gehirns nutzt, Erfahrungen und Stereotype als Wegweiser einzusetzen, um unsere Wahrnehmung zu verzerren und unsere Gedanken zu beeinflussen. Dieses Buch kann als Leitfaden für uns alle dienen.

Das Konzept der Super-Entscheider wird in diesem Buch außerdem veranschaulicht und gezeigt in einem Narrativ über die Erfahrungen von Isabelle Dubois, der fiktiven CEO eines ebenso fiktiven internationalen Reiseveranstalters. Im Gegensatz zu einigen Studien älteren Datums, die Entscheidungen oft als einzelne, separate Ereignisse betrachteten, beschreiben wir Entscheidungsprozesse als Reisen, bei denen es gilt, sich den Weg durch eine Welt zu bahnen, die sich fortwährend verändert. Entscheidungen sind pfadabhängig: Alle Entscheidungen, die wir treffen, sind miteinander verknüpft, jeder Schritt führt zu einem weiteren Schritt. Außerdem reisen wir nicht alleine: Wir treffen unsere Entscheidungen nicht im Elfenbeinturm, abgeschottet von allem und allen. Wir brauchen Interaktionen, um Probleme zu durchdenken und in einem Rahmen zu verorten. Die im Buch beschriebenen Fallbeispiele zeichnen die verschiedenen Stationen einer Reise nach, die auch zum Nachdenken anregen soll, nämlich wie

Isabelle mit anderen interagiert und wie dieses Zusammenspiel dazu beiträgt, einen Sinn in der Situationen zu erkennen, in der sie sich befindet.

Isabelle begibt sich auf eine Reise, in deren Verlauf sie Schritt für Schritt die Kunst entdeckt, effektive, fundierte Entscheidungen in einer unsicheren, dynamischen Zeit zu treffen. Darüber hinaus gewinnt sie wichtige Erkenntnisse über sich selbst. Wir hoffen, dass dieses Buch auch Sie zur Selbstreflexion anregt.

Die Geschichte besteht aus sechs Fallbeispielen, die aufeinander aufbauen. Sie beschreiben reale Situationen, in denen weitreichende, folgenschwere Entscheidungen anfallen. Dazu gehören Entscheidungen, die in Zusammenhang mit der Belegschaft von Unternehmen, mit der strategischen Ausrichtung und Entwicklung, der Steuerung von Veränderungen und der Work-Life-Balance stehen. Außerdem geht es um die sogenannten »harten Entscheidungen«, Dilemmata, für die es keine wirklich gute Lösung zu geben scheint. Die sechs Fallbeispiele werden derzeit als Lehrbeispiele in den Executive-MBA-Programmen der Eidgenössischen Technischen Hochschule Zürich (ETH Zürich) und an der Universität St. Gallen eingesetzt. Sie enthalten des weiteren Dialoge zwischen Isabelle und Eve, einer ebenfalls fiktionalen jungen Akademikerin, die an ihrer Habilitationsschrift arbeitet. Die Gespräche tragen dazu bei, Isabelles Entscheidungen mit den relevanten Forschungsergebnissen zu verbinden. Sie füllen die Lücke zwischen Theorie und Praxis. Abgesehen davon bieten sie zusätzliches Material, um sich ausführlicher mit den ausgewählten Themen zu befassen.

Wir möchten betonen, dass die Fallbeispiele und die gesamte Erzählung auf reiner Fiktion beruhen. Sie sind jedoch typisch für Situationen, denen wir uns im Zuge unserer Beratungs- und Forschungspraxis viele Male gegenübersahen. Sie bilden nach unserem Dafürhalten die grundlegenden Merkmale zahlreicher relevanter Entscheidungen ab, die in dynamischen, unsicheren Zeiten getroffen werden.

Jede Ähnlichkeit mit realen Personen, Unternehmen oder Ereignissen sind dem Zufall geschuldet.

Und nun lernen Sie unsere Hauptperson kennen, Isabelle Dubois, CEO des internationalen Reiseveranstalters ATG. Wir begleiten sie auf ihrer Reise. Sind Sie bereit?

# Prolog

**Claudio Feser, David Redaschi und Karolin Frankenberger**

Es war ein ungewöhnlich sonniger, eiskalter Tag im November, als Franziska ein wenig nervös vor der Tür zu den Büroräumen stand, um die neue Firmenchefin in Empfang zu nehmen. Sie war Assistentin der Geschäftsleitung von Alpina Travel Group, kurz ATG, einem großen Reiseveranstalter mit Sitz in Zürich. Jack Mayer, der letzte CEO, war steif und unnahbar gewesen. Er blieb stets auf Distanz und ließ sich nicht das leiseste Lächeln entlocken. Deshalb war Franziska ziemlich überrascht, als Isabelle Dubois eintraf. Die Frau mit den dunklen Haaren und der liebenswürdigen Miene war zweifellos die neue Vorstandsvorsitzende der ATG.

Franziska schluckte. »Guten Morgen, Frau Dubois. Ich bin Franziska Knecht, Ihre Assistentin.«

»Ich freue mich, Sie kennenzulernen«, erwiderte Isabelle und reichte ihr die Hand zur Begrüßung.

Franziska machte Anstalten, die elegante, ein wenig abgewetzte Aktentasche ihrer Chefin zu ergreifen, doch Isabelle kam ihr zuvor. »Nett von Ihnen, vielen Dank, aber die müssen Sie nicht für mich tragen«, erklärte sie lächelnd, aber mit Nachdruck. »Ist das mein neues Büro?«

Franziska nickte, sichtlich verwirrt angesichts des Auftretens ihrer Vorgesetzten, die selbstsicher, aber zugewandt wirkte und einen Umgang auf Augenhöhe andeutete, in krassem Gegensatz zum Verhalten ihres Vorgängers.

»Vielen Dank, dass Sie mich so nett willkommen heißen«, sagte Isabelle. »Sind Sie schon lange im Unternehmen?«

»Seit ungefähr drei Jahren, Frau Dubois«, erwiderte Franziska, als sie das Büro betraten. »Ich habe für Ihren Vorgänger, Dr. Mayer, gearbeitet.«

»Bitte nennen Sie mich Isabelle«, forderte die neue CEO sie ruhig, aber bestimmt auf.

»Gerne, Frau Dubois … tut mir leid, ich meinte Frau Isabelle, ähm, Isabelle.«

»Alles gut. Ist es in Ordnung, wenn ich Sie Franziska nenne?«

»Ja natürlich, gerne! Vielen Dank.«

»Was ist das für ein Gefühl, bei ATG zu arbeiten? Gefällt es Ihnen im Unternehmen?«

Verblüfft angesichts Isabelles Interesse stellte Franziska fest, dass die Anspannung der letzten Wochen von ihr abzufallen schien und sie offen ihre Meinung zu äußern begann. »Bei ATG zu arbeiten, macht Spaß und ist eine große Ehre für mich. Ich reise für mein Leben gerne. Ich finde, Reisen erweitert den Horizont, eröffnet neue Perspektiven, fördert die Empathie und das Verständnis für andere Kulturen. Es bringt die Menschen einander näher.«

»Mir geht es genauso, Franziska, ich empfinde es auch als Privileg, für ATG zu arbeiten. Ich habe gleich eine Bitte an Sie: Könnten Sie feststellen, ob die GET-Angehörigen Zeit für ein kurzes Meeting haben? Ich würde das Topmanagement-Team gerne persönlich kennenlernen.«

»Natürlich. Ich rufe sofort an und erkundige mich, wer verfügbar ist ...«

Franziskas Stimme verklang, als sie beinahe rückwärts das Büro der CEO verließ.

Isabelle lächelte kaum merklich, lehnte sich in ihrem Chefsessel zurück und genoss die Aussicht. Ihr neues Büro befand sich im obersten Stockwerk eines Hochhauses in Zürich. Die Panoramafenster boten einen fantastischen Ausblick auf die Skyline und die dahinter aufragenden Alpen. Es lag nur wenig Schnee auf den Gipfeln, obwohl sich der November bereits dem Ende zuneigte. Stolz, wieder in ihrer Schweizer Heimat zu sein und ihr neues Vorstandsbüro in Besitz zu nehmen, ließ Isabelle die Ereignisse der letzten Monate noch einmal Revue passieren.

Seit der verstorbene Alpenforscher Manfred Lohner vor mehr als achtzig Jahren die Alpina Travel Group gegründet hatte, war die ATG als Veranstalter im Sektor Urlaubsreisen tätig. Zu den Stärken des Unternehmens gehörten unter anderem sein Kundenstamm und seine Destinationsexpertise. ATG war auf die Planung, Gestaltung und Koordination von Reisen für Gruppen jeder Größe und mit den unterschiedlichsten Reisepräferenzen spezialisiert. Unter dem Strich konnte das Unternehmen eine langjährige Geschichte vorweisen, die von einem konstanten gewinnträchtigen Wachstum gekennzeichnet war.[1]

Im vergangenen Jahr war ATG jedoch zunehmend unter Druck geraten. Die sich ändernden Kundenbedürfnisse und der Aufstieg von Online-Reiseanbietern wie Booken.com hatten zur Folge, dass der Marktanteil schrumpfte. Aus diesem Grund hatte der Vorstand Jack F. Mayer, oder Dr. Mayer, wie er genannt werden wollte, zum neuen CEO ernannt. Der erfolgreiche und erfahrene Topmanager, der aus der Reisebranche stammte, trat sein Amt bei ATG mit festgefügten Ansichten und einem autokratischen Führungsstil an. Seine Überheblichkeit, Arroganz und Rechthaberei erwiesen sich letztlich als Stolpersteine, die ihn zu Fall brachten. Seine Aufgabe hatte vor allem darin bestanden, ATG an den branchenweiten Wandel anzupassen und wieder auf Erfolgskurs zu bringen. Er scheiterte und schredderte damit auch die interne Arbeitsmoral. Die ohnehin schon missliche Marktsituation des Unternehmens verschlechterte sich zusehends, und der Umsatz brach ein.

Es gehörte zwar noch immer zu den Branchenführern, war aber nicht mehr der Leitstern, den Isabelle als aufstrebende Führungskraft vor acht Jahren verlassen hatte. Während sich die Abwärtsspirale bei ATG fortsetzte, brauchten Vorstand und Aufsichtsrat annähernd ein Jahr, um sich über Mayers Nachfolge zu beraten, der offenkundig überrascht war, dass er seinen Chefsessel räumen musste. Im Verlauf dieser

1 Eine Beschreibung der ATG und ihrer Leistungskennzahlen finden Sie in Anhang 1.

Zeit wurden mehrere interne und externe Kandidatinnen und Kandidaten in Betracht gezogen. Am Ende erwiesen sich jedoch alle als ungeeignet.

Im vergangenen Frühjahr hatte Carlo Proconi, Aufsichtsratsvorsitzender in den letzten Jahren von Mayers Amtszeit, Isabelle kontaktiert. Er hatte einen Aufenthalt in Dänemark geplant und ein Treffen mit ihr vereinbart. Sie hatte ihre berufliche Laufbahn bei ATG begonnen und rasch Karriere gemacht, bevor sie zu The Travel Group überwechselte, einem kleineren dänischen Reiseveranstalter, bei dem sie als Head of Marketing eine höhere Führungsposition bekleidete. Zwei Jahre später wurde sie mit der Leitung des Vertriebs- und Marketingbereichs betraut.

Als sich Carlo bei ihr meldete, war Isabelle ein wichtiges Mitglied des Leitungsgremiums von The Travel Group. Das Unternehmen zu verlassen, wäre ihr nicht in den Sinn gekommen. The Travel Group, ein rasant wachsender Reiseveranstalter mit Sitz in Kopenhagen, der auf eine Marktnische fokussiert und im Besitz einer europäischen Kapitalbeteiligungsgesellschaft war, konnte auf eine starke Marktposition verweisen und bot hochpreisige personalisierte Reiseerfahrungen im gesamten europäischen Raum an. Bei Branchenkennern war hinlänglich bekannt, dass Isabelle die treibende Kraft hinter dem Wachstum war und beträchtlichen Einfluss besaß, der weit über ihre Rolle im Vertrieb und Marketing hinausging.

Carlo traf sich mit ihr in Kopenhagen, »um sich über die aktuellen Trends in der Branche auszutauschen«, wie er es ausdrückte. Er war ein hochgewachsener Mann Anfang sechzig und ebenfalls Schweizer, stammte jedoch aus dem italienischsprachigen Teil des Landes. Er war pünktlich wie ein Schweizer Uhrwerk, bescheiden, nachdenklich und ein alter Hase in seinem Metier. Er konnte auf eine beeindruckende Laufbahn in der Finanzindustrie zurückblicken und genoss auch in der breiter gefächerten Schweizer Geschäftswelt den größten Respekt, der seinem unternehmerischen Scharfsinn, seinem Urteilsvermögen und seiner Integrität geschuldet war.

Während des gemeinsamen Mittagessens wurde kaum über Geschäftliches geredet. Sie unterhielten sich vornehmlich über Themen, die ihre Familien und persönliche Interessen betrafen. Isabelle war überrascht über den Verlauf des Gesprächs, zumal sie sich zuvor noch nie begegnet waren. Doch sie fühlte sich in seiner Gegenwart auf Anhieb wohl. Am Ende des Tages, kurz bevor Carlo aufbrach, um seinen Rückflug nach Zürich nicht zu verpassen, fragte er, ganz beiläufig, wie es schien: »Isabelle, könnten Sie sich vorstellen, in die Schweiz und zu ATG zurückzukehren?« Er erzählte ihr von der Chance, eine neue strategische Unternehmenseinheit zu leiten, die sich auf Geschäftsreisen und den B2B-Markt fokussierte. Ehrgeizig, wie es ihrem Wesen entsprach, war Isabelle offensichtlich interessiert, da ATG fünfmal größer war als The Travel Group.

»Nun, ich werde darüber nachdenken«, erwiderte sie. »Ich gebe zu, ich fühle mich geehrt. Ich muss natürlich mit meinem Mann und meinen Töchtern sprechen, aber ich denke, es wäre fantastisch, die Führung von ATG zu übernehmen. Ich würde mich freuen, wenn Sie mich auf dem Laufenden halten.«

Monatelang hörte Isabelle nicht mehr von Carlo. Sie dachte, dass er vermutlich seine Meinung geändert hatte. Sechs Monate später, als sie das Gespräch beinahe vergessen hatte, rief Carlo an: »Isabelle, wir ziehen Sie für die Position der CEO in Betracht. Könnten Sie innerhalb der nächsten Wochen nach Zürich kommen, um sich unseren Aufsichtsratsmitgliedern vorzustellen?«

»Wow«, sagte Isabelle. Als CEO-Kandidatin in die engere Wahl zu kommen, überstieg ihre kühnsten Erwartungen. Alle möglichen Gedanken gingen ihr durch den Kopf, und sie hatte damit zu kämpfen, ihre Gefühle unter Kontrolle zu halten. »Ich muss natürlich über Ihr Angebot nachdenken und mit meiner Familie sprechen. Bis wann brauchen Sie eine Antwort?«

»Reichen 24 Stunden?«, erwiderte Carlo.

Isabelle nahm sich ein paar Stunden frei. Sie machte einen Spaziergang durch den nahegelegenen Park, in dem sie gewöhnlich frühmorgens laufen ging. Sie musste ihre Gedanken ordnen und sich das Ganze in aller Ruhe durch den Kopf gehen lassen. Am Abend unterhielt sie sich mit Marco, ihrem Mann, stundenlang über die Chance, in die Schweiz und zu ATG zurückzukehren. Acht Jahre zuvor, als aufstrebende Führungskraft bei ATG, schien das Angebot, zur Travel Group überzuwechseln, ein gewagter Schritt zu sein, aber Isabelle hatte darin eine Chance gesehen, ihre Karriere zu beschleunigen.

Marco hatte die Veränderung damals akzeptiert, wenngleich zögernd. Da er bereits gute Arbeitsbeziehungen zu Verlagen in Zürich unterhielt, schien der Umzug nach Dänemark für seine Karriere als Autor keineswegs ideal zu sein. In Marcos beruflicher Entwicklung trat ebenfalls eine Wende ein: Statt sich der schweren Lektüre zu widmen, wie mit seinem Buch *Mann & Menschheit*, das für den Booker-Preis nominiert worden war, hatte er sich auf historische Detektivromane fokussiert, eine im Aufbau befindliche Serie, die aufgrund ihrer Authentizität und scharfsinnigen Plots bekannt war. Sein Verleger und er hofften, dass sich die Serie *Charlemagnes Geheimnisse* gut verkaufte. Und tatsächlich – sie gelangte auf die Bestsellerlisten und hielt sich dort.

Seither waren acht Jahre vergangen, und es machte ihm Spaß, anspruchsvolle Kriminalromane zu schreiben und in Kopenhagen zu leben. Isabelle und er hatten einen großen Freundeskreis aufgebaut, und ihre Töchter Marie und Annelies waren glücklich, kamen in der Schule gut zurecht und entwickelten sich prächtig.

Marco wusste natürlich, was Isabelle die Position als CEO der ATG bedeutete, und war bereit, wenngleich nicht gerade begeistert, wieder mit seiner Familie nach Zürich umzusiedeln. Die fünfzehnjährige Marie gehörte zu einer Gruppe von Klimaschutzaktivist*innen, die in Greta Thunberg ihr großes Vorbild sah; Annelies, zwölf Jahre alt, galt als aufgehender Stern im Tennisteam ihrer Schule. Isabelle und er hofften, dass die beiden Mädchen in Zürich vergleichbare Möglichkeiten hatten, ihren Interessen nachzugehen.

Solange sie sich erinnern konnte, hatte Isabelle hart gearbeitet, hatte alles gegeben, um irgendwann einmal eine solche Chance zu bekommen. Sie war das jüngste von sechs

Geschwistern. Ihre Familie war arm. Der Vater, oft arbeitslos und alkoholabhängig, verrichtete Gelegenheitsarbeiten als Schreiner. Wenn er betrunken war, wurde er gewalttätig. Regelmäßig hatte er seine Frau und die Kinder geschlagen. Isabelles Mutter hatte sich nach besten Kräften bemüht, über die Runden zu kommen und den Kindern das Notwendigste zu beschaffen. Darüber hinaus hatte sie ihnen nicht viel zu bieten gehabt, weder Zeit noch Zuneigung.

Die traumatischen Kindheitserfahrungen hatten Wunden bei Isabelle hinterlassen. Sie war oft traurig und gereizt. Sie sehnte sich nach Anerkennung, ohne sagen zu können, warum. Sie fühlte sich ständig unter Druck gesetzt, der Welt und sich selbst zu beweisen, dass sie alles erreichen konnte, was sie sich vornahm, aber nur wenige Menschen außer Marco wussten um die Tiefe ihrer Verletzungen und Gefühle. Es fiel ihr schwer, anderen zu vertrauen, abgesehen von Marco und ihren Töchtern. Sie hatte keine Freundin, der sie ihre geheimsten Gedanken offenbaren konnte. Auch die Geschwister hatten keine vertrauensvolle Beziehung zueinander, trotz ihrer gemeinsamen, trostlosen Kindheit. Wenn sie überhaupt etwas verband, dann war es der Konkurrenzkampf um die ohnehin geringe Aufmerksamkeit der Mutter gewesen. Noch heute war die Geschwisterrivalität in allen Lebensbereichen zu spüren. Isabelles perfekt aufpoliertes äußeres Erscheinungsbild, das Selbstbewusstsein ausstrahlte, gab wenig über ihre tief verwurzelten Unsicherheiten preis. Sie war eine Einzelkämpferin, die gelernt hatte, ihre Gefühle zu verbergen.

Trotz ihrer Kindheitserfahrungen war es ihr jedoch gelungen, in vielen Lebensbereichen persönliche Stärken zu entwickeln. Sie hatte gelernt, zu kämpfen. Sie war smart, robust und konfliktfreudig. Sie setzte sich ehrgeizige Ziele und arbeitete hart, um sie zu erreichen. Sie besaß Charaktereigenschaften, die sie voranbrachten: Ehrgeiz, Tatkraft und ihre Arbeitsethik trugen ihr ein Vollstipendium an der Universität Zürich, einen Magister der Betriebswirtschaftslehre und nun ein Angebot als CEO von ATG ein.

Für sie war die Ernennung der Gipfel einer beeindruckenden Karriere und schlussendlich eine Bestätigung ihrer Fähigkeiten. Für eine Frau, die ständig Bestätigung, Anerkennung und Bewunderung suchte, fühlte sich die Chance wie der ultimative Triumph an. »Nach all den Jahren und Opfern, die ich bringen musste, bietet sich mir jetzt die Gelegenheit, ein Unternehmen wie die ATG zu leiten. Unfassbar«, dachte sie.

Am nächsten Morgen rief sie Carlo an. »Ich würde mich gerne um die Position bewerben. Es ist eine große Ehre für mich, eine solche Chance zu erhalten. Danke für das Vertrauen in meine Fähigkeiten. Wann soll ich in die Schweiz fliegen, um mich den Aufsichtsratsmitgliedern vorzustellen?«

»Könnten Sie nächste Woche kommen?«, fragte Carlo.

Zwei Monate später wurde Isabelle Dubois zur CEO der ATG bekannt gegeben.

Trotz ihres Erfolgs bei The Travel Group war ihre Ernennung für alle eine Überraschung. Die Schweizer Wirtschaftsmedien befassten sich ausführlich mit der Personalie. Einige Zeitungen stellten die Entscheidung in Frage. Die Berichterstattung klang, als hätte der Aufsichtsrat eine unerfahrene junge Frau mit der Leitung eines der führenden und bekanntesten Unternehmen des Landes betraut. Mit Mitte vierzig war Isabelle in der Tat jung. Die meisten Angehörigen des Topmanagement-Teams waren Mitte fünfzig. Obwohl Isabelle wichtige Positionen im Finanz- und Marketingbereich sowohl bei der ATG als auch bei der Travel Group bekleidet hatte, war ihre Stellung als CEO eine Premiere.

Isabells Start in ihrem neuen Wirkungskreis ließ sich holprig an. Am ersten Tag, nach einer Reihe von kurzen Einführungsgesprächen mit Angehörigen des Topmanagement- oder Group Executive Teams, kurz GET genannt, und einer Generalversammlung mit einigen hundert Belegschaftsmitgliedern im großen Auditorium der Züricher Zentrale, setzte sich Isabelle mit dem Finanzvorstand, dem CFO Hugo Werner, zusammen, um über die bisherigen Ergebnisse des dritten Quartals zu sprechen.

Der Finanzvorstand war Deutscher, stammte aus einem Münchner Außenbezirk und sprach mit einem starken bayrischen Akzent. Er genoss großes Ansehen in der Investment Community. Er war einer von zwei firmeninternen Bewerbern um die Position des CEO gewesen, schien die Entscheidung des Aufsichtsrats für Isabelle jedoch klaglos zu akzeptieren. Er war kurz angebunden, aber präzise – sagte kein Wort zu viel, nicht einmal dann, wenn er seine Meinung zum Ausdruck bringen sollte –, und die konservativen, formellen Anzüge, die er bevorzugte, spiegelten seine Seriosität und Kompetenz wider. Er zögerte, wenn es um Veränderungen ging, hatte sich jedoch als fähiger Finanzchef erwiesen, der imstande war, entschlossen zu handeln.

»Für das dritte Quartal erwarten wir einen Gewinnrückgang von 38 Prozent gegenüber dem Vorjahr«, eröffnete er Isabelle unverblümt kurz nach ihrer Amtseinführung. »Das ist auf die ungünstigen Wechselkursbewegungen des Schweizer Franken zurückzuführen. Grundlegend sind unsere Position und die Marktimpulse aber nach wie vor stark. Unsere Investoren werden sich das Ganze anschauen und verstehen.«

Das sollte sich als Wunschdenken erweisen.

Mitte November, nach der Veröffentlichung der Ergebnisse für das dritte Quartal, fiel der Aktienkurs der ATG um 11 Prozent. Aber die schlechten Ergebnisse waren nicht das einzige Problem.

Als Isabelle sich eingearbeitet hatte, entdeckte sie sofort einige der Gründe für den Verlust seiner Stellung als Branchenprimus, auf die das Unternehmen vor ihrem Wechsel zur Travel Group hatte verweisen können. Diesen Wettbewerbsvorsprung hatte es definitiv eingebüßt. Es hatte ganz offensichtlich die Chance verschlafen, sein Geschäftsmodell zu digitalisieren, ausgerechnet in der Zeit, als die Digitalisierung – Online-Märkte, Online-Reisebuchungen und Gaming – sowohl große Player als auch kleine Nischenanbieter auf den Plan gerufen und damit die Anzahl und Schlagkraft seiner Konkurrenten erhöht hatte.

Im Verlauf des Kampfes, mit den Rivalen Schritt zu halten, schrumpfte die ATG, verlor Marktanteile und büßte ihre Ertragskraft ein.

Doch die mangelnde Digitalisierung und schwindende Ertragskraft waren nicht die einzigen Sorgen, die Isabelle hatte. Die Konjunktur schwächelte und alle Reiseveranstalter hatten unter der abflauenden Nachfrage zu leiden. Dazu kam, dass eine Reihe neuer Trends auftauchte, unter anderem Ökotourismus, Personalisierung und Bleisure Travel, eine Kombination von Geschäfts- und Freizeitreise, wobei noch unklar war, wie sich diese auf die Unternehmensperformance und die langfristigen Aussichten der Reisebranche auswirken würden.

Die ganze Branche sah einer ungewissen Zukunft entgegen, aber für die ATG waren die Aussichten besonders unsicher.

Die Investoren fragten sich, wie es nun weitergehen sollte, wurden langsam nervös. Noch vor der Veröffentlichung des Quartalsberichts waren die Aktienkurse der ATG zunehmend Schwankungen unterworfen, in den vergangenen Monaten sogar in erheblichem Maß.

Am darauffolgenden Morgen flog Isabelle nach London, um einige der Investoren zu treffen und die Wogen zu glätten, vor allem bei der LHF, einem der Hedgefonds, der darauf ausgelegt war, eine maximale Rendite mit vergleichsweise höherem Risiko als ihre klassischen Entsprechungen zu erzielen, und zu den wichtigsten Investoren der ATG gehörte.

Isabelle war angespannt und fühlte sich im Stich gelassen. Die aktuelle Performance von ATG ließ zu wünschen übrig, und die langfristigen Aussichten waren unabsehbar. Von ihren GET-Kolleginnen und Kollegen war nicht viel Hilfe zu erwarten. Sie hatten die neue Firmenchefin – »das Superhirn«, wie sie hinter vorgehaltener Hand genannt wurde – mit eisiger Höflichkeit empfangen, gelinde gesagt.

Das Leben hatte sie gelehrt, dass es von Vorteil war, partizipativ zu führen und ihr Team bei wichtigen Entscheidungen einzubeziehen, doch nun war sie dessen nicht mehr so sicher. Sie fragte sich, ob es nicht besser wäre, Entscheidungen im Alleingang zu treffen und dem GET die entsprechenden Anweisungen zu erteilen.

Als sie an Bord des Flugzeugs ging, wurde sie von der Crew namentlich begrüßt. Als CEO eines bekannten Reiseveranstalters ist man sichtbar, dachte sie. Sie genoss die Aufmerksamkeit, die ihr zuteilwurde. Als die Maschine von der Startbahn abhob, kehrten ihre Gedanken wieder zur aktuellen Situation der ATG zurück.

Isabelle war in Gedanken versunken, sodass sie die junge Frau kaum wahrgenommen hatte, die neben ihr saß. Sie war schätzungsweise Mitte dreißig und damit beschäftigt, einen Stapel Papiere mit der Überschrift »Entscheidungsfindung in dynamischen und unsicheren Situationen« durchzulesen und zu korrigieren.

»Ein interessanter Titel«, beeilte sich Isabelle zu sagen, als ihre Sitznachbarin ihren Blick bemerkte.

»Oh, danke, der ist von mir und Teil meiner Forschungen für die Postdoc-Arbeit, die ich gerade zum letzten Mal korrekturlese, bevor ich sie einreiche … um meine Publikationsliste auszubauen.«

»Entscheidungen in unsicheren Zeiten zu treffen, ist in meinem Job sehr wichtig. Ich bin CEO von ATG, dem Schweizer Reiseveranstalter mit Sitz in Zürich. Isabelle Dubois ist mein Name.«

»Dr. Eve Redoni, aber nennen Sie mich bitte Eve. Nett, Sie kennenzulernen.«

»Sind Sie Professorin, Eve?«

»Ich? Das ist mein größter Wunsch!«, erwiderte sie lachend. »Vielleicht geht er irgendwann in Erfüllung, hoffe ich zumindest. Ich arbeite gerade an meiner Habilitationsschrift, um meine Doktorarbeit weiterzuentwickeln und mich für eine Professur zu qualifizieren, aber noch bin ich nicht am Ziel. Ich habe meine berufliche Laufbahn in der Managementberatung begonnen, aber festgestellt, dass mir Forschung und Lehre mehr Spaß machen. Ich beschäftige mich derzeit mit Entscheidungsfindungsprozessen in der Praxis, vor allem in Situationen, die von einem hohen Grad an Unsicherheit geprägt sind.«

Eve war klein und zierlich, wirkte nicht besonders kräftig auf den ersten Blick. Sie trug eine große Hornbrille mit dicken Gläsern; sie verlieh ihr das Aussehen einer »Brillenschlange«, der gerade die Flucht aus einer verstaubten Bibliothek gelungen war. Aber ihre Stimme war alles andere als kraftlos. Sie sprach schnell, voller Energie und Begeisterung, stets mit einem breiten Lächeln im Gesicht.

»Für mich ist das hochinteressant«, meinte Isabelle. »Aber was hat Sie bewogen, zu diesem Thema zu forschen?«

»Das Thema Entscheidungsfindung war schon immer meine große Leidenschaft oder vielmehr eine persönliche Herausforderung für mich, bis heute. Es fällt mir schwer, mich zu entscheiden. Ich neige dummerweise dazu, selbst die einfachsten Entscheidungen vor mir herzuschieben. Ich empfinde es sogar als Qual, wenn ich im Restaurant ein Gericht aus der Speisekarte auswählen soll. Ich fühle mich total hilflos! Das macht meinen Freund wahnsinnig. Deshalb dachte ich, dass es mir leichter fällt, zu einer Entscheidung zu gelangen, wenn ich mich eingehend damit beschäftige«, erklärte Eve lächelnd. Ihre Offenheit und ihr Humor waren entwaffnend. Isabelle fühlte sich in ihrer Gesellschaft auf Anhieb wohl.

»Ich hoffe, dass es Ihnen gelingt«, sagte sie. »Ich interessiere mich auch für dieses Thema, denn in meinem Job muss ich zahlreiche Entscheidungen treffen, und angesichts der derzeitigen Situation, mit der ich konfrontiert bin, ist das echt schwierig …«

»Nun, ich könnte Ihnen ja ein wenig mehr über meine Forschungsarbeit erzählen, wenn Sie möchten«, schlug Eve vor und lehnte sich in ihrem Sitz zurück.

Ohne es zu wissen, hatte Isabelle eine Unterhaltung mit einer Unternehmensberaterin angestoßen, die ihren Beruf an den Nagel gehängt, eine akademische Laufbahn eingeschlagen und sich mit einer Studie zu Entscheidungsfindungsprozessen unter Unsicherheit einen Namen gemacht hatte. Wie sich herausstellte, sollte sich dieses Gespräch nicht nur als kurzweilig, sondern auch als aufschlussreicher Austausch erweisen …

# Teil I
# ENTSCHEIDUNGEN UNTER UNSICHERHEIT VERSTEHEN

# 1 Fundierte Vorhersagen

**Claudio Feser, Daniella Laureiro-Martinez und Stefano Brusoni**

Es reicht nicht aus, einen guten Verstand zu haben.
Die Hauptsache ist, ihn gut zu nutzen.
*René Descartes, Abhandlung über die Methode*

Während des Fluges nach London vertraute Isabelle Eve einige, aber angesichts der Vertraulichkeit der Informationen nicht alle Probleme an, denen sie sich gegenübersah.

»Die Situation, in der sich das Unternehmen befindet, ist ziemlich prekär«, sagte sie. »Ich hatte erwartet, die Leitung einer gut aufgestellten »Leuchtturm-Firma« zu übernehmen, und musste feststellen, dass die ATG an zwei Fronten zu kämpfen hat. Erstens die schlechten Ergebnisse. Fakt ist, dass ich nach London fliege, um einige unserer Investoren nach der Veröffentlichung der letzten Quartalszahlen zu besänftigen. Und zweitens die ungewissen Marktaussichten. Wie alle unsere Konkurrenten der alten Schule müssen wir schwierige Entscheidungen treffen: Sollen wir schnellstmöglich digitalisieren? Uns auf kleinere Nischen fokussieren? Oder mit einem der anderen Wettbewerber fusionieren? Und nicht zuletzt: Welche Veränderungen soll ich im Unternehmen einleiten, damit wir zukunftssicher aufgestellt sind?«

»Allem Anschein nach ist das Thema Unsicherheit das größte Problem. Eine hochdynamische Situation mit zahlreichen unbekannten Einflussfaktoren. Sie fragen sich wahrscheinlich, wie Sie am besten vorgehen sollten.«

»Genau. Angesichts dieser Umstände erwarten die Investoren und der Aufsichtsrat von mir, dass ich als frischgebackene CEO die Situation in den Blick nehme, sie analysiere und wichtige strategische und operative Entscheidungen treffe.«

»Okay, Sie müssen also etliche Entscheidungen unter Unsicherheit treffen«, bestätigte Eve.

»Also Ihr Forschungsbereich. Aber was genau ist damit gemeint?«

»Nun, Entscheidungen lassen sich drei Kategorien zuordnen. Erstens Entscheidungen unter Sicherheit. In diesem Fall sind alle verfügbaren Optionen und die Konsequenzen, die sich daraus ergeben, im Vorfeld bekannt. Die Ergebnisse jeder einzelnen Option sind unbestritten vorhersehbar. Es besteht kein Risiko, und wenn doch, ist es minimal. Einen Mietvertrag für eine Wohnung zu unterschreiben, ist eine Entscheidung unter Sicherheit. Es gibt nur zwei Wahlmöglichkeiten: unterschreiben oder nicht unterschreiben. Das Ergebnis liegt auf der Hand, wenn Sie unterschreiben. Sie erhalten damit das Recht, die Wohnung zu beziehen, und sind im Gegenzug an die Nutzungsbedingungen gebunden, die Zahlung der Miete inbegriffen. So viel ist sicher«, sagte Eve.

»Alles klar. Und die beiden anderen Kategorien?«

»Die zweite Kategorie umfasst die Entscheidungen unter Risiko. Wie bei den Entscheidungen unter Sicherheit kennen Sie alle verfügbaren Optionen und Ergebnisse. Die Ergebnisse sind nicht sicher, sondern nur wahrscheinlich, aber es lässt sich abschätzen, wie hoch die Eintrittswahrscheinlichkeit ist. Für solche Situationen hat der Statistiker Leonard Savage, der als Begründer der Bayesschen Entscheidungstheorie gilt, den Ausdruck »Kleine Welten« geprägt. Savage zufolge sind darunter Situationen zu verstehen, in denen die Bayessche Theorie – die Wahrscheinlichkeit als Grad der persönlichen Überzeugung definiert – die beste Lösung darstellt (Savage, 1954). Ein Beispiel sind Glücksspiele wie Poker oder Blackjack. Hier kennen alle Teilnehmenden die möglichen Kartenkombinationen und deren jeweiligen Erwartungswert. Sie wissen, wie hoch bei jeder Kombination die jeweilige Gewinnwahrscheinlichkeit ist, die sich im Spielverlauf ändert«, fügte Eve hinzu.

»Und die dritte Kategorie?«, beeilte sich Isabelle zu fragen.

»Sie beinhaltet Entscheidungen unter Unsicherheit. Hier sind nicht alle potenziellen Optionen, Ergebnisse und Wahrscheinlichkeiten bekannt. Für solche Situationen hat Savage den Begriff »Große Welten« (Savage, 1954) geprägt. Darunter fallen zum Beispiel Entscheidungen, wann wir ein Picknick planen, wo wir den Urlaub verbringen, in welches Restaurant wir abends zum Essen gehen oder wen wir heiraten sollten (Volz und Gigerenzer, 2012).

»Werden nicht die meisten Entscheidungen unter Unsicherheit getroffen?«, hakte Isabelle nach.

»Ja, das ist richtig. Sie kommen in allen Bereichen des Lebens vor, von den einfachen Entscheidungen (›Bestellen wir das Übliche in unserem Stammlokal oder probieren wir in einem anderen Restaurant einmal etwas Neues aus?‹) bis hin zu den lebensverändernden Entscheidungen (›Welcher Schritt ist der beste für meine weitere berufliche Laufbahn? Soll ich in der Firma bleiben und meine Karriere stärker vorantreiben, oder wäre es besser, das Unternehmen und notfalls sogar den Beruf zu wechseln?‹). Entscheidungen unter Unsicherheit fallen am häufigsten an; Entscheidungen unter Sicherheit oder bekannten Risiken sind eher selten. Interessant ist, dass die klassischen Ansätze der Entscheidungstheorie nicht genügen, um in solchen Situationen effektive Entscheidungen zu treffen. Entscheidungsmodelle wie Szenarioplanung, Entscheidungsbäume und Statistiken sind unzureichend, um in solchen Situationen zu einer guten Lösung zu gelangen, weil in einem Entscheidungsbaum ständig neue Verästelungen auftauchen und Erwartungswert oder Eintrittswahrscheinlichkeit aufgrund der Schwankungen unvorhersehbar sind. Um eine Entscheidung in einem Umfeld zu treffen, das von Unsicherheit geprägt ist, brauchen wir Strategien, die über die Bayesschen Regeln hinausgehen.«

»Und die wären?«, fragte Isabelle.

»Bei Entscheidungen unter Unsicherheit treffen wir – bewusst oder unbewusst – Vorhersagen über die Zukunft. Wir schätzen die zu erwartende Investitionsrendite, die

Notwendigkeit einer Operation bei einer Tumorerkrankung oder das Verhalten eines Konkurrenten oder einer Rivalin ein (Satopäa et.al., 2021). Und dann wenden wir Heuristiken oder allgemeingültige Regeln an, um doch noch zu einer praktikablen Lösung zu gelangen (Volz und Gigerenzer, 2012).«

»Vorhersagen und Heuristiken? Klingt interessant. Können Sie mir mehr darüber erzählen?«, fragte Isabelle.

Bei Entscheidungen unter Unsicherheit treffen wir – bewusst oder unbewusst – Vorhersagen über die Zukunft. Und dann wenden wir Heuristiken oder allgemeingültige Regeln an, um zu guter Letzt doch noch zu einer praktikablen Lösung zu gelangen.

**Die Kristallkugel im Kopf: Unser Gehirn ist darauf programmiert, Vorhersagen zu treffen**

Die Fähigkeit unseres Gehirns, Vorhersagen zu treffen, könnte ein Schlüsselaspekt in der Entwicklung der menschlichen Spezies gewesen sein. Im Verlauf des bunten Flickenteppichs der menschlichen Evolution stellte die Fähigkeit unserer Vorfahren, potenzielle Ereignisse vorauszusehen und sich entsprechend vorzubereiten, ein Erfolgsmodell dar. In den urzeitlichen Landschaften war es für das Überleben von ausschlaggebender Bedeutung, die Bewegungen von Beutetieren als Nahrungsquelle oder von Beutegreifern, die ihnen auflauerten, vorhersehen zu können. Auch in nachfolgenden Generationen waren Individuen mit ausgeprägtem Gespür für künftige Ereignisse eher imstande, Gefahren zu entgehen, den Lebensunterhalt zu sichern und sich aufgrund dieses Vorteils fortzupflanzen. Damit förderte die

**Abbildung 1.1:** Unser Gehirn ist darauf programmiert, Vorhersagen zu treffen.

natürliche Selektion diese prädiktiven neuralen Schaltkreise, was wiederum zu einer schrittweisen Verankerung dieser Fähigkeit in der Architektur unseres Gehirns führte (Abb. 1.1). Die Kompetenz, detaillierte Zukunftsprognosen zu erstellen, die mit der Entwicklung des »modernen Menschen« einherging, könnte man als ausgeklügelte Manifestation dieser urzeitlichen neuronalen Anpassungen betrachten.

Diese Programmierung des Gehirns spielt auch bei der Optimierung kognitiver Ressourcen eine wichtige Rolle. Wie an späterer Stelle erklärt, ist das menschliche Gehirn ein ungeheuer wirkmächtiges Instrument, jedoch auf der »chemischen Ebene« nur mit großem Aufwand zu steuern. Aber es gibt eine Möglichkeit, die Flut der Informationen, die es in jeder neuen Situation verarbeiten muss, effektiv zu reduzieren. Statt sie als einmaliges, einzelnes Ereignis zu betrachten, nutzt es den Pool seiner bisherigen Erfahrungen als Grundlage, um wahrscheinliche Aussagen daraus abzuleiten und somit schneller und effizienter auf Reize reagieren zu können, die ihm vertraut sind. Damit wird nicht nur die kognitive Last und Erschöpfung verringert, sondern auch die Entscheidungsfindung in einem dynamischen Umfeld beschleunigt. Die Fähigkeit des Gehirns, Vorhersagen zu treffen, ist nicht nur ein Erfolgsmodell aus unserer evolutionären Vergangenheit, sondern bis heute ein unabdingbarer Bestandteil unserer kognitiven Ökonomie.

»Gerne«, erwiderte Eve und fuhr fort. »Fangen wir mit den Vorhersagen an. Es gibt zum Beispiel eine hochinteressante Forschungsreihe der beiden Psychologen Philip Tedock und Barbara Mellers von der University of Pennsylvania. Sie gründeten 2011 das Good Judgement Project (GJP), eine Organisation, die sich der Vorhersage von Weltereignissen verschrieben hatte und dazu ›die Weisheit der Massen‹ nutzen wollte. Ihr Ziel war, zu ergründen, ob einige Menschen imstande waren, künftige Entwicklungen erheblich besser einzuschätzen als andere, und ob die Prognoseprofis von ihnen lernen und ihre Vorhersageleistungen verbessern konnten. Sie starteten eine Initiative, die sogenannten GJP-Tournaments, die von 2011 bis 2015 liefen und Turnieren oder sportlichen Wettkämpfen glichen; den Teilnehmenden wurden ähnliche Fragen wie den Analysten der US-Geheimdienste gestellt (Schoemaker und Tetlock, 2016): Würde Griechenland die Eurozone verlassen? Würde in Russland ein Führungswechsel stattfinden? Wie groß würden die Auswirkungen einer Finanzpanik in China sein? Die Tournaments waren langfristig angelegt, damit die Teilnehmenden zusätzliche Informationen sammeln, daraus lernen und ihre Vorhersagen entsprechend anpassen konnten, wenn die vorausgesagten Ereignisse näher rückten.

»Interessanter Ansatz«, sagte Isabelle.

»Stimmt«, erwiderte Eve. »Dieser Wettbewerb löste eine ganze Reihe weiterer Forschungsprojekte aus. Eine neuere Studie untersuchte die Auswirkungen verschiedener Strategien – als Optimierungsmaßnahmen bezeichnet –, mit deren Hilfe die Genauigkeit der Prognosen verbessert werden sollte (Satopäa et al.). Die Probanden wurden nach dem Zufallsprinzip drei verschiedenen Maßnahmenkategorien zugeordnet.

Die erste Gruppe nahm an einem Tutorial teil, in dem probalistisches Denken trainiert wurde. Sie lernten dabei die Grundlagen der Statistik und die Möglichkeit kennen, mit Hilfe von Daten Fehleinschätzungen zu vermeiden, zum Beispiel Selbstüberschätzung oder Bestätigungsverzerrungen. Die zweite Gruppe wurde gebeten, als Team zusammenzuarbeiten und sich, gleich ob mit oder ohne ›Optimierungsmaßnahme eins‹, über die Vorhersagen der anderen im Team auszutauschen.«

»Und die dritte Gruppe?«, wollte Isabelle wissen.

»Die Strategie, die hier zur Anwendung kam, war eine Leistungstracking-Maßnahme. Hier wurden die Prognoseergebnisse der Studienteilnehmenden in einem langen Zeitraum nachverfolgt und die besten zwei Prozent, die sogenannten Superprognostiker*innen, identifiziert; sie erhielten die Gelegenheit, kollaborativ miteinander zu arbeiten.«

»Die dritte Strategie oder Optimierungsmaßnahme bestand also darin, Teams aus Superprognostikerinnen und -prognostikern zu bilden?«

»Richtig. Danach analysierten und verglichen die Forschenden die Genauigkeit der Vorhersagen, die von den Teilnehmenden mit und ohne Optimierungsmaßnahme getroffen wurden, und bewerteten ihre Einzel- und Gruppenleistungen. Klingt ein bisschen kompliziert, aber sie benutzen Brier-Scores, einen statistischen Index, um die Genauigkeit der probalistischen, sprich Wahrscheinlichkeitsaussagen zu messen. Brier-Scores können die Werte 0 und 1 annehmen. 0 ist das bestmögliche Ergebnis, das heißt, dass die Vorhersagen immer eingetroffen sind; 1 bedeutet, dass keine der Vorhersagen eingetroffen ist[1] (Schoemalker und Tetlock, 2016).«

»Je näher der Score also an null ist, desto größer ist die Genauigkeit der Prognose oder Vorhersage?«, hakte Isabelle nach.

»Ganz richtig. Der Score, der die Genauigkeit der Vorhersage berechnet, liegt im Durchschnitt bei 0,2 bis 0,25.« Eve begann, in ihren Unterlagen zu blättern, offensichtlich suchte sie etwas.

»Na also, das ist sie ja.« Eve hielt eine Seite ihrer Unterlagen mit einer Tabelle hoch (Abb. 1.2), damit Isabelle einen Blick darauf werfen konnte.

»Das ist eine Analyse. Sie zeigt Gruppen, die verschiedene Optimierungsmaßnahmen oder Maßnahmenkombinationen durchlaufen haben, und deren entsprechende Brier-Scores (Satopäa et al., 2021).

Die Analyse deutet darauf hin, dass die Teilnahme an einem Tutorial, in dem probalistisches Denken trainiert wird, oder Maßnahmenkombinationen den Brier-Score von

1 Der Brier-Score misst die Genauigkeit probabilistischer Vorhersagen. Er entspricht der mittleren quadrierten Differenz, das heißt dem Unterschied zwischen der vorausgesagten Wahrscheinlichkeit eines Ergebnisses und dem tatsächlichen Ergebnis. Wenn z. B.etwa ein Ereignis mit einer Wahrscheinlichkeit von 80 Prozent vorausgesagt wird und das Ereignis tatsächlich eintritt (ein Score von 1), wäre der Brier-Score $(0{,}8 - 1)^2$ oder 0,04. Wäre das Ereignis nicht eingetroffen (ein Score von 0), wäre der Brier-Score (0,8-0) oder 0,64.

0,21 auf 0,19 verringern; das heißt, die Vorhersagegenauigkeit der betreffenden Personen verbessert sich um zehn Prozent.«

»Zehn Prozent? Das ist nicht nur aussagekräftig, sondern auch eine ganze Menge«, staunte Isabelle.

»Nun, die Auswirkungen sind sogar noch größer bei den Teilnehmenden, die ein Training absolviert haben und sich mit anderen Angehörigen ihres Teams über die Vorhersagen austauschen können. Dann erhöht sich die Genauigkeit der Prognosen um weitere 26 Prozent, oder im Vergleich zu Einzelpersonen ohne Training um 33 Prozent.«

**Abbildung 1.2:** Auswirkung ausgewählter Optimierungsmaßnahmen auf die Vorhersageleistung *Quelle:* Adaptiert, Satopäa et al. (2021)

»Das ist eine Menge. Die Teams erreichen also bessere Ergebnisse als Einzelpersonen. Heißt das, alle Entscheidungen sollten im Team getroffen werden?«

»Nein, das wäre die falsche Schlussfolgerung. Teams sind nicht immer die beste Lösung. In den meisten Fällen schneiden Teams in Situationen mit zahlreichen Unsicherheitsfaktoren besser ab als einzelne Entscheidende, aber sie sind kein Allheilmittel. Manchmal tragen sie nur wenig zur Lösung bei, zum Beispiel, wenn sie in Entscheidungen eingebunden sind, es ihnen aber eindeutig an der Kompetenz oder Bereitschaft mangelt, einen aktiven Beitrag zu leisten. Eine schlechte Gruppendynamik kann die Teamarbeit und die Kooperation erschweren.«

»Hmm … kommt mir bekannt vor«, murmelte Isabelle.

»Abgesehen davon kostet die Arbeit im Team Zeit«, fuhr Eve fort. »Manche Probleme müssen ausführlich besprochen werden, um zu einer Lösung zu gelangen, und das kann zeitraubend sein. Außerdem erfordert es Zeit, bis eine konstruktive Zusammenarbeit beginnt. Die Teammitglieder müssen sich zuvor auf gemeinsame Ziele, auf die Probleme, die in Angriff genommen werden, und auf die Lösungswege einigen. Bei einfachen Entscheidungen lohnt sich der Aufwand nicht, wenn es beispielsweise um die Frage geht, ob ein kurzfristiger Leasingvertrag erneuert oder ein Produkt weiterentwickelt werden soll. Studien zum Thema Gruppenleistung zufolge sind Teams bei der Erledigung einfacher Aufgaben alles andere als ideal. Sie tragen nur dazu bei, die Komplexität und den Zeitaufwand zusätzlich zu erhöhen.«

»Und wann sollte ich mit anderen über meine Prognosen sprechen beziehungsweise sie in Teams entwickeln?«

»Das zeige ich Ihnen anhand einer anderen Grafik«, sagte Eve und blätterte in ihren Unterlagen. »Hier ist sie ja. Sie stammt aus einer Studie, die von Forschenden der University of Pennsylvania, des MIT und der Purdue University durchgeführt wurde. Sie verglichen das Leistungsniveau von 1200 Personen miteinander, die im Team beziehungsweise alleine an der Lösung von Aufgaben mit unterschiedlicher Komplexität gearbeitet hatten (Abb. 1.3).

Die Grafik zeigt, dass Teams bei einfachen Aufgaben nicht besonders effizient waren, dass sie aber bei komplexen Aufgaben wesentlich bessere Ergebnisse erzielten als die Einzelpersonen (Almaatouqu, 2021).«

»Das bedeutet, dass schwierige Entscheidungen – zum Beispiel in Bezug auf die künftige Strategie der ATG – im Team getroffen werden sollten, richtig? Und dass ich mich vergewissern sollte, dass alle Teamangehörigen konstruktiv zur Entscheidungsfindung beitragen, das heißt, dass ich für eine gute Gruppendynamik sorgen sollte, oder?«, fragte Isabelle.

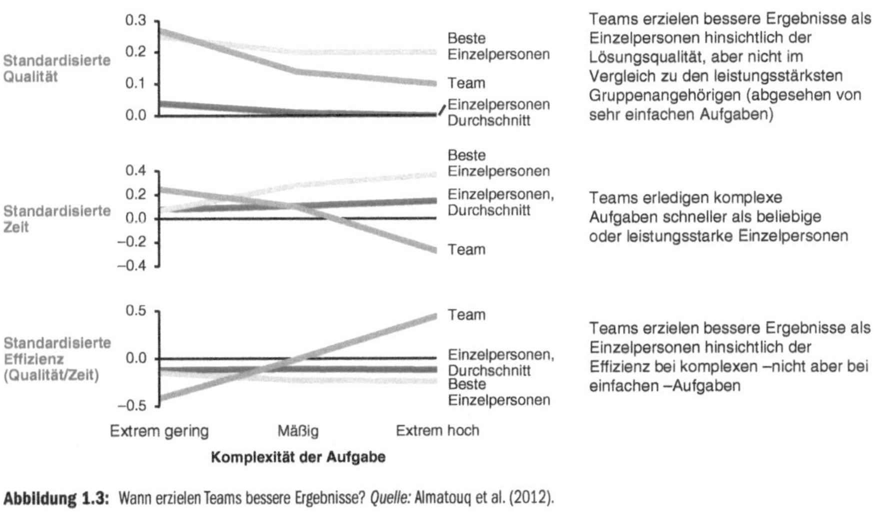


**Abbildung 1.3:** Wann erzielen Teams bessere Ergebnisse? *Quelle:* Almatouq et al. (2012).

Bei komplexen Aufgaben erzielen Teams bessere Ergebnisse als Einzelpersonen.

»Ganz richtig«, bestätigte Eve.

»Und was hat es nun mit der dritten Optimierungsmaßnahme auf sich? Die Superprognose-Teams erzielten ja noch niedrigere Brier-Scores. 0,08! Das sind nahezu perfekte Vorhersagen. Unfassbar!«

»Stimmt! Wenn die besten zwei Prozent ein Team bilden und sich über ihre Vorhersagen austauschen, erhöht sich die Genauigkeit ihrer Aussagen um weitere 43 Prozent, verglichen mit den Ergebnissen der Einzelpersonen, die ein Tutorial über probalistisches Denken, sprich Wahrscheinlichkeitsaussagen, absolviert haben und als Gruppe an einer Prognose arbeiten.«

»Wow, eine eindrucksvolle Bilanz. Wie kommt es, dass einige Leute auf diesem Gebiet über herausragende oder Superfähigkeiten verfügen? Ist das eine Gabe, die ihnen in die Wiege gelegt wurde, oder verwenden sie bestimmte Strategien oder Methoden, die erlernbar sind?«, wollte Isabelle wissen.

»Nun, sowohl als auch, aber ich wage zu behaupten, dass eine Menge erlernbar ist«, erwiderte Eve. »In zwei Studien, die 2015 veröffentlicht wurden, versuchten Barbara Mellers und ihr Team diese Frage zu beantworten (Mellers et al., 2015a; Mellers et al., 2015b). Um zu verstehen, was die Genauigkeit der Vorhersagen beeinflusst, nahmen sie fünfzehn verschiedene Variablen unter die Lupe, die sie drei Kategorien zuordneten. Erstens die Persönlichkeitsmerkmale, die jeder Menschen bei der Geburt mitbringt und nur schwer zu verändern sind. Zweitens situationsspezifische Einflussfaktoren, zum Beispiel die Gruppe, der sie zugeteilt wurden, um über die Vorhersagen zu diskutieren. Und drittens Verhaltensmuster, die sich im Rahmen der Tournaments beobachten ließen (Mellers et al., 2015b).«

»Was haben sie herausgefunden?«, fragte Isabelle.

»Beginnen wir mit Persönlichkeitsmerkmalen, die sie als kognitive Fähigkeiten oder Stile bezeichneten. Die Variable, die in dieser Kategorie am meisten über die Vorhersagegenauigkeit aussagte, war die Intelligenz. Die Personen mit den besten antizipierten Ergebnissen, also den Superleistungen, erreichten bei verschiedenen Intelligenztests hohe Werte. Sie schnitten mit einer Standardabweichung von 1 oder mehr im Bereich der fluiden und der kristallinen Intelligenz besser ab als alle anderen Teilnehmer; die Standardabweichung misst die Entfernung eines Merkmals vom Mittelwert oder Durchschnitt. Unter fluider Intelligenz versteht man die Fähigkeit, neuartige Probleme ohne zuvor erworbenes Wissen schnell zu lösen. Sie ist mit mehreren wichtigen Kompetenzen verknüpft, zum Beispiel der Fähigkeit, neue Ideen aufzugreifen, Probleme zu lösen und zu lernen (Unsworth et al., 2014). Kristalline Intelligenz ist die Fähigkeit, Probleme mit Hilfe von Wissen zu lösen, das bereits erworben wurde. Sie setzt voraus, dass wir in der Lage sein müssen, Zusammenhänge herzustellen, abstrakt zu denken und Theorien auf der Grundlage von Erfahrungen zu entwickeln (Castell, 1987).«

»Eine Standardabweichung von mindestens 1? Das bedeutet, dass die Superprognostiker*innen in puncto Intelligenz zu den besten 15 bis 20 Prozent gehörten«, stellte Isabelle fest.

»Das ist richtig. Intelligenz war der stärkste Treiber in der Kategorie der kognitiven Fähigkeiten und Stile, aber es gab noch einige weitere Einflussfaktoren: Die Superprognostiker*innen waren ehrgeizig, nachdenklich und aufgeschlossen für Neues.

Außerdem schien ihnen eine ›deterministische‹ Sichtweise zu fehlen (Tetlock und Gardner, 2018), die Auffassung, dass alles vorbestimmt sind. Das Schicksal spielt für sie keine große Rolle. Sie zogen eine wissenschaftlich fundierte Weltsicht vor (Mellers et al., 2015b).«

»Okay, die Persönlichkeitsmerkmale sind also weitgehend festgelegt. Was ist mit der zweiten Kategorie, den situationsspezifischen Einflussfaktoren?«

»Zu den situationsspezifischen Einflussfaktoren gehörten die Optimierungsmaßnahmen vor Beginn des Tournaments, zum Beispiel das Training von probalistischem Denken und der Teamaufbau, der einen Austausch über ihre Vorhersagen ermöglichte. In dieser Kategorie war die Teamarbeit der wichtigste Treiber der Vorhersagegenauigkeit«, erwiderte Eve.

»Und die dritte Kategorie?«

»Die dritte Kategorie umfasste die kognitiven Fähigkeiten und Stile, die bei den besten Teilnehmenden während des Prognose-Tournaments angewendet wurden. Dazu zählten auch bestimmte Verhaltensweisen, zum Beispiel, wie oft sie Informationen sammelten, wie häufig sie ihre Vorhersagen aktualisierten und wie viel Zeit und Mühe sie in ihre Zukunftsaussagen investierten. Wie sich herausstellte, waren alle Verhaltensweisen relevant, aber der wichtigste Hinweis auf die Vorhersagegenauigkeit in dieser Kategorie war die Aktualisierungshäufigkeit der Daten, die ihren Prognosen zugrunde lag. Das war nicht nur hier, sondern in allen drei Kategorien der wichtigste Einflussfaktor. Die Superprognostiker*innen brachten, wenn neue Informationen verfügbar waren, ihre Einschätzungen häufiger als andere auf den neuesten Stand (Mellers et al., 2015b). Sie waren in der Lage, wissenschaftlich zu denken. Tauchten neue Fakten auf, nahmen sie sich die Zeit, ihnen auf den Grund zu gehen und ihre Hypothesen zu überprüfen, wenn neue evidenzbasierte Daten eine Anpassung nahelegten.«

»Interessant! Superprognostiker*innen arbeiten also, wie es in der Wissenschaft üblich ist!«

»Ja, könnte man so sagen. Es ging dabei weniger um ihre Persönlichkeit, sondern vielmehr um die Art und Weise, wie sie dachten und handelten. Ihr Verhalten fiel stärker ins Gewicht als alle anderen Einflussfaktoren. Es sagte mehr über sie aus als die dispositionellen Eigenschaften oder die situationsspezifischen Faktoren (Mellers et al., 2015a)«, erwiderte Eve und teilte eine weitere Grafik mit Isabelle (Abb. 1.4).

»Das sind gute Neuigkeiten, weil Verhaltensweisen antrainiert und in Skills umgewandelt werden können.«

»Hmm ... ganz schön viele Erkenntnisse auf einmal«, gab Isabelle zu bedenken. »Ich fasse mal kurz zusammen. Erstens: Entscheidungen, die wir im Alltag treffen, sind überwiegend Entscheidungen unter Unsicherheit. Das heißt, hier sind mögliche Optionen, Ergebnisse und Wahrscheinlichkeiten weitgehend unbekannt. Zweitens: Im Verlauf der Entscheidungsfindung treffen wir – bewusst oder unbewusst – Vorhersagen über die potenziellen Ergebnisse und verwenden dabei Heuristiken als Entscheidungshilfe.

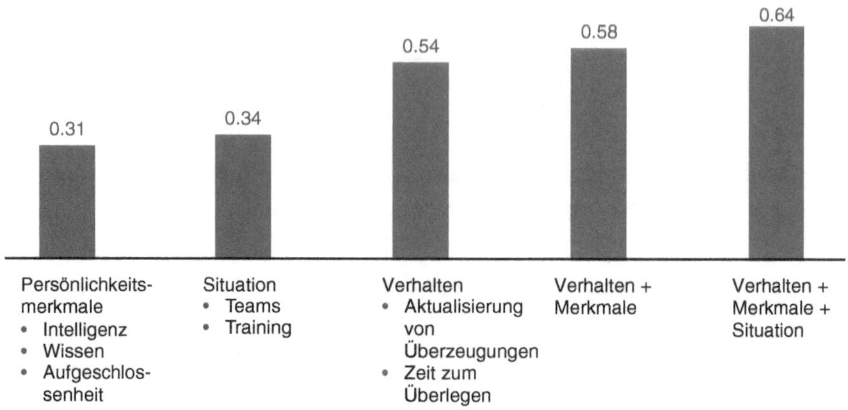


**Abbildung 1.4:** Hinweise auf die allgemeine Vorhersagegenauigkeit (Multiple Regression) *Quelle:* Mellers et al. (2015a)

»Drittens: Es ist von Vorteil, sich mit anderen über die Prognosen auszutauschen. Mit Hilfe einer konstruktiven Zusammenarbeit lassen sich bessere Vorhersagen und damit auch bessere Entscheidungen treffen. Viertens: Die Fähigkeit, Prognosen zu erstellen, ist individuell unterschiedlich ausgeprägt. Superprognostiker*innen schneiden am besten ab, sie verfügen in der Regel über ein hohes Maß an Intelligenz. Noch wichtiger ist, dass sich ihre Vorhersagen durch wissenschaftliches Denken auszeichnen. Sie werden fortwährend aktualisiert, sobald neue evidenzbasierte Beweise oder Daten auftauchen.«

»Eine perfekte Zusammenfassung! Eine viel griffigere Synthese meiner Forschungen als das, was mir vorschwebte!«, rief Eve.

### Muss jemand superintelligent sein, um effektive Entscheidungen zu treffen?

Die sogenannte allgemeine Intelligenz – die Fähigkeit, vernünftig zu denken und zweckvoll zu handeln – gilt in der Regel als festgelegt. Falls Sie bei Intelligenztests durchschnittlich abschneiden, fragen Sie sich jetzt vielleicht, ob Sie dazu verurteilt sind, schlechte Vorhersagen und folglich auch schlechte Entscheidungen zu treffen.

Das ist zum Glück nicht der Fall.

Es gibt mehrere Strategien, die Ihre Fähigkeit fördern, genauere Prognosen zu erstellen. Die wichtigsten sind:

1. Der Aufbau leistungsstarker Teams. In zwei Studien mit 699 Teilnehmenden, die zwei- bis fünfköpfigen Gruppen zugeteilt wurden, wiesen Anita Wooley und Kolleginnen und Kollegen von der Carnegie Mellon University nach, dass Einzelpersonen, die kollaborativ in Gruppen zusammenarbeiten, eine Form der Gruppenintelligenz entwickeln, kollektive Intelligenz genannt, die den individuellen Intelligenzleistungen bei der Bewältigung einer breitgefächerten Palette von

Aufgaben weit überlegen ist. Interessanterweise steht die kollektive Intelligenz weder mit der durchschnittlichen noch mit der maximalen individuellen Intelligenz der Gruppenangehörigen in einer engen Wechselbeziehung. Sie stützt sich auf das durchschnittliche soziale Einfühlungsvermögen der Gruppenangehörigen (Empathie), die gleichwertige Verteilung der Redezeit (gleiches Mitspracherecht) und die Diversität (Anteil der Frauen), die in der Gruppe repräsentiert sind (Wooley et al., 2010).

2. Umgeben Sie sich mit intelligenten Menschen. Dadurch werden Sie nicht automatisch intelligenter, aber Sie erhalten mehr Impulse zum Nachdenken und müssen sich mit anderen Sichtweisen, Perspektiven und Meinungen auseinandersetzen. Dieser Input erhöht die Vorhersageleistung.
3. Gehen Sie fürsorglich mit sich selbst um. Studien belegen, dass eine ausgewogene Ernährung, regelmäßige Bewegung und ausreichender Schlaf unter anderem dazu beitragen, die kognitiven Fähigkeiten zu verbessern. Darauf gehen wir an späterer Stelle genauer ein.
4. Wenn möglich, richten Sie Ihr Mindset – Ihre Überzeugungen, Denk- und Verhaltensweisen, sprich Ihre innere Haltung – auf Wachstum aus. Der Begriff Wachstumsmindset wurde von Carol Dweck, Professorin für Psychologie an der Stanford University, geprägt. Im Verlauf ihrer Arbeit, zu dem auch das Buch *Mindset: The New Psychology of Success* gehört, stellte sie fest, dass Menschen, die in ihrem Privat- und Berufsleben erfolgreicher als andere sind, zu der Überzeugung neigen, dass ihre Denk- und Verhaltensmuster, Fähigkeiten und Fertigkeiten nicht festgelegt oder vorgegeben sind, sondern sich erlernen und erweitern lassen (Dweck, 2006). In einer Studie aus dem Jahre 2019 erzielten 300 Schülerinnen und Schüler, die gelernt hatten, eine Wachstumshaltung zu entwickeln, bessere Noten im Mathematikunterricht als die Vergleichsgruppe. Das Ausmaß des damit verbundenen Effekts ist derzeit noch umstritten. Einer Studie jüngeren Datums zufolge könnten die Auswirkungen des Wachstumsmindset auf die Lernleistung überschätzt worden sein, so dass dieser Einflussfaktor in Wirklichkeit eine untergeordnete Rolle spielt (Macnamara und Burgoyne, 2023).

Und noch ein Hinweis, wenn es um Intelligenz geht: Im Gegensatz zu den Skills, die in die Entscheidungsfindung einfließen, besteht kein enger Zusammenhang zwischen Intelligenz und Führungseffektivität (Hoffman et al., 2011). Überdurchschnittliche Intelligenz könnte ein Segen für die Prognosen, aber ein Fluch für die Entscheidungsfindung sein. Studien zeigen, dass hochintelligente Einzelpersonen möglicherweise bessere Vorhersagen treffen, aber oft anfälliger für kognitive Verzerrungen sind als durchschnittlich intelligente Menschen. Laut einer jüngst veröffentlichten Studie ist die Wahrscheinlichkeit, Stereotypen zum Opfer zu fallen – eine Form der kognitiven Verzerrung –, bei höheren IQ-Werten größer (Lick et al., 2018). Wie Sie später noch sehen werden, können kognitive Verzerrungen zu schlechten Entscheidungen führen, insbesondere in einem volatilen Umfeld, mit dem wir nicht vertraut sind.

»Ja, aber halt, was ist mit den Heuristiken, den Entscheidungsregeln, die Sie zuvor erwähnt haben?«, fragte Isabelle, als das Flugzeug in London landete.

Eve, hocherfreut über Isabelles Interesse an ihrer Postdoc-Arbeit, begann schneller zu sprechen, als befürchtete sie, nicht mehr genug Zeit zu haben, um ihre Erkenntnisse zu teilen. »Genaue Vorhersagen sind wichtig, reichen aber nicht aus, um effektive Entscheidungen zu treffen. Fehlentscheidungen sowohl im Berufsleben als auch im Privatleben, nebenbei bemerkt, sind nicht mit der Fähigkeit verknüpft, Vorhersagen zu treffen. Denken Sie an Ihre eigenen Entscheidungen. Wenn Sie zum Beispiel einer Freundin empfehlen, ein Haus zu kaufen, haben Sie ihr einen guten Rat gegeben. Wenn Sie diese Entscheidung jedoch für sich selbst treffen, sind Sie unsicher, ob das eine gute Idee ist. Alle möglichen Gedanken gehen Ihnen durch den Kopf. Vielleicht sagen Sie sich: ›Was werden die Leute von mir denken, wenn ich mir in dieser Gegend ein Haus kaufe?‹, ›Was ist, wenn der Makler mir nicht alle Informationen gegeben hat? Wartet noch eine Menge Arbeit auf mich, bevor ich einziehen kann?‹, ›Was ist, wenn ich den Wert der Immobilie falsch einschätze? Zahle ich möglicherweise zu viel dafür?‹ und so weiter. Die Gefühle kommen Ihnen in die Quere, blockieren die Entscheidung.«

»Klingt vertraut«, gestand Isabelle.

»Ja. Wenn Sie mit Ihrer Vorhersage danebenliegen, geht die Welt nicht unter. Im Gegensatz zu hypothetischen Vorhersagen, die sich als falsch erweisen, zum Beispiel in einem Prognose-Tournament – und im Leben, nebenbei bemerkt –, haben falsche Entscheidungen in Organisationen ihren Preis. Es besteht ein gewaltiger Unterschied zwischen Analysieren und Risiken eingehen. Nicht alle hervorragenden Finanzanalysten sind gute Investoren, nicht alle Expertinnen und Experten in der Unternehmensberatung sind die ideale Besetzung für die Position an der Spitze des Unternehmens, und nicht alle hervorragenden Management-Professorinnen und Professoren wären im Geschäftsleben erfolgreich.«

»Kommen hier die Heuristiken ins Spiel?«, fragte Isabelle, als die Passagiere in den ersten Reihen aufstanden und das Flugzeug verließen.

»Ja, genau. Bei Entscheidungen, die unter Unsicherheit getroffen werden, arbeitet unser Gehirn auf Hochtouren. Es nutzt – teils bewusst, teils unbewusst – zur Entlastung bestimmte Entscheidungsregeln als Hebel, eine Art Was-wäre-wenn-Faustformel. Das bezeichne ich als Heuristik, eine analytische Vorgehensweise bei begrenztem Wissen.«

»Eve, ich muss mich leider beeilen«, sagte Isabelle, die Wert darauf legte, zu ihrem ersten Meeting in London pünktlich zu erscheinen. »Für mich war das Gespräch mit Ihnen unglaublich aufschlussreich. Ich habe eine Menge Stoff zum Nachdenken erhalten. Wäre es vielleicht möglich, dass wir uns wieder einmal treffen oder sogar einen Videocall in einer der kommenden Wochen anberaumen? Ich würde gerne mehr darüber erfahren, was es mit den Heuristiken auf sich hat und wie sie funktionieren!«

»Ja, gerne. Ich finde es prima, mich mit Ihnen über meine Arbeit auszutauschen! Das hilft mir, manche Dinge auf den Punkt zu bringen. Ihre Zusammenfassung hat mir sehr gut gefallen!« Eve und Isabelle, die sich durch die vorausgegangene Unterhaltung zufrieden und gestärkt fühlte, reichten einander zum Abschied die Hand.

### Kernaussagen

- Sie verbringen einen erheblichen Teil des Tages damit, im Berufsleben und darüber hinaus Entscheidungen zu treffen.
- Die meisten Entscheidungen, die im Alltag anstehen, sind Entscheidungen unter Unsicherheit, bei denen die potenziellen Optionen, Ergebnisse und Wahrscheinlichkeiten weitgehend unbekannt sind.
- Wenn Sie Entscheidungen treffen – bewusst oder unbewusst –, treffen Sie Vorhersagen über die möglichen Ergebnisse und verwenden Heuristiken als mentale Strategien oder »Abkürzungen«.
- Wenn Sie sich mit anderen über Ihre Entscheidungen austauschen, verbessern Sie Ihre Vorhersageleistung.

Die Fähigkeit, Vorhersagen zu treffen, ist individuell unterschiedlich ausgeprägt. Diejenigen, die sich am besten darauf verstehen, verfügen über ein hohes Maß an Intelligenz. Abgesehen davon unterscheiden sie sich durch ihr wissenschaftliches Denken bei der Erstellung von Prognosen: Sie investieren Zeit und Mühe, um ihre Aussagen zu überdenken und zu überprüfen, sobald neue Informationen zur Verfügung stehen.

# 2 Erstes Fallbeispiel: Menschenzentrierte Entscheidungen

**Claudio Feser, David Redaschi und Karolin Frankenberger**

In London war Isabelle in der Lage, die wichtigsten Investoren der ATG zu beruhigen. Abgesehen davon stellten sie zahlreiche detaillierte Fragen über die Strategie, die Organisationsstruktur und das Topmanagement-Team des Unternehmens, Fragen, die sie nicht aus dem Stand beantworten konnte. Sie einigten sich auf ein weiteres Meeting, sobald ihr die relevanten Informationen vorlagen.

Zurück in Zürich, verbrachte Isabelle während der folgenden Wochen viel Zeit damit, sich mit allen Facetten der Situation, in der sich die ATG aktuell befand, vertraut zu machen. Vor allem wollte sie verstehen, wie sie das Unternehmen als neue CEO langfristig besser aufstellen konnte. Sie bat Konstantinos »Kosta« Georgiades, einen kreativen jungen Griechen, der ein paar Jahre zuvor seinen Masterabschluss an der Universität Sankt Gallen gemacht hatte und nun als CSO die Strategieentwicklung und Umsetzung verantwortete, eine Perspektive für den Reisemarkt und die Position der ATG zu erarbeiten. Er besaß zwar noch keine langjährige praktische Erfahrung in seinem Metier, verstand aber die ATG und ihre Belange bemerkenswert gut.

Doch während sie auf Kostas Bericht und andere Rechercheergebnisse wartete, verschlechterte sich die Gesamtsituation des Unternehmens weiterhin. Das ökonomische Umfeld geriet mehr und mehr aus den Fugen, und die Nachfrage nach Freizeitreisen ging ungebremst zurück (siehe Anhang 3 und 4). Isabelle musste sich schnellstmöglich einen Überblick über die finanziellen Folgen dieser neuen Entwicklung verschaffen. Sie bat den CFO Hugo, eine Finanzprognose für den Rest des Jahres und die folgenden 24 Monate zu erstellen. Sie wollte vor allem wissen, wie er Umsatz, Gewinn, Marktwert und Cashflow des Unternehmens im kommenden Jahr einschätzte. Obwohl sie – nach den Ereignissen im dritten Quartal – gelernt hatte, Hugos Urteil nicht blind zu vertrauen, fand sie seine Zahlen überzeugend. Hugo war gewissenhaft und akribisch, wenngleich ein wenig konservativ, was seine Einschätzungen betraf. Und auf seine Terminzusagen war Verlass (siehe Anhang 5).

Die Ergebnisse sahen verheerend aus. Abgesehen von einem zu erwartenden Umsatzrückgang in Höhe von acht Prozent während der folgenden zwölf Monate verschlangen ATGs Bemühungen, den B2B-Geschäftsbereich auszubauen – eine von Dr. Mayer angestoßene Initiative, die zunächst als vernünftige strategische Entscheidung betrachtet wurde –, enorme Summen, beträchtlich mehr als erwartet. Die Neueinstellung von Geschäftsreise-Experten/-Expertinnen und die Entwicklung der Geschäftskundenbeziehungen erwiesen sich als kostspielig und zeitraubender als gedacht. Ohne drastische Gegenmaßnahmen würde ATG in Kürze rote Zahlen schreiben. Dazu kam, dass die Eigenkapitalrendite (ROE), die sich im Jahr vor Isabelles Ernennung auf 14 Prozent belaufen hatte, auf sechs Prozent zu schrumpfen drohte. Isabelle, die vorher in einer umtriebigen Private-Equity-Firma (PE) mit einer Vielzahl von Anlagestrategien tätig gewesen war, befürchtete, ATG könne zum Übernahmekandidaten für PE-Investoren und Konkurrenzunternehmen werden. Möglichweise wäre sie dann die letzte Vorstandsvorsitzende des Reiseveranstalters.

Das folgende Wochenende war für Isabelle alles andere als erfreulich. Sie war angespannt und reizbar. Am Samstag geriet sie mit Marie aneinander, was zur Folge hatte, dass ihre Tochter in Tränen ausbrach und den Rest des Nachmittags in ihrem Zimmer verbrachte, wo sie mit ihren Freundinnen und Freunden Textnachrichten austauschte und in den sozialen Medien surfte. Marco, ihr Mann, spürte, dass Isabelle Freiraum brauchte, um sich auf die Zukunft der ATG zu konzentrieren, und außerstande war, die Zeit mit ihrer Familie zu genießen. Am Sonntag packte er die beiden Mädchen, Marie und Annelies, ins Auto und fuhr mit ihnen zum Snowboarden.

Am Montag berief Isabelle ein dringendes Meeting des Topmanagement-Teams ein, das sie von Dr. Mayer geerbt hatte. Der Aufsichtsrat begegnete allen GET-Mitgliedern mit Hochachtung, und Carlo, der Aufsichtsratsvorsitzende, erwartete von Isabelle ausdrücklich, dass sie in der bisherigen Konstellation mit ihnen zusammenarbeitete und keine personellen Veränderungen vornahm – zumindest nicht kurzfristig. Die GET-Angehörigen schienen kompetent und erfahren zu sein. Außer Hugo gehörten noch vier weitere Personen der Führungsriege an:

Frank de Vries, ein extrovertierter, jovialer, hochgewachsener und kahlköpfiger Niederländer, der die ausländischen Vertriebsniederlassungen leitete. Er war seit annähernd drei Jahrzehnten im Reisesektor tätig und so offen wie ein aufgeschlagenes Buch. Er machte aus seinen Ansichten keinen Hehl. Der ehemalige Kapitän eines Kreuzfahrtschiffes mit Heimathafen Rotterdam und spätere Topmanager in der internationalen Kreuzfahrtbranche hatte die ganze Welt bereist und ein weitläufiges Kontaktnetz geknüpft. Er war geradlinig und tiefgründig über das aktuelle Marktgeschehen informiert, aber er ging oft auf Konfrontationskurs und war daran gewöhnt, seinen Willen durchzusetzen.

Constance Keller, eine Schweizer Wirtschaftswissenschaftlerin, verantwortete den Schweizer Verkaufs- und Marketingbereich der ATG (einschließlich der im Aufbau befindlichen B2B-Sparte). Introvertiert und kurz angebunden, war sie relativ untypisch für eine Führungskraft im Wirtschaftssektor. Isabelle, die Connys Wissen und praktische Veranlagung zu schätzen wusste, fiel es schwer, sich ein Bild von ihr zu machen oder herauszufinden, was sie wirklich über die Situation des Unternehmens oder gleich welche Themen dachte, die über ihre routinemäßigen Berichte hinausgingen. Interessanterweise hatte Conny trotz ihres stets formellen Auftretens und ihrer gleichförmigen dunklen Geschäftskleidung eine große Gefolgschaft in ihrer Abteilung und genoss sowohl bei den Gewerkschaften als auch bei Branchenkennern beiderlei Geschlechts großen Respekt.

Alessandro Rossi war sowohl für die Sparte Operations und IT, das Rückgrat des Unternehmens, als auch für die zentralen Serviceleistungen zuständig. Der aus Mailand stammende Italiener war Ende der 1980er Jahre nach Zürich gezogen, wo er Informatik an der ETH studierte. Im Anschluss hatte er bei der Unternehmensberatung ExecUnited gearbeitet, bevor er zur ATG überwechselte. Er hatte rasch Karriere gemacht, war eloquent und stets elegant gekleidet, hatte Ehrgeiz und einen messerscharfen analytischen Verstand. Alessandro galt lange als heißester Anwärter auf die vakante Position des Vorstandsvorsitzenden. Der Aufsichtsrat hatte ihn angesichts seiner breit gefächerten Fähigkeiten und Fertigkeiten in Betracht gezogen, war aber zu der Schlussfolgerung gelangt, dass er zu selbstbezogen war, andere nicht zu motivieren verstand und zu sehr auf seinen Zuständigkeitsbereich fokussiert war.

Sein Verhalten gegenüber der neuen CEO war passiv-aggressiv, was Isabelle natürlich merkte und darauf zurückführte, dass der Aufsichtsrat ihr den Vorzug gegeben hatte. Infolgedessen war ihre Beziehung spürbar angespannt, obwohl Isabelle versuchte, ihm mit ihrer üblichen Gelassenheit und Professionalität zu begegnen. Wenn sie beobachtete, wie er sich innerlich sträubte, sobald sie ihre in der Organisationsstruktur verankerten Entscheidungs- und Weisungsbefugnisse geltend machte, fragte sie sich, ob er demnächst seinen Rücktritt einreichen würde.

In Alison Brown fand Isabelle schlussendlich eine Verbündete. Überraschenderweise war die gebürtige Engländerin mit der Leitung der Personal- oder HR-Abteilung eines Unternehmens betraut worden, in dem überwiegend deutsch gesprochen wurde. Ihre Deutschkenntnisse reichten jedoch aus, um jeder arbeitsbezogenen Unterhaltung zu folgen, obwohl sie in Meetings und in anderen professionellen Settings die englische Sprache bevorzugte. Sie hatte nach einer beeindruckenden Karriere in der Personalverwaltung eines großen Konsumgüterkonzerns bei der ATG angefangen. Mit ihrem straff zurückgekämmten Silberhaar und dem festen Blick glich sie einer Oxford-Professorin, und Isabelle vertraute ihr ohne Wenn und Aber. Abgesehen von ihrer Assistentin Franziska war Alison die Einzige, die sie herzlich begrüßt und mit offenen Armen empfangen hatte.

Doch obwohl alle GET-Angehörigen erfahren und qualifiziert schienen, gingen die Meinungen über die Herausforderungen, denen sich die ATG gegenübersah, und die grundlegenden Strategien, die das Unternehmen verfolgen sollte, weit auseinander.

Isabelle begrüßte die Anwesenden zu Beginn des GET-Meetings; danach präsentierte Hugo die Prognose, die er am Freitag mit ihr geteilt hatte. Im Anschluss stand eine Diskussionsrunde auf der Agenda. Frank meldete sich als Erster zu Wort: »Ich habe ja gleich gesagt, wir hätten nicht in den B2B-Bereich investieren sollen. Wir haben zwar ein paar Vorteile erzielen können, aber der Wettbewerb ist viel zu stark, und unser Markteintritt kam viel zu spät. Ich war schon immer der Meinung, dass wir zu viel Geld ausgeben, um hier Fuß zu fassen. Wir haben Millionen in die Hand genommen, um eine Sparte aufzubauen, mit der wir jährlich Verluste in Höhe von nahezu zwei Millionen einfahren. Das mag langfristig sinnvoll erscheinen, aber für mich sieht das eher nach einer miserablen Strategie aus.«

Conny, gesprächiger als sonst, verteidigte den Schachzug: »Die Diskussion über den B2B-Bereich lenkt vom Thema ab! Unsere Gewinne brechen ein, um sage und schreibe 29 Millionen Francs. Mit einem Ausstieg aus dem B2B-Bereich können wir ein paar Millionen einsparen, aber keinen nennenswerten Unterschied bewirken. Und ganz abgesehen davon steht B2B als strategische Priorität auf unserer Agenda. Geschäftsreisen stellen heute einen wichtigen Wachstumssektor dar, der obendrein gut zu unseren Kernkompetenzen passt. Es gibt natürlich andere Wachstumsoptionen, neue technologiebasierte Geschäftsmodelle, aber wir sind vermutlich nicht die besten Player auf diesem Gebiet, weil uns die digitalen Kapazitäten fehlen. Wir haben es nicht einmal geschafft, unser eigenes Unternehmen in dieser Hinsicht gut aufzustellen, wie soll uns da der Vorstoß in neue technologiegestützte Geschäftsfelder gelingen!«

»Sie wollen, dass ich unser Geschäftsmodell digitalisiere?«, konterte Alessandro, der als Leiter des Bereich KI Connys Bemerkungen als – nicht ganz unberechtigte –Kritik auffasste. »Vorher sollten wir aber noch einmal eingehend über unser Distributionsnetz in der Schweiz und Europa nachdenken. Die ATG hat viel zu viele Reisebüros. Frank und Sie haben zu stark expandiert. Es sind die älteren Vertriebsniederlassungen, die den meisten Umsatz generieren und den größten Beitrag zu unseren Margen leisten. Unsere neuen Niederlassungen tragen nicht einmal zur Deckung unserer fixen Kosten bei. Warum Reisebüros digitalisieren, die ohnehin bald vor dem Aus stehen?«

Frank reagierte sichtlich empört auf Alessandros Worte. »Zu expandieren war nicht meine Idee. Die Anweisung kam von oben, von Dr. Mayer. Abgesehen davon ist es kein kluger Schachzug, gerade erst eröffnete Reisebüros wieder zu schließen – damit würden wir außerdem unserer Reputation schaden und unser künftiges Wachstum untergraben.« Und an Isabelle gewandt fügte er hinzu: »Wir wissen, dass ein neues Reisebüro vier bis fünf Jahre braucht, bis es den angestrebten Deckungsbeitrag erreicht.«

Alessandro schickte sich gerade an, das Wort zu ergreifen, als Isabelle die Hand hob und den Kopf schüttelte. »Danke, Frank. Ich denke, das genügt für den Augenblick. Wir drehen uns im Kreis. Sich gegenseitig die Schuld zuzuweisen und unser Geschäftsmodell zu zerlegen, ist alles andere als konstruktiv.« Isabelle war frustriert, und obwohl sie Hugos Urteilsfähigkeit nicht vorbehaltlos vertraute, forderte sie ihn auf, seine Meinung zu äußern. »Hugo, Sie kennen die Zahlen am besten, was würden Sie vorschlagen?«

»Ich kann die Vorteile des B2B-Bereichs nicht beurteilen. Aber feststeht, dass wir die Kosten unverzüglich abbauen müssen. Der Umsatz bricht ein. Eine bedrohliche Entwicklung, und deshalb ich schlage vor, als Erstes den Personalbestand um 25 Prozent zu reduzieren. Wir müssen unter Umständen mit weiteren Umsatzeinbußen rechnen, aber wir könnten wieder zu einer positiven einstelligen Eigenkapitalrendite (ROE) zurückkehren.« Er fasste den Bericht der Steuerberatungsfirma KPS zusammen, die ihn bei der Erstellung des Finanzplans unterstützt hatte, um seine Einschätzung zu untermauern, wie sich die Eigenkapitalrendite verbessern ließe. Außerdem empfahl er, den Personalabbau von 25 Prozent gleichmäßig auf alle Bereiche und Abteilungen zu verteilen, weil sonst vermutlich langwierige Verhandlungen mit den einzelnen Managementangehörigen und den Gewerkschaften bevorstanden. Er fürchtete, dass der ATG dafür nicht mehr genug Zeit blieb.

»Ein Einschnitt von 25 Prozent? Auf keinen Fall!«, rief Alison aus. »Das zerstört die Arbeitsmoral unserer Belegschaft, die ohnehin schwach ist. Wir verlieren unsere besten Leute, unsere Kernkompetenzen und unser kollektives Wissen. Abgesehen davon bin ich mir nicht sicher, wie die Gewerkschaften darauf reagieren würden.«

Diese hochriskante Option war Isabelle ein Dorn im Auge. Es galt, die Rentabilitätsprobleme kurzfristig in den Griff zu bekommen, um das Unternehmen vor einer möglichen Übernahme zu schützen. Sie wusste, dass sich der Markt abzukühlen begann, und hatte das Gefühl, umgehend handeln zu müssen. Zugleich wollte sie ihre Amtszeit als CEO nicht mit einem Personalabbau beginnen. Außerdem fürchtete sie die Reaktion der ATG-Belegschaft und der Gewerkschaften – ganz zu schweigen von den Aktionären/Aktionärinnen und der Fachpresse. Ganz abgesehen davon bezweifelte sie, vom Aufsichtsrat grünes Licht für eine so drastische Maßnahme zu erhalten. Sie wusste, dass Carlo, der Aufsichtsratsvorsitzende, der Ansicht war, dass sich das Topmanagement-Team nicht von einer kurzfristigen Abkühlung des Marktes aus dem Konzept bringen lassen sollte. Er glaubte an die Zukunft der Reisebranche, an die B2B-Sparte, an die Chancen, die mit den neuen Technologien einhergingen, und an das Geschäftsmodell der ATG, das auf den Vertriebsniederlassungen beruhte.

Genau wie Conny sah auch Carlo zahlreiche Wachstumschancen in der Reisebranche. Er fand, dass die ATG auf ihrem Wettbewerbsvorteil aufbauen und den Blick in die Zukunft, auf positive, langfristige Entwicklungstendenzen, richten sollte. Dank der Technologie und der sich ändernden Kundenbedürfnisse zeichneten sich bereits viele neue Geschäftsmodelle ab. Die Handlungsempfehlungen des Aufsichtsratsvorsitzenden lagen nach Isabelles Einschätzung auf der Hand: über die Krisensituation hinaus nach vorne blicken – und die inzwischen rückläufigen Bewertungen der technologiebasierten Start-ups für günstige Akquisitionen nutzen.

Isabelle blickte schweigend in die Runde. Sie ließ sich nicht anmerken, dass sie die Diskussion und die mangelnde Entschlussfreudigkeit des Teams frustrierend fand. Die Option, über die sie berieten, bereitete ihr Kopfzerbrechen. Sie befand sich in einem Konflikt: Sollte sie einschneidende Kostensenkungsmaßnahmen einleiten und die B2B-Sparte auflösen, um den Kapitalabfluss zu stoppen und die Rentabilität des Unternehmens wiederherzustellen, wie der CFO vorgeschlagen hatte? Oder sollte sie weiterhin in das Potenzial des B2B-Bereichs investieren und zusätzliche Investitionen ins Auge fassen, um die langfristigen Trends in der Branche zu nutzen, die einen optimistischeren Ausblick boten?

Isabelle hatte Kosta eingeladen, an dem Meeting teilzunehmen, zu dessen Aufgaben als CSO die Strategieentwicklung und Umsetzung gehörte; sie war erfreut, als er sich unerwartet zu Wort meldete und einen kreativen, alternativen Ansatz vorschlug:

»Warum stocken wir das Kapital nicht auf, um einen Konkurrenten aufzukaufen? Wir könnten die erforderlichen Kosteneinsparungen durch Synergieeffekte erzielen. Es wäre möglich, die Daten dieser Firma auf unsere Plattform zu übertragen und ihre Niederlassungen nur in den Städten offenzuhalten, in denen wir nicht vertreten sind. Damit wäre das Kostenproblem gelöst. Wir sind nicht die Einzigen, die zu kämpfen haben. Branchenneulinge wie Booken.com und TripAdmiror setzen allen Wettbewerbern hart zu. Ich bin sicher, dass in den Führungsgremien der etablierten Reiseveranstalter die gleichen Diskussionen im Gange sind.«

Die Idee war interessant, aber Conny versetzte den Hoffnungen sofort einen Dämpfer. »Kosta, das ist eine gute Option, aber nur in der Theorie. Mit fällt kein konkretes Beispiel ein, wo Reiseveranstalter mit ähnlichem Kerngeschäft derzeit nach Käufern Ausschau halten.«

Das Team kam zu keinem Ergebnis, drehte sich im Kreis, und Isabelle war mit ihrer Geduld am Ende. Sie beschloss, das Meeting zu vertagen.

Sie war daran gewöhnt, Entscheidungen allein und ohne lange Vorreden zu treffen. Doch bei ihrem Gespräch mit Eve hatte sie erkannt, wie wichtig Teamentscheidungen waren, und sie war aufrichtig bemüht, es zu versuchen. Ob ihr das mit den GET-Angehörigen gelingen würde, schien jedoch fraglich. Es bestand nicht die geringste Übereinstimmung, was die Wahl der Strategie betraf. Und schlimmer noch, ihr wurde zunehmend klar, dass die Gruppendynamik miserabel und Vorsicht geboten war, wenn sie zu einer Entscheidung gelangen und sie auch umsetzen wollte. Alessandros Verhalten war alles andere als hilfreich. Es stand zu befürchten, dass nicht nur er, sondern auch die Hälfte des Topmanagement-Teams ihr die Unterstützung verweigern würden. Die Allianzen waren wechselhaft, wenn es um dieses Thema ging.

Sie kam erst am späten Abend nach Hause, wie immer. Die Mädchen schliefen bereits. Marco leistete ihr am Tisch Gesellschaft, während sie hastig die restlichen in der Mikrowelle aufgewärmten Cannelloni aß. »Es ist unfassbar frustrierend. Wir steuern auf eine ausgewachsene Krise zu, und ich brauche die gesamte Führungsriege an Deck, aber das Topmanagement-Team ist dysfunktional – vor allem wegen Alessandro, denke ich. Es gibt Spannung zwischen uns beiden, aber auch zwischen ihm und den anderen GET-Angehörigen; ich kann niemandem außer dir erzählen, wie groß der Konflikt ist, in dem ich mich angesichts der Entscheidungen befinde, die vor mir liegen. Sie sind schwierig, und ich möchte sie gemeinsam mit dem Team treffen.«

»Eins nach dem anderen«, schlug Marco beruhigend vor. »Was denkst du, warum Alessandro dauernd querschießt, Isabelle? Hast du das Gefühl, dass er immer noch heimlich grollt, weil er nicht zu Mayers Nachfolger ernannt wurde?«

»Ich glaube schon, aber das ist nicht das Einzige, was mich stört. Alessandro ist überaus versiert, was technische Probleme angeht, keine Frage. Er führt seine IT-Abteilung tadellos, wenn auch nicht gerade innovativ, und hält sich an meine Anweisungen. Aber er ist auch überempfindlich und geht sofort in die Defensive, wenn jemand auf den

Bereich zu sprechen kommt, den er verantwortet. Außerdem trägt er kaum etwas zur Diskussion und Entwicklung einer neuen strategischen Ausrichtung bei. Wie mir scheint, ist nicht der Mangel an Kompetenz, sondern der Mangel an Engagement das Problem. Vielleicht sollte ich ihn straffer führen und seine berufliche Entwicklung durch gezieltes Coaching fördern – das ist schließlich eine meiner Stärken. Aber das braucht Zeit, und die haben wir nicht.«

»Und wie sieht dein Plan aus?«, fragte ihr Mann.

»Ich liebäugle mit dem Gedanken, ihn gehen zu lassen und nach einer Führungspersönlichkeit Ausschau zu halten, die eine positivere Dynamik in das Team einbringt. Ich weiß, das ist ein drastischer Schritt, aber nicht ungewöhnlich, wenn frischgebackene CEOs gleich zu Beginn ihrer Amtszeit einen Teil des Managements auswechseln. Vielleicht sollte ich das auch tun. Was meinst du?«

»Klingt so, als wäre das eine gute Entscheidung«, antwortete Marco.

»Ja, finde ich auch. Aber sie hat einen Haken. Zuerst muss ich einen Ersatz für ihn finden.«

»Hast du schon jemanden ins Auge gefasst?«

»Ich dachte an Jakob.«

»Sprichst du von Jakob Berman, dem Chief Digital Officer der Travel Group, deinem früheren Arbeitgeber?«

»Ja, genau den. Ich weiß, dass er ausgesprochen kollaborativ ist. Ich habe in Dänemark hervorragend mit ihm zusammengearbeitet. Dazu kommt, dass er erstklassige IT-Kenntnisse besitzt und versteht, worauf es bei der Digitalisierung von Geschäftsprozessen ankommt. Er würde eine Menge Know-how in das Team und die ATG einbringen. Aber ganz sicher bin ich mir nicht.«

»Klingt doch ganz gut. Aber du zögerst offenbar. Warum?«

»Alessandros Verhalten ist frustrierend, aber es widerstrebt mir im Grunde, der Travel Group eine kompetente Führungskraft auszuspannen, zumal in einer Zeit, in der wir jede Hilfe gebrauchen können, die sich bietet. Und ehrlich gestanden bin ich mir nicht sicher, ob es Jakob gelingen würde, sich nahtlos in die ATG einzufügen. Es braucht seine Zeit, bis er sich mit unserem IT-System vertraut gemacht hat. Ich habe keine Ahnung, wie Alessandros Leute darauf reagieren würden, ob sie bereit wären, den Führungswechsel zu akzeptieren und ihren neuen Vorgesetzten zu unterstützen. Und abgesehen davon, dass der Aufsichtsratsvorsitzende nichts davon hält, dass ich zum jetzigen Zeitpunkt Veränderungen in der Führungsmannschaft vornehme, möchte ich nicht als erste Amtshandlung eine so schwerwiegende Entscheidung wie Alessandros Entlassung treffen. Das fühlt sich irgendwie nicht richtig an.«

»Vielleicht wäre es trotzdem das richtige Signal«, gab Marco zu bedenken. »Schließlich willst du ja die gesamte Organisation darauf hinweisen, dass du nicht bereit bist, Leute zu akzeptieren, die sich weigern, zum Wohl des Unternehmens an einem Strang zu ziehen.«

Sie aß den Rest ihrer Pasta, dann sah sie Marco an und holte tief Luft. »Vielleicht hast du recht. Was soll ich also machen?«

**Fragen zum Nachdenken**

Was sollte Isabelle tun? Da Sie nun ein wenig mehr über die Situation der ATG wissen, finden Sie vielleicht eine optimale Lösung. Es geht dabei vor allem um zwei Fragen:

- Sollte sie weiterhin mit Alessandro zusammenarbeiten, ihn straffer führen und seine berufliche Entwicklung durch gezieltes Coaching fördern?
- Oder sollte sie Alessandro gehen lassen?

Vielleicht möchten Sie Ihre Antwort schriftlich festhalten, bevor wir fortfahren.

# 3 Die Entwicklung von Optionen zur Annäherung an die bestmögliche Entscheidung

**Claudio Feser, Daniella Laureiro-Martinez und Stefano Brusoni**

Alle Dinge werden vom Yang umfasst und vom Yin getragen. Die Lebenskraft bringt sie in Einklang.
*Laotse, Tao Te Ching*

Isabelle freute sich auf das Gespräch mit Eve, das sie für den Vormittag nach der Unterhaltung mit ihrem Mann anberaumt hatten.

»Hallo Eve, schön, dich wiederzusehen. Und danke, dass du dir die Zeit für den Videocall mit mir genommen hast«, sagte Isabelle zur Begrüßung. Die beiden Frauen waren inzwischen zum Du übergegangen. »Unser Gespräch während des Fluges war sehr hilfreich. Ich habe im Anschluss viel nachgedacht, vor allem darüber, wie wichtig es ist, ein gut funktionierendes Topmanagement-Team bei der ATG zu haben. Außerdem wollten wir noch ausführlicher über das Thema Heuristiken reden. Ich würde sehr gerne mehr über diese Entscheidungsregeln erfahren«, sagte Isabelle zur Begrüßung.

»Ich habe dir zu danken! Unsere Unterhaltung war auch für mich sehr aufschlussreich. Sie hat mir geholfen, meine Arbeit auf den Punkt zu bringen«, erwiderte Eve lächelnd. »Manchmal bin ich so in meine Forschungsarbeit vertieft, dass ich den Wald vor lauter Bäumen nicht mehr sehe, betriebsblind werde, sozusagen. Mit dir über mein Projekt zu sprechen, trägt zur Klärung meiner Gedanken bei.«

Eves Bescheidenheit war entwaffnend. Isabelle fühlte sich abermals auf Anhieb wohl in ihrer Gesellschaft, genau wie bei ihrer ersten Begegnung im Flugzeug.

»Danke für das Kompliment!«, erwiderte Isabelle. »Also, was genau hat es mit den Heuristiken auf sich? Tatsächlich befinde ich mich im Moment in einem Dilemma; ich muss eine Entscheidung treffen und habe zwei Wahlmöglichkeiten, von denen mir, ehrlich gestanden, keine gefällt. Kann ich dir erzählen, worum es geht? Das Ganze muss aber unter uns bleiben!«

»Das ist doch selbstverständlich!«, erwiderte Eve.

Isabelle schilderte die Situation, wobei sie darauf achtete, keine Namen zu nennen. Sie erklärte Eve, dass sie überlegte, ob sie weiterhin mit A (Alessandro) zusammenarbeiten sollte. Er sei fachlich kompetent und kenne die ATG in- und auswendig, aber er mache mehr oder weniger heimlich Front gegen sie, und von Teamgeist könne bei ihm keine Rede sein. Ob er bereit wäre, ein Coaching-Angebot von ihr anzunehmen, sei fraglich. Die Alternative sei, ihn gehen zu lassen. Möglicherweise würde B (Jakob Berman) besser zum Führungskader der ATG passen. B sei hervorragend für die Position geeignet, aber ihr sei nicht wohl bei dem Gedanken, A zu entlassen. Außerdem gäbe es bei beiden Alternativen viele unbekannte Faktoren. Wie würde A reagieren, wenn er seinen Stuhl räumen müsste? Würde sie B überzeugen können, in die Schweiz umzusiedeln? Wäre er imstande, sich nahtlos in das Unternehmen zu integrieren?

»Dein Dilemma ist typisch für Entscheidungen unter Unsicherheit«, sagte Eve. »Angesichts zahlreicher unbekannte Faktoren stehen uns oft nur zwei Wahlmöglichkeiten zur Verfügung: weiter wie bisher oder den Problemlösungsansatz ändern. Wir müssen uns zwischen einer bekannten Alternative mit einer bekannten Belohnung – in diesem Fall A – und einer unbekannten Alternative mit einer potenziell größeren Belohnung entscheiden – in diesem Fall B (Kayser et al., 2015). Die Wahl der bekannten Alternative bezeichnen wir als Exploitation, die Wahl der weitgehend unbekannten Alternative als Exploration. In einer Situation, die von Unsicherheit geprägt ist, hält unser Gehirn nach einer Lösung des Exploitation-Exploration-Dilemmas Ausschau, in dem wir uns befinden. Wir fragen uns, ob wir auf Nummer sicher gehen und versuchen sollten, die vorhandenen Ressourcen effizienter zu nutzen; das wäre die exploitative Herangehensweise. Oder ob wir uns für den explorativen Ansatz entscheiden sollten, den Aufbruch zu neuen Ufern, der mit größeren Belohnungen, aber auch mit größeren Risiken verbunden sein kann.«

»Mal sehen, ob ich das richtig verstanden habe. Bei der Exploitation steht die Nutzung des vorhandenen Potenzials und bei der Exploration die Suche nach neuen Potenzialen auf der Agenda?«

»Ganz genau. Exploitation bedeutet Leistungsoptimierung. Dieser Modus zielt auf verstärktes persönliches Engagement, Weiterentwicklung und Effizienz ab (Laureiro-Martinez, 2014; Laureiro-Martinez et al., 2015). Das ist die sichere Option. Exploration beinhaltet die Bereitschaft, sich neuen Aufgabenstellungen zuzuwenden, um Chancen zu erkunden und Experimente und Innovation zu ermöglichen. Exploration kann zu neuen Entdeckungen führen, aber es gibt viele Unbekannte, und der Ausgang ist daher ungewiss (Laureiro-Martinez, 2014; Laureiro-Martinez et al., 2015). Der Aufbruch zu neuen Ufern kann auch in einer Sackgasse enden.«

»Alles klar. Aber wie treffe ich nun die richtige Entscheidung zwischen A, das heißt Exploitation, und B, also Exploration? Gibt es da irgendeine Faustregel, die ich anwenden kann?«

»Hmm … es gibt sieben Heuristiken, aber vorher gilt es zu bedenken, dass wir uns bei einem Dilemma in einem Spannungsfeld zwischen zwei Wahlmöglichkeiten befinden, was aber nicht den Tatsachen entspricht. Unser Gehirn ist darauf geeicht, komplexe Sachverhalte und Entscheidungen durch eine Unterteilung in binäre Optionen zu vereinfachen. In der Psychologie wird das als binäre Verzerrung bezeichnet (Fisher und Keil, 2018). Diese vereinfachte Deutung und Einordnung der Informationen in zwei voneinander abgegrenzte Kategorien, die im Verlauf der Evolution entstanden ist, hat zur Folge, dass wir glauben, mit einem Dilemma konfrontiert zu sein, während wir in Wirklichkeit die Wahl zwischen einer unbegrenzten Anzahl von Optionen haben.«

»Unbegrenzt?«, hakte Isabelle überrascht nach.

**Auf Entweder-oder-Kategorien programmiert**

Die »binäre Verzerrung« ist eine tief in uns verankerte kognitive Vorliebe, ein Ergebnis der evolutionären Normen und neuronalen Informationsverarbeitungsmechanismen, die im menschlichen Gehirn angelegt sind (Abb. 3.1).

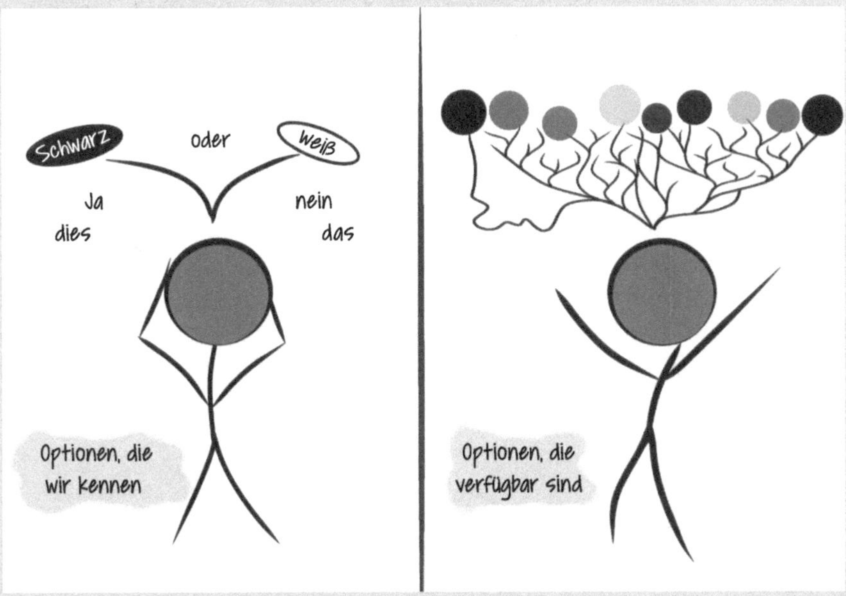


**Abbildung 3.1:** Unser Gehirn ist darauf programmiert, in Entweder-oder-Kategorien zu denken.

Grundlegend bezieht sich die binäre Verzerrung auf die Neigung des menschlichen Gehirns, Informationen zu deuten und in zwei Kategorien zu verorten, die als gegensätzlich wahrgenommen werden. Diese Neigung lässt sich auf die urzeitlichen Überlebensbedingungen unserer Vorfahren zurückführen. In einer Umwelt, in der sie sich komplexen, facettenreichen Situationen gegenübersahen, stellte die Fähigkeit, Informationen zu vereinfachen und auf Entweder-oder-Kategorien herunterzubrechen, wie »sicher« versus »gefährlich« oder »Freund« versus »Feind«, einen Überlebensvorteil dar. Die Fähigkeit, sich angesichts einer potenziellen Bedrohung unverzüglich für eine der beiden Optionen zu entscheiden, führte zwar gelegentlich zu einer übermäßigen Vereinfachung, war aber für diejenigen ein Erfolgsmodell, die der Gefahr aus dem Weg gehen konnten.

Auf neurologischer Ebene kann die binäre Verzerrung der Art und Weise zugeschrieben werden, wie unser Gehirn Informationen verarbeitet und codiert. Die neuronale Architektur des Menschen, insbesondere die Anordnung der Synapsen, ist auf Muster und Kontraste spezialisiert. Neurotransmittersysteme, vor allem solche, bei denen Dopamin im Spiel ist – ein Botenstoff, der für wichtige Steuerungs- und Regelungsprozesse zuständig ist –, reagieren nachweislich robust auf binäre Belohnungssysteme: Sie verstärken Verhaltensweisen, deren Ergebnisse als positiv wahrgenommen werden, und versuchen uns von denjenigen abzubringen, die offensichtlich negative Konsequenzen haben könnten. Dazu kommt, dass die angeborene Vorliebe des Gehirns für eine Verringerung der kognitiven Last Vereinfachungen begünstigt und deshalb die dichotome Deutung von Informationen, sprich die Zweiteilung, einer ausdifferenzierten Sichtweise vorzieht. Diese dualistische kognitive Abkürzung kann die komplexen Zusammenhänge in unserer heutigen Welt übermäßig vereinfachen, ist aber energieeffizient und untermauert das Bestreben des Gehirns, eine Balance zwischen Genauigkeit und Zweckmäßigkeit herzustellen.

»Ja, unbegrenzt«, erwiderte Eve. »Nehmen wir ein einfaches Dilemma als Beispiel: die Wahl des Urlaubsorts. Du musst die Entscheidung gemeinsam mit deiner Familie noch in diesem Jahr treffen. Wohin soll die Reise gehen? In euren Lieblingsort in den Schweizer Bergen? Oder hättet ihr Lust, etwas Neues auszuprobieren? Das Dilemma mutet auf den ersten Blick wie eine Entscheidung zwischen zwei Optionen an: zwischen eurem altbekannten Reiseziel (Exploitation) oder einem neuen Reiseziel (Exploration); in Wirklichkeit habt ihr jedoch die Wahl zwischen zahlreichen weiteren Möglichkeiten (Abb. 3.2).

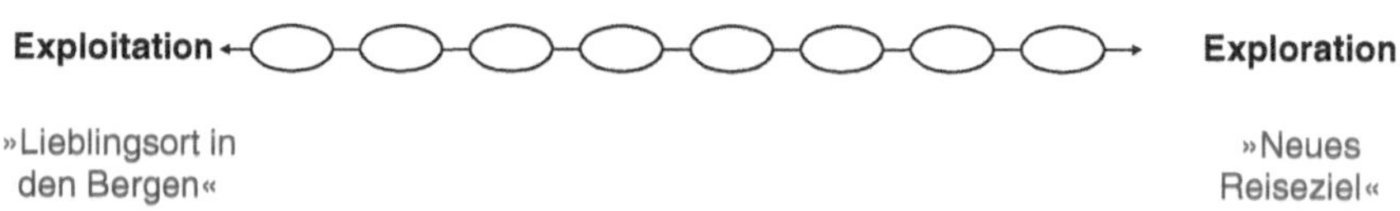


**Abbildung 3.2:** Innerhalb des Exploit-Explore-Kontinuums gibt es eine unbegrenzte Anzahl von Optionen

»Ihr könnt beides haben, Berge und etwas Neues, indem ihr zum Beispiel von euren drei Urlaubswochen eine Woche in den Bergen und die restlichen beiden Wochen am Meer verbringt, sagen wir in Italien. Oder ihr quartiert euch für zwei Wochen an eurem Lieblingsort ein und fügt dann eine Städtereise an einen Ort in Europa hinzu, den ihr noch nicht kennt. Oder ihr entscheidet euch für eine Fernreise nach Asien, vielleicht Thailand oder Bali, oder für einen südlich der Sahara gelegenen Teil des afrikanischen Kontinents. Dort wart ihr noch nie. Afrika wäre ein echtes Abenteuer. Und so weiter. Der einzige Faktor, der die Anzahl der Wahlmöglichkeiten begrenzt, ist euer Vorstellungsvermögen. Rubiks Zauberwürfel ist ein anschauliches Beispiel für ein Dilemma. Die ursprüngliche Version dieses Drehpuzzles, der Rubik`s Cube, hatte nur sechs Farbfacetten, aber daraus lassen sich über 43 000 000 000 000 000 000 oder 43 Trillionen Kombinationen ableiten.«

Der einzige Faktor, der die Anzahl der Wahlmöglichkeiten begrenzt, ist Ihr Vorstellungvermögen.

»Die beiden Optionen sind also lediglich Punkte innerhalb eines Kontinuums unbegrenzter Wahlmöglichkeiten?«, fragte Isabelle.

»Ganz richtig. Wir stellen sie oft in einen Rahmen von Entweder-oder-Entscheidungen. Zum Beispiel: Sollte ich bei meinem Arbeitgeber bleiben oder kündigen und mir einen anderen Job suchen? Sollten wir die aktuelle Technologie weiterentwickeln oder lieber in eine neue investieren? Sollten wir die Kosten reduzieren oder neue Geschäftsfelder erschließen? Die beiden Möglichkeiten, die wir oft in Betracht ziehen, sind jedoch nichts weiter als zwei Optionen innerhalb eines Kontinuums der Wahlmöglichkeiten zwischen Exploitations- und Explorationskurs. Anstatt uns auf solche binären Entweder-oder-Optionen zu beschränken, können wir uns für das breitere Spektrum der Sowohl-als-auch-Lösungen entscheiden. Um auf das Urlaubsbeispiel zurückzukommen: Einige Optionen sind stärker auf exploitative Aktivitäten ausgerichtet, das heißt, ihr würdet mehr Zeit an eurem Lieblingsort in den Bergen verbringen, während bei anderen der explorative Aspekt im Vordergrund steht, das heißt, ihr würdet mehr Zeit für die Erkundung neuer Urlaubsorte einplanen. Auch die Bandbreite der Explorationsmöglichkeiten ist unterschiedlich (bei Fernreisen nach Afrika oder Asien ist sie wahrscheinlich größer als bei Destinationen in einem kulturellen Umfeld, das euch vertrauter ist, wie einem Urlaub am Meer in Italien oder bei einem Städtetrip in Europa).«

> Sowohl-als-auch- anstatt Entweder-oder-Lösungen.

»Habe ich das richtig verstanden? Das Spannungsfeld, in dem ich mich befinde, ist vermutlich gar kein echtes Dilemma. Es gibt möglicherweise eine Vielzahl anderer Optionen, die ich in den Blick nehmen könnte, von denen einige stärker auf Exploitation und andere mehr auf Exploration ausgerichtet sind«, fasste Isabelle zusammen.

»Ganz genau. Entscheidungen, die exploitative und explorative Initiativen miteinander kombinieren, fördern die Flexibilität. Die vorhandenen Aktivitäten und Prozesse werden beibehalten und effizienter gestaltet, aber Variabilität in Form von Explorationsstrategien hinzugefügt, die einer Organisation ermöglichen, innovative Zukunftschancen zu entdecken. Jede Entscheidung, die exploitative und explorative Strategien miteinander verknüpft, gewährleistet bis zu einem gewissen Grad die Optimierung des aktuellen Zustands und sorgt gleichzeitig für Flexibilität und zukunftsweisende Optionen.«

> Jede Entscheidung, die exploitative und explorative Strategien miteinander verknüpft, gewährleistet bis zu einem gewissen Grad die Optimierung des aktuellen Zustands und sorgt gleichzeitig für Flexibilität und zukunftsweisende Optionen.

»Ich verstehe. Aber wie findet man die richtige Balance zwischen explorativen und exploitativen Aktivitäten? Soll ich 90 Prozent meiner Energie in die Exploitation und 10

Prozent in die Exploration investieren? Und was die zeitliche Zuordnung betrifft: Soll ich zum Beispiel 90 Prozent meiner Urlaubszeit im Gebirge und 10 Prozent an einem neuen Urlaubsort einplanen? Oder wäre es besser, den Fokus auf die Explorationsmöglichkeiten zu legen: nur ein paar Tage am gewohnten Ort bleiben und im Anschluss neue Destinationen und Hotels ausprobieren? Wie erreiche ich ein ausgewogenes Verhältnis zwischen Exploitation und Exploration?«

»Eine perfekte Entscheidung unter Unsicherheit zu treffen, ist unmöglich«, erwiderte Eve. »Einige Forschende haben versucht, mathematische Modelle zu entwickeln, um das Problem zu lösen, aber ihre Modelle basierten auf Annahmen, die sich nur selten bestätigten.«

»Was heißt das?«

»Gittins und Jones (Gittins und Jones, 1974; Gittins, 1979) haben eine Methode entwickelt, um optimale Antworten auf solche Fragen zu finden. Sie schlugen eine allgemeine Regel vor, den sogenannten Gittins-Index, der eine optimale Entscheidungsfindung zur Lösung von Exploitation-Exploration-Dilemmata ermöglichen sollte. Der Gittins-Index geht davon aus, dass wir eine Wahl aus einer begrenzten Anzahl von Optionen treffen, die mit ganz bestimmten, uns bekannten Belohnungen oder Ergebnissen verbunden sind; sie können aber nur durch einen sogenannten stochastischen Prozess mit vielen Zufallsvariablen erreicht werden. Die Wahrscheinlichkeit, dass wir diese Ergebnisse erzielen, ist also vom ungewissen Verlauf des Prozesses abhängig. Außerdem geht das Modell davon aus, dass die Entscheiderinnen und Entscheider den gegenwärtigen Wert der künftigen Belohnungen, die mit jeder Option einhergehen, im Laufe der Zeit durch exponentielles Diskontieren, wie in der Investitionsrechnung üblich, ermitteln können.«

»Da sind ziemlich kühne Annahmen!«

»Stimmt. Erstens, weil die Optionen selten begrenzt und bekannt sind. Wir können aus einer Unmenge, einer nahezu unbegrenzten Anzahl von Destinationen, Hotels, Ferienhäusern und Airbnbs wählen. Zweitens, die Ergebnisse oder Belohnungen sind in der Regel nicht bekannt. Woher willst du wissen, wie befriedigend deine Erfahrungen in einem bestimmten neuen Hotel oder Urlaubsort sein werden, wenn du nie dort warst? Drittens, Wahrscheinlichkeiten sind – selbst dann, wenn sie sich mit Hilfe von Formeln ermitteln lassen – selten eine feste Größe. Sie können sich im Laufe eines Prozesses laufend verändern und sind oft abhängig von den Entscheidungen anderer Personen (March, 1991). Angenommen, außer dir haben offenbar noch zahlreiche andere Touristen beschlossen, ihren Urlaub zur gleichen Zeit und in der gleichen Unterkunft zu verbringen, zum Beispiel in dem Hotel, das du mit deiner Familie ins Auge gefasst hast. Das Hotel, das nun voll ausgelastet ist, ist vielleicht nicht mehr in der Lage, die gewohnte Servicequalität aufrechtzuerhalten.«

»Das leuchtet mir ein«, erwiderte Isabelle.

»Und viertens kann niemand den gegenwärtigen Wert der zu erwartenden Belohnung oder Ergebnisse durch eine exponentielle Diskontierung berechnen (Cohen et al., 2007). Und damit stehst du nicht allein da. Es ist unwahrscheinlich, dass es überhaupt einen Menschen gibt, der den Gittins-Index als Grundlage seiner Entscheidungen nutzt. Die menschliche Rationalität ist begrenzt oder eingeschränkt, wie der Nobelpreisträger Herbert Simon es ausdrückte (Simon, 1979). Wir haben nicht immer alle Informationen, die wir benötigen. Unsere kognitiven Fähigkeiten sind generell begrenzt. Nicht jeder hat einen IQ von 140. Außerdem haben wir gewöhnlich nicht genug Zeit, um alle möglichen Optionen zu ermitteln und uns eingehend damit zu befassen, bevor wir eine Entscheidung treffen. In diesem Kontext neigen wir dazu, nach befriedigenden statt nach optimalen Lösungen zu suchen. Wir sind keine ›Maximierer‹, sondern ›Satisficer‹ (Simon, 1979), die Entscheidungen treffen, wenn die ihnen angemessen erscheinenden Kriterien erfüllt sind. Wir können also mit Sicherheit davon ausgehen, dass keine der theoretischen Annahmen, die dem Gittins-Index zugrunde liegen, praxistauglich sind. Es gibt keine bekannte allgemeine Regel, die eine ideale Lösung für das Exploitation-Exploration-Dilemma bietet, und es gibt keinen Grund, zu glauben, dass uns das jemals gelingen wird (Cohen et al., 2007).«

»Und trotzdem treffen wir Entscheidungen?«, fragte Isabelle.

»Wir sind nicht in der Lage, das ideale Gleichgewicht zwischen Exploitation und Exploration punktgenau zu bestimmen, aber wir können eine angemessene oder annähernd befriedigende Lösung finden. Unser Gehirn scheint dabei sieben Entscheidungs- oder Faustregeln in Betracht zu ziehen – die ich als Heuristiken bezeichne (Abb. 3.3) Vier von ihnen sind situationsspezifisch, und drei beziehen sich auf die Person, der die Entscheidung obliegt.«

**Abbildung 3.3:** Sieben Heuristiken

»Unser Gehirn nutzt also sieben Heuristiken, um zu einer annähernd befriedigenden Entscheidung zu gelangen? Um welche handelt es sich denn?«

»Kehren wir noch einmal zu unserem Dilemma und der Frage zurück, wo du mit deiner Familie dieses Jahr den Urlaub verbringen möchtest«, erwiderte Eve. »An eurem Lieblingsort in der Schweiz, wie immer, oder in Italien, an einem unbekannten Ort, den ihr erkunden könnt. Der erste Faktor, den das Gehirn in Betracht zieht, ist die Frage, wie ambitioniert deine Ziele sind.«

»Ambitioniert? Heißt das anspruchsvoll oder herausfordernd?«

»Genau. Nehmen wir an, deine Familie stimmt darin überein, dass der Urlaub letztes Jahr in den Bergen prima war und sie damit auch in diesem Jahr restlos glücklich sind. Angesichts dessen ist es unwahrscheinlich, dass ihr euch für ein anderes Urlaubsziel entscheidet. Wenn deine Kinder sagen, dass sie sich dieses Jahr eine Abwechslung wünschen, die alle Ansprüche berücksichtigt (›Die Großeltern kommen dieses Mal mit, und du weißt ja, wie wählerisch sie sind.‹), seid ihr vermutlich eher bereit, euch für ein neues Reiseziel zu entscheiden, vielleicht Italien, das allen Erwartungen gerecht wird. Die Ausgewogenheit der Entscheidung zwischen Exploitation und Exploration hängt davon ab, wie ambitioniert oder anspruchsvoll deine Ziele sind. Wenn du deine Ziele bereits mit den Exploitationsaktivitäten erreichst oder übertriffst, verschwendest du wahrscheinlich keine Zeit damit, andere Möglichkeiten unter die Lupe zu nehmen. Wenn die erwarteten Belohnungen der Explorationsaktivitäten jedoch hinter deinen Zielen zurückbleiben, bist du eher geneigt, andere Optionen zu erkunden (March, 1991).

**Nach den Sternen greifen?**

Es gibt eine umfangreiche Literatur zur Bedeutung der Zielsetzung für die Leistungserbringung. Ziele fördern Motivation und Handeln, sowohl auf der persönlichen Ebene als auch in Organisationen. Ziele verleihen unseren Aktivitäten Sinn und Zweck, helfen uns bei der Entwicklung von Plänen, um sie zu erreichen, und treiben uns an, Vorhaben in die Tat umzusetzen. Ziele sind mit einem höheren Maß an Motivation, Selbstachtung und Selbstvertrauen verbunden. Mehr als tausend Studien mit weltweit über 40 000 Teilnehmenden haben ergeben, dass hochgesteckte Ziele die individuelle Leistung um nahezu 90 Prozent bei Aufgaben aller Art steigern, ungeachtet dessen, wie die Zielsetzung erfolgt. Ziele, die zum Beispiel von Vorgesetzten vorgegeben werden, sind oft genauso effektiv wie selbstgewählte oder partizipativ gesetzte Ziele (Latham und Locke, 2006).

Können Ziele zu anspruchsvoll sein und sich am Ende des Tages negativ auf die Leistungen oder Explorationsinitiativen auswirken? Ja. Die Beziehung zwischen Ambition und Aktion ist nicht linear, sondern gleicht eher einer Kurve, wie in Abb. 3.4 dargestellt.

Studien der Sozialpsychologin Emily Balcetis von der New York University deuten darauf hin, dass wir herausfinden können, wie Ziele das Ausmaß der geplanten Aktivität oder der bevorstehenden Anstrengung beeinflussen, indem wir den

**Abbildung 3.4:** Die Beziehung zwischen Ambitions- und Aktionsniveau bei der Umsetzung von gesetzten Zielen

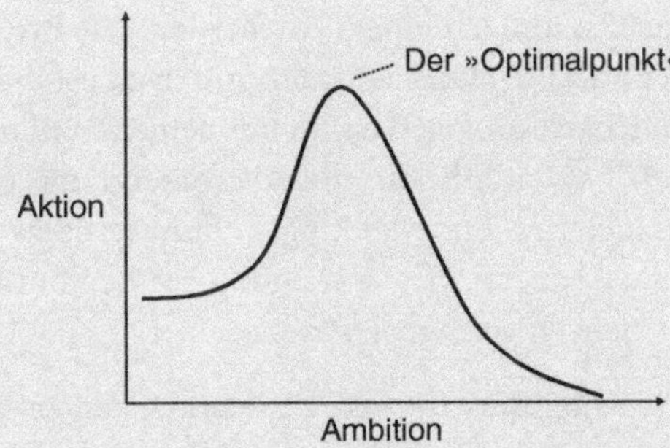


systolischen Blutdruck messen (Balcetis und Dunning, 2010). Der Blutdruck steigt, wenn sich der Körper darauf vorbereitet, aktiv zu werden. Bei einem problemlos erreichbaren Ziel ist der Blutdruck leicht erhöht. Ist es schwerer zu erreichen – das heißt, es ist realisierbar, stellt aber eine Herausforderung dar –, steigt der Blutdruck beträchtlich. Wenn der Eindruck entsteht, dass es unerreichbar ist, geben wir es auf und stellen sämtliche Bemühungen ein. Im Gehirn lässt sich dieses Muster auch im medialen Teil des präfrontalen Cortex (MPFC) nachweisen. Dieser Bereich des Frontallappens der Großhirnrinde trägt dazu bei, uns vorzustellen, wie wir ein Ziel erreichen könnten. Ist das Ziel zu ambitioniert und unrealistisch, wird der MPFC kaum aktiviert.

Studien zufolge sind wir in der Lage, das Ambitionsniveau unserer Ziele höher anzusetzen (den »Optimalpunkt« nach rechts zu verschieben, siehe Abb. 3.4) und das Aktionsniveau bei der Umsetzung der Ziele zu erhöhen, wenn wir folgende Regeln beachten:

1. Die Ziele visualisieren. Studien haben gezeigt, dass diese Technik, die sich bei Profisportlern großer Beliebtheit erfreut, unser Gehirn überlistet, indem es die Ziele näher und realistischer erscheinen lässt (Cole et al., 2013). Dadurch erhöht sich die Wahrscheinlichkeit, ambitionierte Zielvorgaben mit vollem Engagement anzustreben und zu erreichen.

2. Sich vergewissern, dass die Ziele wichtig sind. Ziele können aus vielen Gründen von Bedeutung sein. Sie können ein Bedürfnis, persönliche Werte oder bestimmte Persönlichkeitsmerkmale widerspiegeln. Wie auch immer, das Gehirn sorgt dafür, dass die wichtigsten Ziele naheliegender erscheinen, was die Wahrscheinlichkeit erhöht, sie zu erreichen (Balcetis und Dunning, 2010).

3. Die Ziele schriftlich festhalten. In einer Studie wurde festgestellt, dass Teilnehmende, die ihre Ziele schriftlich festhielten, ihre Zielerreichungsquote um 42 Prozent erhöhen konnten. Das Ergebnis verbesserte sich zusätzlich, wenn sie diese schriftlich dokumentierten Ziele öffentlich teilten, zum Beispiel im Freundeskreis (Matthews, 2007).

»Alles klar. Ambitionierte Ziele. Das ist die erste Heuristik. Und die zweite?«, fragte Isabelle.

»Die zweite sind die Chancen. Wenn du beispielsweise über deine Urlaubsoptionen nachdenkst und in deinem Briefkasten eine Broschüre über ein neues familienfreundliches Boutique-Hotel auf Capri mit den besten Bewertungen vorfindest, ist die Wahrscheinlichkeit größer, dass du mit deiner Familie die Insel in der Bucht von Neapel erkundest, als wenn du die Werbesendung gar nicht erst geöffnet hättest. Ein ausbalancierter Entscheidungsfindungsprozess hängt auch von den Informationen über die Chancen ab. Die Neigung zur Exploration wächst, wenn Informationen über neue Chancen verfügbar werden.«

»Das leuchtet mir ein. Also Ziele und Chancen. Und die dritte Heuristik?«

»Die dritte ist der Zeitfaktor. Wenn du Zeit hast, Informationen über vielversprechende Destinationen und Hotels in Italien zu sammeln, indem du dich von Kollegen und Kolleginnen beraten lässt, die unlängst in Italien waren, oder Bewertungen im Internet liest, bist du vermutlich eher geneigt, ein neues Reiseziel in Italien auszuprobieren, als wenn du dich auf der Stelle entscheiden musst. Wir lassen uns eher auf explorative Aktivitäten ein, wenn wir mehr Zeit haben, um eine Aufgabe zu erledigen oder unsere Ziele zu erreichen (Cohen et al., 2007).«

»Heißt das, dass wir explorativer und innovativer sind, wenn wir über mehr Zeit und Freiraum verfügen?«, hakte Isabelle nach.

»Genau. Denk an die 20-Prozent-Regel, die Google eingeführt hat. Das Unternehmen ermutigt seine Mitarbeitenden, neben ihren regulären Aktivitäten und Projekten 20 Prozent ihrer Arbeitszeit in die Entwicklung eigener Ideen zu investieren. Sie entscheiden selbst, auf welche Projekte sie sich fokussieren, solange sie dem Unternehmen in irgendeiner Form dienlich sein könnten. Google gibt ihnen die Zeit und den Freiraum, neue Wege zu gehen, das heißt, innovativer und kreativer zu sein«, erwiderte Eve.

»Die vierte Heuristik ist der soziale Kontext«, fuhr sie fort. »Wenn dein gesamter Bekanntenkreis in diesem Jahr das Reiseziel ändert und in Italien Urlaub macht, bei dir aber nichts dergleichen geplant war, denkt du darüber nach, wenn du von der Neuerung erfährst. ›Wieso fahren dieses Jahr alle nach Italien? Laufe ich Gefahr, etwas zu verpassen?‹, fragst du dich vielleicht. Daraufhin beschließt du, Italien zu erkunden, oder auch nicht, wenn du keine Lust auf Massentourismus hast. Doch die Tatsache, dass alle Welt nach Italien fährt, veranlasst dich, zumindest darüber nachzudenken. Der soziale Kontext ist ein wichtiger Einflussfaktor. Die Wahrscheinlichkeit, etwas Neues auszuprobieren, ist größer, wenn wir wissen, dass andere diese Entscheidung getroffen haben, oder wenn wir mit einem Wettbewerb um begrenzte Ressourcen konfrontiert werden (Cohen et al., 2007).

»Alles klar. Heißt das auch, dass wir uns eher auf exploitatives Verhalten fokussieren, wenn es von Vorgesetzten – in meinem Fall der Aufsichtsrat – oder Kolleginnen und Kollegen erwartet wird?«

»Ja, durchaus.«

»Okay, jetzt haben wir vier Heuristiken. Bleiben noch drei. Was ist die fünfte?«

»Sie betrifft die Persönlichkeitsmerkmale und Werte. Ein Mensch, der neugierig ist und mit offenen Augen durch die Welt geht, würde Italien als Urlaubsziel vermutlich eher in Erwägung ziehen als ein konservativer, risikoscheuer. Hier zählt die Bereitschaft, Risiken einzugehen. Risikofreudige Menschen neigen dazu, Neuland zu erkunden. Darin gleichen sie den wissbegierigen, aufgeschlossenen Persönlichkeitstypen (Keller und Weibler, 2015). Wichtig könnten auch die Eigenschaft sein, nachzudenken, vor allem über die Zukunft, und die Lernorientierung, die diesen Typus kennzeichnen (Kauppila und Tempelaar, 2016).«

»Und die sechste Heuristik?«

»Das sind unsere Skills, sprich Fähigkeiten, Fertigkeiten und Techniken, die wir im Verlauf des Lebens erworben haben und uns den Umgang mit schwierigen Situationen erleichtern. Menschen, die in der Schule Italienisch gelernt haben, sind vermutlich eher geneigt, Italien als Urlaubsdestination zu erkunden. Sie finden sich dort aufgrund ihrer Sprachkenntnisse besser zurecht, können Einheimische nach dem Weg fragen, Sehenswürdigkeiten auf eigene Faust erkunden oder für die Familie Essen im Restaurant bestellen. Die Skills, oder vielmehr der Glaube, über bestimmte Fähigkeiten zu verfügen – in der Psychologie als Selbstwirksamkeitserwartung bezeichne –, spielen eine wichtige Rolle (Schunk und Pajares, 2002). Wir entscheiden uns eher für Optionen, wenn wir der Überzeugung sind, bestimmte Herausforderung aufgrund unserer Fähigkeiten und Fertigkeiten bewältigen zu können.«

»Wenn ich also auf meine Coaching-Fähigkeiten vertraue, bin ich eher geneigt, Entscheidungen in Betracht zu ziehen, die diese Skills nutzen. Könnte man das so sagen?«

»Durchaus«, bestätigte Eve. »Und zum Schluss noch die siebte Heuristik: die Stimmung.«

»Die Stimmung?«

»Ja. Die jeweilige Stimmung ist ebenfalls ein wichtiger Einflussfaktor. Wenn Menschen erschöpft oder gestresst sind, haben sie abends vermutlich weniger Lust, sich auch noch mit neuen Reisezielen in Italien zu beschäftigen. Sie neigen dazu, bei dem zu bleiben, was sie kennen und sich bislang bewährt hat. ›Warum mitten im Fluss die Pferde wechseln?‹, fragen sie sich, und das war‘s. Wer entspannt und energievoll ist, ist eher bereit, einen neuen Urlaubsort in Italien auszuprobieren. Die jeweilige Stimmung oder der kognitive Zustand, wie ich ihn nenne, beeinflusst unsere Entscheidungen. Wenn wir uns sicher, entspannt, energiegeladen und inspiriert fühlen, sind wir eher geneigt, ein Risiko einzugehen und etwas Neues zu erkunden. Wenn wir uns dagegen gestresst und unter Druck gesetzt fühlen, sind wir pessimistischer gestimmt, verinnerlichen vor allem die negativen Informationen und bleiben lieber auf der sicheren Seite (Sharot, 2017).«

»Am besten wäre es also, keine Entscheidungen zu treffen, wenn ich gerade einen schlechten Tag habe?«

»Na ja, manchmal kann man Entscheidungen nicht aus dem Weg gehen. Hier könnte der Vorschlag hilfreich sein, erst einmal eine Nacht darüber zu schlafen, bevor wir eine wichtige Entscheidung treffen, wenn es zum Beispiel darum geht, ein Haus zu kaufen oder eine Kündigung einzureichen. Wenn wir erschöpft oder gestresst sind, fällt sie vielleicht zu konservativ oder zu exploitativ aus, sozusagen.«

»Hmm … eine Menge Heuristiken. Eine Menge Inhalt. Eine Menge zu beachten«, stöhnte Isabelle ein wenig frustriert, weil sie feststellte, dass es ihr schwerfiel, sich alles zu merken.

»Schau dir diese Grafik an, sie fasst das Ganze zusammen«, erwiderte Eve und forderte Isabelle auf, einen Blick auf eine Seite ihrer Abhandlung zu werfen, die sie vor die Kamera hielt (Abb. 3.5).

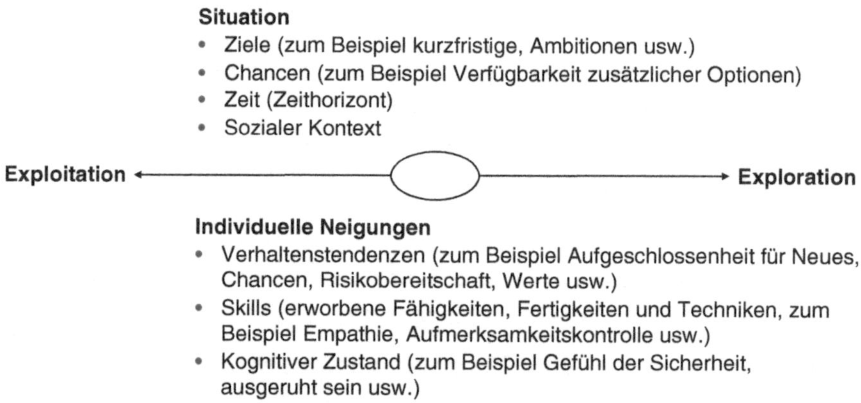


**Abbildung 3.5:** Sieben Faktoren (Heuristiken), die das Gleichgewicht zwischen Exploitation und Exploration bei individuellen Entscheidungen beeinflussen

»Das ist superhilfreich! Vielen Dank, Eve. Übrigens, gelten diese Heuristiken auch bei der Entscheidungsfindung im Unternehmenskontext?«

»Ja. Unternehmen sehen sich ebenfalls mit dem Dilemma zwischen Exploitation und Exploration konfrontiert, und genau wie Einzelpersonen kombinieren sie im Rahmen der Strategieentwicklung Exploitations- und Explorationsaktivitäten. In der Regel optimieren sie ihr aktuelles Geschäftsmodell, setzen Jahrespläne um, verbessern ihre operativen Tätigkeiten und treiben eine kontinuierliche Effizienzsteigerung voran, sind aber *gleichzeitig* damit befasst, neue Chancen auszuloten, innovative Ideen zu verfolgen, neue Produkte und Dienstleistungen einzuführen, mittels Akquisition zu expandieren und zu experimentieren. Diese beiden Ansätze – Exploitation und Exploration – gleichzeitig zu verfolgen und eine gute Balance herzustellen, wird als organisationale Ambidextrie bezeichnet. Der Begriff ›dextra‹ stammt aus dem Lateinischen und bedeutet ›rechts‹ oder ›rechtsseitig‹. Da die meisten Menschen die rechte Hand geschickter einsetzen können, wurde Rechtshändigkeit oft mit Behändigkeit oder Geschicklichkeit gleichgesetzt. Im 17. Jahrhundert kombinierte der englische Universalgelehrte Sir Thomas Browne ›dexter‹ mit dem lateinischen Wort ›ambo‹, ›beide‹. Daraus entwickelte sich der Ausdruck ›beidhändig‹ oder Ambidextrie. Er schrieb: ›Einige Menschen … sind auf beiden Seiten behändig.‹[1]«

»Ja, das spiegelt meine Erfahrungen in meinem früheren Aufgabenbereich in Dänemark wider. Das Unternehmen war in beiden Bereichen strategisch aufgestellt, und zwar gut.«

»Das überrascht mich nicht«, sagte Eve. »Studien zufolge ist es eine Fähigkeit von Unternehmen, sich gleichzeitig auf den exploitativen und den explorativen Ansatz zu fokussieren. Organisationale Ambidextrie ist von zentraler Bedeutung, wenn es gilt, einen nachhaltigen Wettbewerbsvorteil zu erzielen, das Unternehmen sowohl kurzfristig effizienter als auch langfristig zukunftssicher zu machen, vor allem, um das Überleben in einem dynamischen, sich rasant verändernden Umfeld zu sichern und die Vorteile disruptiver neuer Geschäftsmodelle und Technologien zu nutzen (He und Wong, 2004; O'Reilly und Tushman, 2008; Raisch und Birkinshaw, 2008; Junni et al., 2013; Birkinshaw et al., 2016; Hill und Birkinshaw, 2014). Mit anderen Worten, die Kombination von Exploitations- und Explorationsaktivitäten verbessert sowohl die kurzfristige operationale als auch die langfristige strategische Performance (Schulze et al., 2008).«

»Aber Unternehmen fragen sich auch, wie sie die bestmögliche Balance zwischen den beiden Strategien erreichen, oder?«, fragte Isabelle.

»Stimmt. Einige Unternehmen fokussieren sich zu sehr darauf, bestehende Prozesse zu optimieren, und investieren zu wenig Ressourcen in die Innovation. Bei anderen herrscht der entgegengesetzte Ansatz vor. Die Beziehung zwischen Ambidextrie und Unternehmensleistung ist U-förmig (ein umgekehrtes U; Tushman und O`Reilly, 1996). Firmen, die ihr Augenmerk in erster Linie auf die Exploitation richten und Optimierung, Effizienz und kurzfristige Ergebnisse in den Vordergrund stellen, laufen Gefahr, Innovationschancen zu verpassen, und sind folglich schlecht an ein unsicheres und dynamisches Umfeld angepasst. Diese Einseitigkeit hat oftmals Umsatzeinbußen, auf längere Sicht rückläufige Wachstumsraten, Wertminderung und vielfältige weitere Verluste zur Folge. Sie werden häufig zur Zielscheibe von Übernahmen. Firmen, die wiederum zu viel Zeit und Ressourcen in die Innovationstätigkeit investieren, müssen damit rechnen, dass die Rentabilität leidet. Irgendwann gehen ihnen möglicherweise die Mittel aus, um innovative Projekte und Wachstum zu finanzieren.«

»Das leuchtet mir ein. Wie finden Unternehmen also die optimale Balance zwischen Exploitation und Exploration, ohne in eines der beiden Extreme zu verfallen? Nutzen sie die gleichen Heuristiken, über die wir gerade gesprochen haben?«

»Ja, aber in leicht abgewandelter Form«, erwiderte Eve. »In meiner Abhandlung bezeichne ich sie als die sieben Heuristiken der Exploit-Explore-Optimierung. Gehen wir sie noch einmal einzeln durch.

1 https://www.merriam-webster.com/dictionary/ambidextrous.

**Heuristik 1: Je ambitionierter die Ziele, desto explorativer die gewählte Option oder Strategie.**

Zur Veranschaulichung: Wenn du den Angehörigen deines Topmanagement-Teams inkrementelle Ziele setzt, das heißt kurzfristige, die in kleinen Schritten erreicht werden, optimieren sie ihre aktuelle Strategie, indem sie zum Beispiel ihre Ausgaben nach eigenem Ermessen geringfügig reduzieren. Gibst du eine Leistungssteigerung von 30 Prozent statt fünf Prozent als Ziel vor, blicken sie eher über ihren Tellerrand hinaus und halten nach neuen Wegen Ausschau, um die gewünschten Ergebnisse zu erreichen. Studien zufolge versuchen Mitarbeitende, an suboptimaler, oft nur teilweise funktionierender Routine festzuhalten, wenn die Ziele nicht anspruchsvoll genug sind – das heißt, an exploitativen Aktivitäten. Sind die Ziele dagegen hochgesteckt, sehen sie sich gezwungen, neue Möglichkeiten zu erkunden und ihre Routineaktivitäten neu zu denken und neu zu gestalten. Genau wie bei menschlichen Beziehungen verlaufen die Beziehungen zwischen dem Ambitionsniveau von Zielen und dem individuellen Verhalten in Organisationen nicht linear (Brauer und Laamanen, 2014).

**Heuristik 2: Je mehr Chancen, desto explorativer die gewählte Option und Strategie.**

Zur Veranschaulichung: Du beschließt gemeinsam mit den Angehörigen deines Topmanagement-Teams nach einem Besuch vor Ort, ins Ausland zu expandieren, wo ihr zum Beispiel Absatzmöglichkeiten für die Produkte eures Unternehmens entdeckt habt. Die gezielte Sammlung von Informationen und Erkenntnissen bezüglich der Chancen, die sich in einem Land bieten, fördert die Neigung, neue Märkte zu erschließen.

**Heuristik 3: Je mehr Zeit und Ressourcen zur Verfügung stehen, desto explorativer die gewählte Option und Strategie.**

Zur Veranschaulichung: Wenn die Investoren Druck machen, die Unternehmensrentabilität zu steigern, damit die anvisierten Quartalsergebnisse erreicht werden, bist du eher geneigt, zu kurzfristigen Maßnahmen zu greifen, anstatt dich auf Initiativen zu fokussieren, die du bisher nicht in Erwägung gezogen hast, die aber längerfristig innovativer sind. Hast du für die Umsetzung deiner Strategie jedoch drei volle Jahre zur Verfügung, würdest du den längeren Zeitrahmen vermutlich eher nutzen, dich eingehend mit neuen Ideen und Technologien zu befassen und mit ihnen zu experimentieren.

**Heuristik 4: Die Aktivitäten der Konkurrenz können die Balance zwischen Exploitation und Exploration auf verschiedene Weise beeinflussen.**

Zur Illustration: Der soziale Kontext, in dem Unternehmen operieren, ist breit gefächert. Er kann die Erwartungen der unterschiedlichsten Stakeholder einschließen, zum Beispiel Politikerinnen und Politiker, Regierungsmannschaft, Lieferanten, die allgemeine Öffentlichkeit und so weiter. Zu den Einflussfaktoren gehören auch die Aktivitäten und Initiativen der anderen Wettbewerber. Sie haben in zweifacher Hinsicht eine Signalwirkung. Erstens deuten sie auf möglicherweise wichtige Trends hin. Angenommen, du stellst gemeinsam mit den Angehörigen deines Topmanagement-Teams fest, dass einige eurer Konkurrenten mit der Blockchain-Technologie experimentieren, um ihre Produkte zu optimieren. In diesem Fall seid ihr eher geneigt, ebenfalls auf den Zug aufzuspringen. Zweitens können die Aktivitäten der Konkurrenz die Wettbewerbsintensität verstärken und darauf hinweisen, dass eine bestehende Chance an Attraktivität verliert. Angenommen, ein Wettbewerber hat ein innovatives neues Produkt entwickelt, eine erfolgreiche Markteinführungskampagne gestartet, einen beachtlichen Teil der Nachfrage gekapert und nun damit begonnen, Markteintrittsbarrieren zu errichten (Distributionskanäle, Marken etablieren, um sich eine Monopolstellung zu sichern, und so weiter). Unter diesen Umständen seid ihr wahrscheinlich nicht bereit, es ihm gleichzutun, und wenn doch, eine Strategie zu entwickeln, mit der sich euer Unternehmen von der Konkurrenz unterscheidet.

**Heuristik 5: Die gewählte Option oder Strategie spiegelt die Kultur oder Werte einer Arbeitsorganisation wider.**

Zur Veranschaulichung: Wenn die Leistungserbringung in einem Unternehmen einen hohen Stellenwert hat, wobei der Fokus auf der Festsetzung und Umsetzung kurzfristiger Ziele liegt, ist die Wahrscheinlichkeit groß, dass die gewählte Strategie diese Einstellung widerspiegelt und sich demzufolge in stärkerem Maß an Exploitationsaktivitäten orientiert.

**Heuristik 6: Eine gewählte Option oder Strategie stimmt wahrscheinlich mit den Kompetenzen der Arbeitsorganisation überein.**

Zur Veranschaulichung: Wenn eine Organisation in dem Ruf steht, bei der Akquisition und Integration der zugekauften Firmen erfolgreich zu sein, spiegelt ihre Strategie dies vermutlich wider. Kompetenzen, die auf die Marktchancen zugeschnitten sind (oder genauer gesagt die Überzeugung, dass sie übereinstimmen), verstärken die Neigung, diese Chancen zu erkunden.

**Heuristik 7: Eine gewählte Option oder Strategie spiegelt wahrscheinlich die Stimmung in einer Arbeitsorganisation wider.**

Zur Veranschaulichung: Wenn Führung und Mitarbeitende vertrauensvoll in die Zukunft und auf die damit verbundenen Chancen blicken, sind sie eher motiviert, explorativen Strategien und Optionen den Vorzug zu geben, die mit größeren Risiken einhergehen.«

»Alles klar. Aber auch hier wieder viel Inhalt und viele Erkenntnisse«, seufzte Isabelle.

»Ja, du hast recht. Ich bin froh, dass du die Informationen aufschlussreich findest. Hier ist eine Seite, auf der die sieben Heuristiken in einem Entscheidungsnavigator, einem von mir entwickelten Modell, zusammengefasst sind«, erwiderte Eve und klickte den »Share-Button« an, um ihren Bildschirm zu teilen (Abb. 3.6). »Wir beginnen mit dem Dilemma, danach ziehen wir die möglichen Optionen in Betracht, und zum Schluss wählen wir mit Hilfe der Heuristiken die jeweils beste aus.«

| 1. Dilemma | | | | |
|---|---|---|---|---|
| **2. Optionen im Exploitation-Exploration-Kontinuum** | Exploit ← | | | → Explore |
| | Option | Option | Option | Option |
| **Die sieben Heuristiken** | **3. Annahmen** | **3. Annahmen** | **3. Annahmen** | **3. Annahmen** |
| a) Ziele | | | | |
| b) Chancen | | | | |
| c) Zeit | | | | |
| d) Aktivitäten der Konkurrenz und Erwartungen der Stakeholder | | | | |
| e) Werte und Kultur | | | | |
| f) Kompetenzen | | | | |
| g) »Stimmung« oder kollektiver kognitiver Zustand | | | | |

**4. Lösung/Beschluss**

**Abbildung 3.6:** Vierstufiger Entscheidungsnavigator

»Wie gesagt, die sieben Heuristiken spiegeln sich in den Strategien der Unternehmen wider«, fuhr Eve fort. »Nehmen wir zwei innovative Firmen aus zwei Branchen mit völlig unterschiedlicher Marktreife und ganz spezifischen Unsicherheiten als Beispiel: die ExxonMobil Corporation, kurz Exxon genannt, ein multinationaler US-amerikanischer Konzern, führend in der Öl- und Gasindustrie, und Meta Platforms oder Meta, ein US-amerikanischer Social-Media- und Virtual-Reality-Konzern. Beide schaffen es regelmäßig auf die Liste der fünfzig weltweit innovativsten Firmen, die jährlich von der US-amerikanischen Unternehmensberatung Boston Consulting Group veröffentlicht wird (Manly et al., 2023). Die Öl- und Gasindustrie ist vergleichsweise älter, reifer und stabiler. Krisenfester. Soziale Medien und Virtual Reality sind neuere Wirtschaftszweige, die es vor dreißig Jahren noch nicht gab. Sie müssen sich in einem hyperdynamischen Raum behaupten, der fortwährend von neuen Technologien und neuen Wettbewerbern umgestaltet wird. Diese beiden Branchen sind in stärkerem Maß von Unsicherheit geprägt. Bei den strategischen und kulturellen Unterschieden fällt auf, dass Exxon Wert auf stetige Verbesserungen und Optimierung der vorhandenen Ressourcen und Prozesse, sprich Exploitation, legt, während Meta den Fokus auf kontinuierliche Innovation, sprich Exploration, richtet.«

»Exxons Strategie ist also stärker an Exploitationsinitiativen orientiert?«

»Genau. Der Konzern definiert seine Ziele als Realisierung ›exzellenter finanzieller und operativer Ergebnisse bei gleichzeitigem Festhalten an hohen ethischen Standards‹. Er ist, verglichen mit Meta, in einer relativ reifen Branche mit weniger Innovationschancen tätig. Exxon ist börsennotiert. Die drei größten Aktionäre, auf die ungefähr 19 Prozent der Anteile entfallen, sind Money Manager, die mit der Verwaltung der Finanzanlagen für Unternehmen und Privatpersonen betraut sind. Der Fokus ist eher kurzfristig. Exxon ist im Öl- und Gasmarkt aktiv, für den die inkrementelle, sprich schrittweise Innovation oberste Priorität hat. Die strategische Ausrichtung oder Exploit-Explore-Balance des Konzerns misst der Exploitation größere Bedeutung bei. Die Leitprinzipien könnte man folgendermaßen zusammenfassen: ›Exxon Mobil Corporation ist bestrebt, sich im Mineralöl - und Chemieproduktemarkt weltweit als die Nummer eins im Wettbewerb zu positionieren. Um dieses Ziel zu erreichen, müssen wir kontinuierlich exzellente finanzielle und operative Ergebnisse vorweisen und dabei gleichzeitig an unseren hohen ethischen Standards festhalten.‹[2] Die Leitprinzipien legen außerdem eine Reihe freiwilliger Verpflichtungen fest, zum Beispiel gegenüber den Shareholdern (›Wir verpflichten uns zu einer langfristigen Wertsteigerung der Finanzinvestitionen, die uns von den Shareholdern anvertraut wurden. Durch eine rentable und verantwortungsvolle Geschäftsführung können wir unseren Aktionären hervorragende Erträge einbringen.‹), gegenüber Kundinnen und Kunden (›Wir verpflichten uns zu Innovation und Reaktionsbereitschaft, um die sich wandelnden

2 https://www.google.com/url?sa=t&source=web&rct=j&opi=89978449&url=https://corporate.exxonmobil.de/unternehmen/unternehmensgrundsaetze&ved=2ahUKEwiVpeWWlaSJAxVt9LsIHYjZHkQQFnoECBIQAw&usg=AOvVaw2xaw5ZoqGSEBSxNdrol2IX.

Kundenwünsche zu erfüllen und hochwertige Produkte und Dienstleistungen zu wettbewerbsfähigen Preisen anzubieten.‹), gegenüber der Belegschaft (›Wir verpflichten uns, stets ein sicheres Arbeitsumfeld zu schaffen, das von Diversität, offener Kommunikation, Vertrauen und einer fairen Behandlung geprägt ist.‹) und gegenüber der Gesellschaft (›Wir verpflichten uns zu gesellschaftlichem Engagement an allen Standorten, an denen wir tätig sind. Wir halten uns an hohe ethische Standards, befolgen alle geltenden Gesetze, Regeln und Bestimmungen in Bezug auf das lokale Recht und die nationale Kultur. Vor allem engagieren wir uns für die Sicherheit und das Umweltbewusstsein in unseren Betrieben.‹). Exxons Leitprinzipien sind in dem Satz zusammengefasst: ›Wir werden unsere Ziele durch die tadellose Durchführung unserer Geschäftspläne erreichen …‹«

»Der Schwerpunkt liegt auf der Exploitation, keine Frage. Das Unternehmen weist ja ausdrücklich auf die Umsetzung der Pläne hin«, sagte Isabelle.

»Ja, genau. Vergleichen wir diese Strategie einmal mit der von Meta. Meta hat äußerst ehrgeizige Ziele, zum Beispiel ›Menschen helfen, sich zu Gemeinschaften zusammenzuschließen, und die Welt enger zusammenbringen‹[3]. Die Branche ist ungeheuer dynamisch und es gibt zahllose Innovationschancen. Außerdem ist der Fokus langfristiger angelegt. Mark Zuckerberg besitzt 13,4 Prozent der Aktien und ist damit Metas größter Shareholder. Er kontrolliert 61,9 % aller Stimmen, da er Aktien mit Super-Stimmrecht besitzt. Meta ist in der breiter gefächerten Tech-Industrie tätig, in der Innovationen ziemlich disruptiv erfolgen. Die strategische Aufstellung von Meta oder eine optimale Exploit-Explore-Balance begünstigt die Exploration. Die Leitprinzipien des Unternehmens lauten ›Menschen eine Stimme geben, Verbindungen und Communities aufbauen, Meta ist für alle da, Menschen und Privatsphäre schützen, wirtschaftliche Chancen fördern‹. Das siehst in dieser Grafik zusammengefasst (Abbildung 3.7).«

»Okay, jede Menge Stoff zum Nachdenken. Ich werde mal versuchen, das Ganze zusammenzufassen«, schlug Isabelle vor.

»Ja, gerne«, erwiderte Eve und griff zu einem Stift, um sich Notizen zu machen. Es gefiel ihr, dass Isabelle ihre Forschungsarbeit auf den Punkt bringen konnte.

»Also … Entscheidungen unter Unsicherheit präsentieren sich als Dilemma zwischen Exploitation und Exploration. Uns stellt sich damit die Frage, ob wir auf den altbewährten Pfaden bleiben und sie optimieren sollten, was man als Exploitation bezeichnet, oder ob wir neue Wege gehen sollten, was man als Exploration bezeichnet. Obwohl ein Exploit-Explore-Dilemma den Anschein erweckt, als stünden zwei Optionen zur Wahl, zwischen denen wir uns entscheiden müssen, steht uns in Wirklichkeit eine unendliche Anzahl von Optionen innerhalb des Exploit-Explore-Kontinuums zur Verfügung. Es gibt keine allgemein anerkannte Regel für eine ideale Lösung solcher

3 https://www.google.com/url?sa=t&source=web&rct=j&opi=89978449&url=https://about.meta.com/de/&ved=2ahUKEwjA3uvKlaSJAxX8g_0HHVoFCcQQFnoECBQQAQ&usg=AOvVaw0_K7QuZvgwPNMz9riigi4Z.

| Heuristiken | Exploitation ← ExxonMobil | Meta → Exploration |
|---|---|---|
| a) Ziele | Die Realisierung »exzellente finanzielle und operative Ergebnisse vorweisen und dabei gleichzeitig an hohen ethischen Standards festhalten«. | »Menschen helfen, sich zu Gemeinschaften zusammenzuschließen, und die Welt enger zusammenbringen«. |
| b) Chancen | Reife Industrie mit begrenzten Innovationschancen | Die Branche ist ungeheuer dynamisch, und es gibt zahllose Innovationschancen. |
| c) Zeitperspektive | Die drei größten Aktionäre, auf die ungefähr 19 Prozent der Anteile entfallen, sind Money Manager. | Dank des langfristigen Besitzes von Superstimmaktien kontrolliert Marc Zuckerberg 61,9 Prozent aller Stimmrechtsaktien. |
| d) Aktivitäten anderer Wettbewerber und Erwartungen der Stakeholder | Exxon competes in the oil and gas market, where the focus lies on incremental innovation. | Meta ist in der breiter gefächerten Tech-Industrie tätig, in der Innovationen ziemlich disruptiv erfolgen. |
| e) Konstante Werte und kulturelle Merkmale | »Arbeitsflexibilität, Arbeits- und Betriebsschutz, Anerkennung der Menschenrechte, Integrität, Diversität und Inklusion«. | »Sich schnell bewegen. Gemeinsam Großes schaffen. Sich auf die langfristigen Effekte konzentrieren. In der Zukunft leben. Offen sein.« |
| f) Relevante Kompetenzen | Wahrscheinlich fortlaufende Innovationsfähigkeit, Zielumsetzung usw. eingeschlossen. | Wahrscheinlich bahnbrechende Innovationsfähigkeiten eingeschlossen, technologische Kompetenz usw. |
| g) »Stimmung« oder allgemein verbreiteter kognitiver Zustand | Wahrscheinlich vorsichtiger Ansatz (»Arbeitssicherheit und Betriebsschutz«). | Wahrscheinlich optimistisch (»in der Zukunft leben; offen sein«). |

**Abbildung 3.7:** Vergleich zwischen Exxon und Meta

Dilemmata, aber wir können auf Entscheidungsregeln oder Heuristiken zugreifen, die unser Gehirn nutzt, wenn es mit solchen Situationen konfrontiert wird. Es gibt sieben solcher ›Abkürzungen‹: Ziele, Chancen, Zeit, sozialer Kontext, Persönlichkeitsmerkmale, Skills und Stimmung.«

> Es gibt keine allgemein anerkannte Regel für eine ideale Lösung solcher Dilemmata, aber wir können auf Entscheidungsregeln oder Heuristiken zugreifen, die unser Gehirn nutzt, wenn es mit solchen Situationen konfrontiert wird.

»Richtig«, bestätigte Eve und machte sich Notizen.

»Genau wie Einzelpersonen kombinieren auch Unternehmen in ihren Strategien Explorations- und Explorationsinitiativen miteinander«, fuhr Isabelle fort. »Diese Strategie, gleichzeitig exploitativen und explorativen Aktivitäten nachzugehen, wird organisationale Ambidextrie genannt; sie ist für die Sicherung der kurz- und langfristigen Ergebnisse von essenzieller Bedeutung. Die Kombination von exploitativen und explorativen Entscheidungen ist hilfreich beim Umgang mit Situationen, die von Unsicherheit geprägt sind. Jede Entscheidung verbessert bis zu einem gewissen Grad den aktuellen Zustand und ermöglicht gleichzeitig die Erforschung von Chancen für die künftige Entwicklung. Sie schafft zukunftsfähige Optionen. Wie eine befriedigende Balance zwischen exploitativen und explorativen Unternehmensaktivitäten aussieht, hängt stets von den gleichen sieben Heuristiken ab. Wie bei Einzelpersonen fallen Ziele, Chancen, Zeit, Wettbewerbskontext, Unternehmenskultur, Unternehmenskompetenzen und der kognitive Zustand der Mitarbeitenden ins Gewicht.«

»Perfekt! Deine Zusammenfassung stellt wirklich eine große Hilfe dar!«, strahlte Eve.

Isabelle bedankte sich bei Eve für die Zeit und die geteilten Erkenntnisse. Sie hatten eigentlich eine Stunde für den Videocall angesetzt, mussten aber feststellen, dass inzwischen eineinhalb Stunden vergangen waren. Tief in den Inhalt eingetaucht, hatten sie nicht mehr auf die Zeit geachtet. Sie vereinbarten, den Austausch in der kommenden Woche fortzusetzen. Isabelle wollte sich die Informationen noch einmal durch den Kopf gehen lassen und sich mit weiteren Fragen an Eve wenden.

Außerdem musste sie über ihre Entscheidung bezüglich Alessandro nachdenken, fühlte sich inzwischen jedoch besser gerüstet, die Alternativen klug gegeneinander abzuwägen.

**Kernaussagen**

- Entscheidungen unter Unsicherheit präsentieren sich oft als Entweder-oder-Situation, das heißt als Dilemma zwischen Exploitation und Exploration: Soll ich bei den alten Pfaden bleiben (Exploitation) oder neue Wege gehen (Exploration)?

- Obwohl das Dilemma zwischen Exploitation und Exploration wie eine Wahl anmutet, die auf zwei Optionen begrenzt ist, gibt es in Wirklichkeit eine unendliche Anzahl von Optionen innerhalb des Exploit-Explore-Kontinuums.
- Es gibt keine mathematische Formel für eine ideale Lösung von Exploit-Explore-Dilemmata, aber sieben Heuristiken, die das Gehirn nutzt, um zu befriedigenden Entscheidungen zu gelangen: Ziele, Chancen, Zeit, sozialer Kontext, Persönlichkeitsmerkmale, Skills und Stimmung.
- Genau wie Einzelpersonen kombinieren auch Unternehmen in ihren Strategien Exploitations- und Explorationsinitiativen miteinander. Die Strategie, Exploit- und Explore-Aktivitäten gleichzeitig zu verfolgen, wird organisationale Ambidextrie genannt. Das jeweils befriedigende Ausmaß der Ambidextrie ist von den gleichen sieben Heuristiken abhängig, die Einzelpersonen nutzen.

Um Ihre Entscheidungen zu optimieren, können Sie den vierstufigen Entscheidungsnavigator und den Entscheidungscanvas als strukturiertes Werkzeug für Ihre jeweiligen Entscheidungsprozesse verwenden (Abbildung 3.8):

1. Das Dilemma zwischen Exploit- und Explore-Aktivitäten identifizieren.
2. Mehrfache Optionen innerhalb des Exploit-Explore-Kontinuums entwickeln.
3. Die relevanten Grundannahmen für jede Option mit Hilfe der sieben Entscheidungsheuristiken bestimmen.
4. Entscheiden.

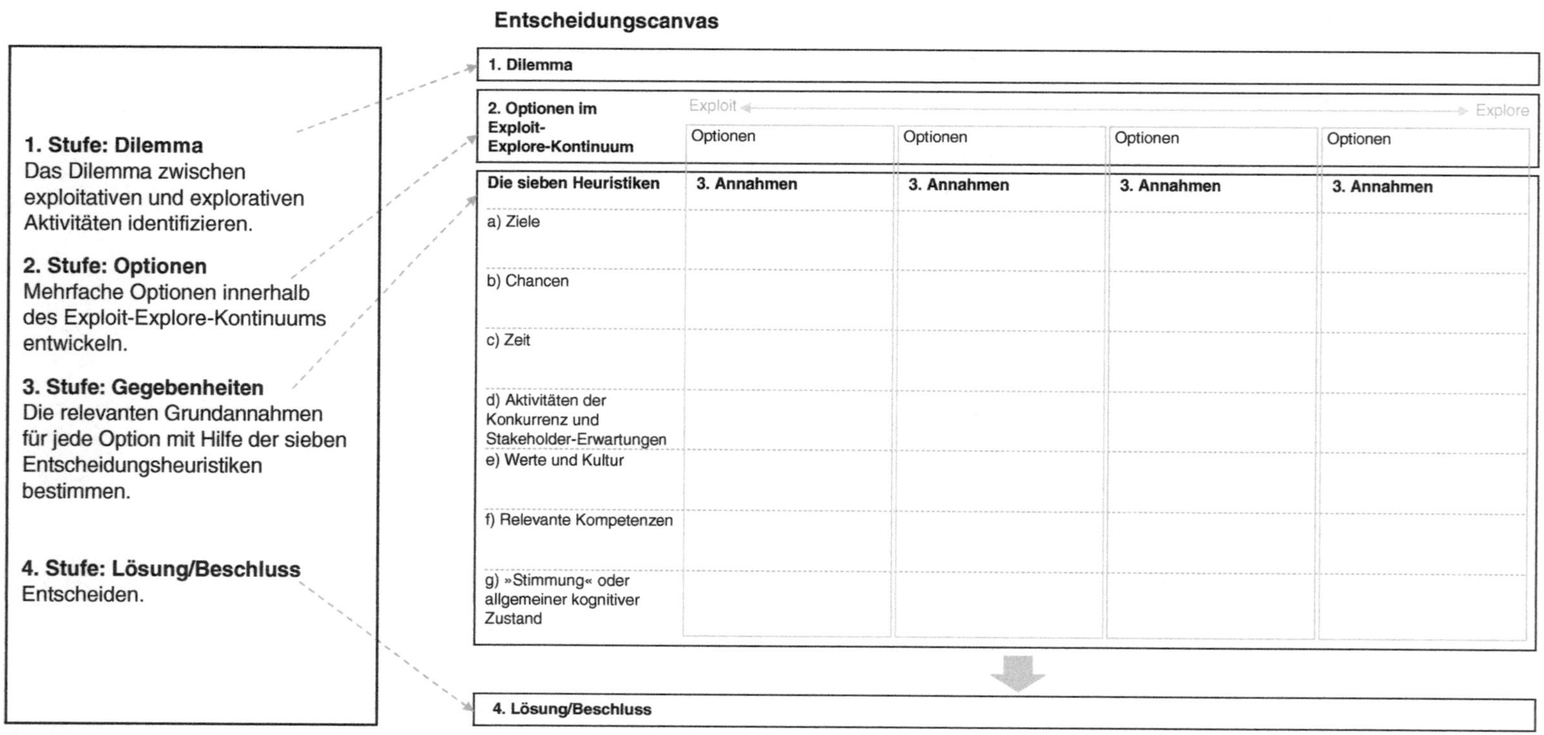


**Abbildung 3.8:** Zusammenfassung des vierstufigen Entscheidungsnavigators

# Teil II
# ENTSCHEIDUNGEN UNTER UNSICHERHEIT TREFFEN

# 4 Zweites Fallbeispiel: Strategische Entscheidungen

**Claudio Feser, David Redaschi und Karolin Frankenberger**

Nach dem Gespräch mit Eve über Heuristiken aß Isabelle mit Marco zu Abend. Es war spät, wie so oft, wenn sie nach Büroschluss heimkam. Die Mädchen lagen bereits im Bett.

Aber sie war nach der anregenden Unterhaltung noch voller Energie und brannte darauf, das »Problem Alessandro«, wie sie es nannte, mit ihrem Mann zu erörtern.

Marco hörte aufmerksam zu. »Warum gibst du ihm keine Chance?«, fragte er schließlich. »Könntest du ihm nicht einfach sagen, was du von ihm erwartest, und ihm ein Ultimatum stellen? Gib ihm drei Monate. Wenn sich sein Verhalten in der Zeit nicht sichtbar bessert, kannst du ihm immer noch den Laufpass geben.«

»Ein Ultimatum? Das ist nicht meine Art. Ich bin dafür, Klartext mit ihm zu reden und ihm vor Augen zu führen, wie ich ihn einschätze. Ein Ultimatum gefällt mir nicht, das klingt wie eine Drohung«, gab Isabelle zu bedenken.

»Nun, drohen meinte ich nicht. Ich finde nur, dass du ihm unmissverständlich klarmachen solltest, was du von ihm erwartest. Dann siehst du schon, ob sich etwas ändert.«

»Ja, vielleicht hast du recht. Aber was ist, wenn sich an seinem Verhalten nichts ändert? Ich hätte drei Monate verloren. Und was dann?«

»Du könntest die Zeit nutzen, um mit Jacob oder anderen potenziellen Kandidaten zu reden und nach einer annehmbaren Alternative Ausschau zu halten. Und sollte sich Alessandro weiterhin so destruktiv verhalten und unterschwellig Front gegen dich machen, musst du wohl hart durchgreifen«, erwiderte Marco und fuhr fort: »Übrigens, vielleicht gibt es noch eine andere Option.«

»Und die wäre?«

»Du hast gesagt, dass du in den kommenden drei Monaten möglicherweise das gesamte Team brauchst, um die Rentabilitätsprobleme in den Griff zu bekommen, mit denen die ATG konfrontiert ist. Alessandro kennt das ATG-System wie seine Westentasche. Warum überträgst du ihm nicht die Aufgabe, Kostenverbesserungspotenziale in der IT zu identifizieren und zu erfassen, und dabei führst du ihn engmaschig und mit Nachdruck? In der Zwischenzeit stellst du probeweise einen Chief Digital Officer (CDO) ein, der für die IT-Innovationen zuständig ist. Wenn das Projekt gut läuft, kannst du diesen Bereich immer noch erweitern, ihm oder ihr als Chief Information Officer (CIO) die Verantwortung für die Umsetzung und den IT-Betrieb im Unternehmen übertragen und dich von Alessandro trennen.«

Je eingehender sie sich unterhielten, desto mehr Möglichkeiten tauchten auf, Isabelles »Problem Alessandro« anzugehen. Sie stellte fest, dass Eve recht gehabt hatte und sich bei einem Austausch im Team oder schon im Verlauf einer Unterhaltung mit einer anderen, außenstehenden Person tatsächlich neue Lösungswege abzeichneten. Was ihr bisher wie eine Entscheidung zwischen zwei gleichermaßen schlechten Alternativen erschienen war, entpuppte sich schlussendlich als Wahl zwischen vielen Alternativen, die sich auf vier potenzielle Optionen herunterbrechen ließen:

1. Fortsetzung der Zusammenarbeit mit Alessandro und Führung mit Nachdruck.
2. Transparentes Feedback und klare Aussage über die Erwartungen während der kommenden Monate bei gleichzeitiger Erkundung alternativer Möglichkeiten, zum Beispiel Jacob und andere potenzielle Kandidaten.
3. Fokussierung von Alessandro auf Kostenverbesserungen in der IT und Einstellung eines oder einer CDO.
4. Trennung von Alessandro.

Im Anschluss werteten Isabelle und Marco die vier Optionen anhand des Entscheidungsnavigators aus, den Eve bei ihrem letzten Gespräch als strukturiertes Rahmenwerk und Orientierungshilfe geteilt hatte.

»Fangen wir bei den Zielen an«, schlug Isabelle vor. »Mein Ziel ist, eine effektive Teamarbeit des GET zu erreichen. Das gilt für alle Optionen.«

»Gut. Kommen wir zu den Chancen. Wann wäre eine weitere Zusammenarbeit mit Alessandro sinnvoll?«

»Erstens, wenn Alessandro wirklich dazu bereit ist, das heißt, wenn er sich damit abfinden kann, dass er nicht zum CEO gewählt wurde, und im Unternehmen bleiben will. Zweitens, wenn keine anderen Kandidaten für die Position des Chief Information Officer zur Verfügung stünden, aber das ist eher unwahrscheinlich. Ich denke, wir können getrost davon ausgehen, dass wir potenzielle CIO-Anwärter finden, Jacob eingeschlossen. Damit wäre Option 1 vom Tisch.«

»Leuchtet mir ein. Was ist mir der Zeitschiene? Hättest du Zeit, nach einem anderen Kandidaten Ausschau zu halten, wenn du Alessandro jetzt ziehen lässt?«

»Nein, habe ich nicht. Wir stecken mitten in einer Krise. Vier Monate ohne CIO auszukommen, kann ich mir nicht leisten.«

»Okay, damit entfällt auch Option 4. Was ist mit euren Konkurrenten?«

»Ich bin mir nicht sicher, ob ihre Aktivitäten für uns relevant sind, deshalb würde ich diesen Faktor zunächst mal außer Acht lassen.«

»Okay. Dann weiter zum nächsten Punkt: Werte und Kultur. Welche Option wäre am ehesten mit den Werten und der Kultur des Unternehmens vereinbar?«

»Hmm … in der Kultur der ATG spielen prosoziales Verhalten und Mitarbeiterorientierung eine große Rolle. Das passt meiner Meinung nach besser zu den Optionen 1 und 2. Die Optionen 3 und 4 erfordern vermutlich eher eine leistungsgeprägte Kultur, die ATG eindeutig nicht hat.«

»Gut, es läuft offenbar alles auf Option 2 hinaus; dazu müsste es dir jedoch gelingen, Alessandro mit gezielten Coaching- und Weiterentwicklungsmaßnahmen auf Kurs zu bringen … sofern er sich darauf einlässt«, sagte Marco.

»Ja, du hast recht. Aber ich bin sicher, dass ich das schaffen kann, falls er mein Coaching akzeptiert.«

»Okay, dann zur letzten Bedingung. Wäre die Entscheidung, Alessandro zu behalten und zu fördern, während du nach anderen potenziellen Kandidaten Ausschau hältst, mit der aktuellen Stimmung der Mitarbeitenden kompatibel?«

»Hmm … gute Frage. Der ATG geht es derzeit nicht gut, die Belegschaft weiß das. Dazu kommt, dass die Konjunktur schwächelt und die neue CEO ihr Amt gerade erst angetreten hat. Ich nehme an, dass viele unserer Mitarbeitenden besorgt sind und sich fragen, ob Einschnitte und Entlassungen bevorstehen. Wenn meine erste wichtige Entscheidung darin bestünde, mich von Alessandro zu trennen, würde das diese Angst erheblich vergrößern. Ihn zu behalten und seine Entwicklung mittels Coachings zu fördern, wäre dagegen ein Signal, dass uns unsere Leute am Herzen liegen und wir unsere Fürsorgepflicht ernst nehmen, auch in schwierigen Situationen. Ja, ich denke, Option 2 wäre vermutlich besser mit Blick auf die aktuelle Stimmung in der Belegschaft.«

Während der Unterhaltung hatte sich Marco Notizen zu ihren Antworten gemacht, damit sie die vier Optionen unter dem Strich besser auswerten konnten (Abbildung 4.1).

»Okay, Option 2 macht also das Rennen«, sagte Isabelle und bedankte sich bei Marco für das gemeinsame Brainstorming und die Unterstützung.

»Warum schläfst du nicht eine Nacht darüber und entscheidest morgen?«, fragte Marco. »Es ist schon spät, und ich denke, für heute ist es genug.«

Sie bedankte sich nochmals und küsste ihn, bevor sie zu Bett ging. Bei Marco gab es ebenfalls Neuigkeiten, die er mit seiner Frau teilen wollte. Ein renommiertes britisches Verlagshaus hatte ihm einen Vertrag für mehrere Bücher seiner Mystery-Serie *Charlemagnes Geheimnisse* angeboten und die Möglichkeit eines Filmvertrags angedeutet. Doch da Isabelle mit dem »Problem Alessandro« und der Suche nach der richtigen Lösung voll ausgelastet war, hatte er beschlossen, ihr erst am nächsten Morgen beim Frühstück davon zu erzählen. Sie brauchte jetzt dringend Schlaf.

Am nächsten Morgen erhielt er die volle Aufmerksamkeit und die Glückwünsche, die seine Neuigkeit verdiente: Isabelle und die Mädchen umarmten ihn, freuten sich mit ihm und brachten mit Kaffee und heißer Schokolade einen Toast auf *Charlemagnes Geheimnisse*aus.

| | | | | |
|---|---|---|---|---|
| **1. Dilemma** | Fortsetzung der Zusammenarbeit mit Alessandro oder Trennung | | | |
| **2. Optionen im Exploit-Explore-Kontinuum** | Exploit ← | | | → Explore |
| | Fortsetzung der Zusammenarbeit | Alessandro Feedback geben. Andere Kandidaten in den Blick nehmen | Alessandro auf die IT fokussieren. Eine(n) neue(n) CDO einstellen | Alessandro gehen lassen |
| Die sieben Heuristiken | **3. Annahmen** | **3. Annahmen** | **3. Annahmen** | **3. Annahmen** |
| a) Ziele | ← Eine effektive Zusammenarbeit des Führungsteams (GET) → | | | |
| b) Chancen | Keine. Keine anderen CIO verfügbar | Andere CIO verfügbar | Andere CIO verfügbar | Andere CIO verfügbar |
| c) Zeit | Keine Zeit | Keine Zeit | Keine Zeit | Zeit vorhanden |
| d) Aktivitäten der Konkurrenz und Erwartungen der Stakeholder | ← Vermutlich nicht relevant → | | | |
| e) Werte und Kultur | Fürsorgeorientierte Werte | Fürsorgeorientierte Werte | Leistungsorientierte Werte | Leistungsorientierte Werte |
| f) Kompetenzen | Coaching ist Isabelles Stärke | Coaching ist Isabelles Stärke | Der Abbau zwischenmenschlicher Spannungen ist Isabelles Stärke | Die Rekrutierung von Mitarbeitenden ist Isabelles Stärke |
| g) »Stimmung« oder kollektiver kognitiver Zustand | Die Mitarbeitenden machen sich Sorgen | Die Mitarbeitenden machen sich Sorgen | Die Mitarbeitenden machen sich Sorgen | Die Mitarbeitenden machen sich keine Sorgen |
| **4. Lösung /Beschluss** | Alessandro Feedback geben. Andere Kandidatinnen und Kandidaten in den Blick nehmen. | | | |

**Abbildung 4.1:** Vierstufiger Entscheidungsnavigator mit einer Lösung für Fall 1

Erst kurze Zeit später auf dem Weg zur Arbeit wurde Isabelle bewusst, dass Marco die gute Nachricht schon am Vorabend gehabt, ihr aber den Raum gegeben hatte, sich ausschließlich auf die ATG zu konzentrieren. Sie hoffte, nicht zu vergessen, sich bei ihm dafür zu bedanken.

Sie dachte auch noch einmal über ihre Entscheidung bezüglich Alessandro nach. Bei der Anwendung der Heuristiken, über die sie mit Eve gesprochen hatte, hatte sich Option 2 als die beste der vier Szenarien herauskristallisiert, die Marco und sie entwickelt hatten.

Option 2 würde den Aufbau einer effektiven Teamarbeit in der GET-Führungsriege gewährleisten. Sie wäre sofort in der Lage, die IT-Probleme in Angriff zu nehmen und gleichzeitig sicherzustellen, dass sie jemanden in Reserve hätte für den Fall, dass Alessandro sein Verhalten nicht änderte. Wichtig war auch, dass Option 2 nicht nur ihren eigenen Werten – und denen des Unternehmens –, sondern auch ihren Kompetenzen entsprach. Sie hatte während ihrer Tätigkeit in der Travel Group bewiesen, dass das Coaching von Mitarbeitenden, die Weiterentwicklung und Förderung ihres Potenzials, zu ihren Stärken gehörte. Dazu kam, dass Option 2 ihre Bereitschaft signalisierte, allen Angehörigen der Organisation eine zweite Chance zu geben. Die Stimmung im Unternehmen ließ zu wünschen übrig. Den ehemals wachstumsfokussierten CEO just in dem Moment auszutauschen, als die Wirtschaft in eine Rezession abglitt, schien kein gutes Omen zu sein. Viele befürchteten, dass bald die ersten Entlassungen folgen könnten. Isabelle wollte diese Ängste nicht noch zusätzlich anheizen, obwohl sie noch keinen konkreten Plan hatte, wie sie den Rentabilitätsschwund der ATG in den Griff bekommen sollte.

Option 2 ging davon aus, dass Alessandro bereit war, sich voll in die ATG einzubringen und einen aktiven Beitrag zur Arbeit des GET zu leisten.

Im Büro angekommen, beschloss Isabelle, diese Annahme zu überprüfen. Sie bat Alessandro zu einem Vier-Augen-Gespräch zu sich.

Dieses Gespräch mit Alessandro, das angespannt und emotional zugleich war, erwies sich als äußerst aufschlussreich. Sie hatte vorgehabt, ihn aus der Reserve zu locken, und tatsächlich redete er mehr als sie.

Er war, wie sie gedacht hatte, zutiefst enttäuscht, bei der Wahl des CEO übergangen worden zu sein. Und sie erfuhr, dass sein Aktionsradius im GET von ihrem Amtsvorgänger immer wieder eingeschränkt und ihm nahegelegt worden war, »sich um seine eigenen Angelegenheiten zu kümmern«. Alessandro zeichnete sich schon damals durch unternehmerisches Denken aus. Er hatte die Chancen erkannt, die mit einer effektiven Nutzung der Technologie und der Digitalisierung des Geschäfts einhergingen. Er hatte zahlreiche technologiegestützte innovative Geschäftsideen. Aber seine Ideen und Vorschläge wurden oft missverstanden und als Kritik an den Kolleginnen und Kollegen gedeutet, was möglicherweise auf seinen harschen Kommunikationsstil zurückzuführen war. Dazu kam, dass der ehemalige CEO kein Interesse an der

Einführung kollaborativer Arbeitsmethoden im Topmanagement-Team hatte. Er zog es vor, hierarchisch zu führen, im Stil des Sonnenkönigs Ludwig XIV., wie er bisweilen hinter vorgehaltener Hand genannt wurde. Der ehemalige Firmenchef hatte Alessandro wiederholt aufgefordert, sich ausschließlich auf seinen eigenen Aufgabenbereich zu konzentrieren, und genau darauf beschränkte er sich im Laufe der Zeit.

Doch Isabelle hatte einen anderen Führungsstil als ihr Vorgänger. Sie begrüßte neue vielfältige Ideen, die ihr und dem GET halfen, die ATG auf dem Weg in die Zukunft voranzubringen. Sie ermutigte gegensätzliche Sichtweisen, wenn sie innerhalb des Teams konstruktiv und produktiv ausgetauscht wurden. Sie machte Alessandro ihre Einstellung klar und spornte ihn an, von jetzt an offen seine Meinung zu äußern und sich stärker in das Topmanagement-Team und die ATG generell einzubringen.

Nach dem Gespräch fühlte sich Alessandro zum ersten Mal seit Jahren befreit und ermutigt. Er wusste es zu schätzen, dass Isabelle die Initiative ergriffen und die Spannungen zwischen ihnen direkt angesprochen hatte. Bereits in der nachfolgenden Woche begann sich sein Verhalten merklich zu verändern. Zur Überraschung der meisten Angehörigen des Teams – Isabelle ausgenommen – wurde dieser positive Wandel eine Woche später beim nächsten GET-Meeting offensichtlich, als der Umgang mit der aktuellen Situation, die Konjunkturflaute und der Rentabilitätsverlust der ATG auf der Agenda standen.

Im Vorfeld der Sitzung hatte Kosta Fakten gesammelt, um einige der Punkte zu untermauern, die beim letzten GET-Meeting angesprochen worden waren.

Er teilte Informationen über die Konkurrenten des Unternehmens (siehe Anhang 6). Außerdem hatte er seine Strategieüberprüfung vervollständigt und legte eine Analyse der relevanten Marktentwicklungen sowie eine SWOT-Analyse als Werkzeug für die Positionsbestimmung und Strategieentwicklung der ATG vor (siehe Anhänge 7 und 8).

In dem konstruktiven Gespräch, das folgte, kristallisierten sich viele miteinander konkurrierende Optionen heraus. Das GET einigte sich auf vier.

Option 1 bestand darin, ein offensives Kostensenkungs- und Cashflow-Optimierungsprogramm an den Start zu bringen, wie Hugo, der Finanzvorstand (CFO), vorgeschlagen hatte. Es stützte sich auf vier Elemente: 1) Schließung von 25 Prozent der Zweigstellen mit dem geringsten Beitrag zur Gewinnspanne; 2) Auflösung der B2B-Sparte. Sie mochte strategisch attraktiv erscheinen, doch bisher war es der ATG nicht gelungen, das Geschäft zum Laufen zu bringen; 3) eine lineare Kosteneinsparung von 25 Prozent in allen Funktionsbereichen (das hieß Finanzen, Personalwesen, IT); und 4) der Verkauf von Anlagegütern, die nicht zum Kernbestand zählten (drei Hotels, die sich noch im Besitz der ATG befanden), um die finanziellen Mittel für die kommenden 24 Monate zu sichern.

Hugo sprach sich klar für diese Lösung aus. Isabelle bevorzugte sie ebenfalls. Sie würde kurzfristig zu einer Rentabilitätssteigerung führen. Sie waren beide im

Private-Equity-Bereich (PE) tätig gewesen, hatten dort Erfahrungen gesammelt und befürchteten, dass die ATG ohne drastische Sanierungsmaßnahmen zu einem Übernahmekandidaten werden könnte. Alessandro unterstützte diese Option ebenfalls, obwohl das IT-Team damit um ein Viertel schrumpfen würde. Frank, Conny und Alison lehnten die Option vehement ab. Ihre Einwände waren vielfältig und schlossen die Schließung von Reisebüros, die gerade erst eröffnet hatten (Frank und Conny), die Kampfansagen der Gewerkschaften, die zu befürchten waren (Conny) und den Verlust wichtiger Mitarbeitender (Conny) sowie der damit einhergehenden erfolgskritischen Skills und Kompetenzen ein, die für das künftige Wachstum unter Umständen unerlässlich waren (Alison).

Wie Option 1, beinhaltete auch Option 2 ein offensives Kostensenkungsprogramm. Der Unterschied war, dass Option 2 einen positiveren Ausblick auf die Zukunft bot: Sie erforderte die Reinvestition eines Teils der eingesparten Finanzmittel in den Aufbau von »TravelTech«, einen Digital Attacker zur Verbesserung der Kundenkommunikation. Er sollte als separate Marke eingeführt und wie das Webportal Booken.com aufgebaut werden, sich aber auf Nischensegmente fokussieren, unter anderem auf eine Klientel mit »vielschichtigen Bedürfnissen« oder dem Wunsch nach einer Angebotspalette mit mehr Personalisierungsmöglichkeiten als das, was ein Massenmarkt wie Booken.com zu bieten hatte. Dass Personalisierung und digitalisierte Angebote wichtige Trends waren, ging eindeutig aus Kostas Analysen hervor.

Option 2 polarisierte jedoch. Zu den Befürwortern gehörten Alessandro, der in dem neuen »TravelTech«-Projekt vermutlich eine Leadership-Rolle für sich selbst sah und sich mit voller Kraft dafür einsetzte, sowie Isabelle und Hugo, die bestrebt waren, die Rentabilität des Unternehmens schnellstmöglich wiederherzustellen. Frank, Alison und Conny lehnten Option 2 unwiderruflich ab, aus denselben Gründen, die sie auch schon gegen Option 1 geltend gemacht hatten.

Option 3 glich Option 1, war aber gemäßigter in Bezug auf den Kostenfaktor. Sie erforderte lediglich eine Schließung von 15 Prozent der ATG-Reisebüros und eine Kostensenkung von zehn Prozent in allen Funktionen und Bereichen mittels Digitalisierung sämtlicher Front- und Backoffice-Prozesse, das heißt der Arbeitsabläufe mit und ohne direkten Kundenkontakt. Die Digitalisierung der Front-Office-Prozesse war ein wichtiges Element dieser Option, die gleichzeitig das Ziel hatte, die Fähigkeit der Mitarbeitenden zu entwickeln, personalisierte digitale Angebote für die ATG-Klientel zu erstellen. Gleichzeitig konnten dadurch der Service (durch Online-Verfügbarkeit an sieben Tagen in der Woche, rund um die Uhr) und die Kundenbindungsrate verbessert werden. Der Aufbau und die digitale Bereitstellung erlebnisbasierter Urlaubsangebote, eines »Rundum-sorglos-Pakets«, war ein Trend, der sich abzuzeichnen begann, und ATG schien gut aufgestellt zu sein, um auf den Zug aufzuspringen. Doch da die Kostensenkungen bei dieser Option in erster Linie durch die Digitalisierung zustande kamen, würden die Einsparungen erst nach zwei oder drei Jahren zu Buche schlagen. Bei einer Entscheidung für Option 3 würde die ATG weiterhin in den B2B-Bereich investieren, doch nur in der Schweiz, wo die Marke am stärksten war.

Die Unterstützung für Option 3 war mäßig, bestenfalls. Frank und Alison waren die stärksten Befürworter. Alessandro war ebenfalls nicht abgeneigt, weil die Digitalisierung im Mittelpunkt stand. Kosta fühlte sich unwohl bei dem Gedanken, dass die B2B-Investition in der Schweiz als einzige Wachstumsinitiative des Unternehmens bestehen bleiben würde. Alison pflichtete ihm bei. Isabelle und Hugo machten sich Sorgen um die Zeit, die es erfordern würde, um die Rentabilität wieder auf Kurs zu bringen. Hugo deutete jedoch an, dass er Option 3 befürworten könnte, wenn die ATG ihre B2B-Investition ganz streichen würde.

Option 4 bestand darin, eine langfristige Perspektive einzunehmen und die Krise durchzustehen. Schließlich war ATG ein namhafter Wettbewerber in einer attraktiven Branche mit zahlreichen neuen Wachstumschancen. Diese Option sah vor, einige handverlesene Anlagegüter zu veräußern, die nicht zum Kernbestand gehörten (die drei Hotels), um genug finanzielle Mittel für die nächsten 36 Monate zur Verfügung zu haben; nur chronisch unrentable Reisebüros zu schließen, die sich nach Franks Einschätzung auf gerade mal fünf Prozent der gesamten ATG-Reiseagenturen beliefen; und interne Prozesse zu digitalisieren, um Order-to-Cash-Managementprozesse einzuführen und durch die Zusammenfassung der verschiedenen Schritte im Auftragsabwicklungszyklus zusätzlich Kosten einzusparen. Des Weiteren würde das Unternehmen bei dieser Option die B2B-Sparte weiter aufbauen und in die sich abzeichnenden neuen Geschäftsmodelle investieren, insbesondere in den Gaming- und VR-gestützten Tourismus.

Kosta vertrat unerbittlich Option 4. »Wir werden möglicherweise nicht in der Lage sein, zu etablierten Online-Marktplätzen wie Booken.com aufzuschließen, aber wir könnten bei den zukunftsweisenden technologiegestützten Geschäftsmodellen eine Führungsposition erreichen«, erklärte er. Alessandro, Frank, Conny und Alison sprachen sich ebenfalls für diese Strategie aus. Interessanterweise schienen auch die Signale, die vom Aufsichtsrat ausgingen, diese Option zu unterstützen. Hugo machte mit Nachdruck deutlich, dass er dagegen war. Er befürchtete, dass die B2B-Sparte und die neuen technologiegestützten Geschäftsmodelle die Unternehmensergebnisse erheblich belasten würden, weil die damit verbundenen Investitionen sämtliche Einsparungen, die durch die Schließung der Reisebüros und die Digitalisierung der Order-to-Cash-Prozesse erzielt wurden, zunichtemachen würden. Und schlimmer noch, diese Option konnte zur Insolvenz führen. Isabelle war gleichfalls gegen Option 4. Im Verlauf ihrer ehemaligen Tätigkeit im PE-Bereich hatte sie schwerwiegende, nicht leicht zu vergessende Erfahrungen mit den Risiken alternativer Investitionsformen gemacht.

Kosta präsentierte eine Grafikvorlage, die alle vier Optionen zusammenfasste (Abbildung 4.2).

Das Topmanagement-Team sah sich mit der Herausforderung konfrontiert, sich auf eine Option zu einigen, die dem Aufsichtsrat vorgelegt werden sollte.

| Optionen | Vor- und Nachteile | »Befürworter« |
| --- | --- | --- |
| Option 1: Start eines offensiven Kostensenkungs- und Cashflow-Optimierungsprogramms<br>• 25 Prozent der Geschäftsstellen (mit den niedrigsten Gewinnmargen) schließen<br>• Trennung von der B2B-Sparte<br>• Lineare Kostensenkung von 25 Prozent in allen Funktionsbereichen (Finanzen, HR, IT usw.)<br>• Verkauf von Anlagegütern, die nicht zum Kernbestand gehören (drei Hotels, die sich noch im Besitz von ATG befinden) | • Schnelle Rentabilitätssteigerung<br>• Risiken<br>– Mangel an künftigen Wachstumschancen<br>– Negative Reaktionen der Gewerkschaften<br>– Verlust kompetenter Mitarbeitender | Hugo |
| Option 2: Kosteneinsparung und Reinvestition in »TravelTech«<br>• Offensive Kosteneinsparung, wie bei Option 1<br>• Reinvestition in den Digital Attacker »TravelTech«, Fokussierung auf Nischensegmente und Einführung unter separater Marke | • Schnelle Rentabilitätssteigerung<br>• Anpassung an den TravelTech-Trend<br>• Risiken ähnlich wie bei Option 1 | Alessandro |
| Option 3: Kosteneindämmung und Digitalisierung<br>• 15 Prozent der Geschäftsstellen schließen<br>• 10 Prozent der Kosten in Front-Office-Funktionsbereichen reduzieren<br>• Digitalisierung aller Front- und Backoffice-Prozesse<br>• Investition in B2B-Sparte auf die Schweiz beschränken | • »Modernisierung«<br>• Risiken<br>– Mangel an künftigen Wachstumschancen (keine Anpassung an neue Trends, Schließung neuer Geschäftsstellen)<br>– Langsame Kostensenkung | Frank |
| Option 4: Langfristige Orientierung und Krisenmanagement<br>• Verkauf einiger handverlesener Anlagegüter, die nicht zum Kernbestand gehören (drei Hotels)<br>• Schließung chronisch unrentabler Reisebüros (5 Prozent)<br>• Digitalisierung interner Prozesse<br>• Weiterer Aufbau der B2B-Sparte<br>• Investition in neue zukunftsweisende Geschäftsmodelle | • Führungsposition bei zukunftsweisenden technologiegestützten Geschäftsmodellen anstreben<br>• Risiken<br>– Insolvenz<br>– Übernahme-Ziel werden | Kosta |

**Abbildung 4.2:** Zusammenfassung der vier strategischen Optionen, die das Topmanagement-Team in Erwägung zog

Was Isabelle Kopfzerbrechen bereitete, war, dass die Entscheidung, welche Strategie sie dem Vorstand empfehlen sollte, letztendlich bei ihr lag. Die vier Optionen waren vollkommen unterschiedlich, aber nach ihrer Einschätzung allesamt einleuchtend und schlüssig.

Sie fragte sich, ob es ihr gelingen würde, die GET-Angehörigen auf eine der vier Optionen einzuschwören. Alle (auch Kosta) schienen bereit zu sein, über ihren eigenen Tellerrand hinauszublicken, weil ihnen das Schicksal der ATG am Herzen lag. Was sie einte, waren die gleiche konstruktive Einstellung und die gleichen Informationen als Entscheidungsgrundlage. Was sie trennte, waren die unterschiedlichen Sichtweisen auf das Problem. Woran lag das?

**Fragen zum Nachdenken**

Was sollte das Topmanagement-Team tun?

Welche Option sollte es wählen?

- Option 1?
- Option 2?
- Option 3?
- Option 4?

Vielleicht möchten Sie Ihre Antwort schriftlich festhalten, bevor wir fortfahren.

# 5 Identifizierung und Überprüfung der Annahmen

**Claudio Feser, Daniella Laureiro-Martinez und Stefano Brusoni**

Die größten Geister sind sowohl der größten Laster als auch der größten Tugenden fähig; auch diejenigen, die langsam gehen, können schneller vorankommen, wenn sie auf dem rechten Weg bleiben, als diejenigen, die in zu großer Eile von ihm abkommen.
*René Descartes, Abhandlung über die Methode*

»Vielen Dank, dass du dir wieder einmal Zeit für mich nimmst, vor allem so kurzfristig. Ich weiß deine Flexibilität zu schätzen«, sagte Isabelle zu Beginn ihres Videocalls zu Eve.

»Gern geschehen«, erwiderte Eve. »Und, wie läuft's bei dir?«

»Zuerst möchte dir sagen, dass sich unsere Gespräche als äußerst hilfreich erwiesen haben. Die Diskussion, wie sich ein Dilemma lösen lässt, hat bei mir dazu beigetragen, den Blick für mehrere und bessere Optionen zu weiten. Und die sieben Heuristiken haben mir die Entscheidung hinsichtlich des Themas erleichtert, über das wir uns beim letzten Mal unterhalten haben.«

»Freut mich zu hören!«, erwiderte Eve.

»Aber jetzt trete ich bei einer anderen Entscheidung auf der Stelle. Ich habe deinen Rat befolgt und dafür gesorgt, dass wir ein echtes Team sind, in dem alle ihren Beitrag leisten, sich gegenseitig respektieren, einander vertrauen und sich sicher fühlen. Offenbar haben wir infolgedessen eine ganze Menge guter, aber unterschiedlicher Optionen entdeckt. Das Problem ist, dass wir die Situation unterschiedlich beurteilen, wie mir scheint, obwohl wir alle Zugriff auf dieselben Fakten haben, und nicht imstande sind, uns auf eine Option zu einigen.«

»Fragst du dich, warum die Angehörigen deines Top-Teams die Informationen so unterschiedlich interpretieren?«

»Ja, genau!«

»Hmm, dann wirf doch einmal einen Blick auf diese Grafik«, sagte Eve und teilte eine Seite auf dem Bildschirm, auf der nichts weiter als ein großes T zu sehen war (Abbildung 5.1). »Der Buchstabe T besteht aus zwei Segmenten, zwei Linien, einer horizontalen und einer vertikalen. Welche Linie ist länger, oder sind beide Linien gleich lang?«

»Ich glaube, die vertikale Linie ist länger«, erwiderte Isabelle, leicht irritiert angesichts der Frage. Sie war nicht in der Stimmung für Ratespiele.

»Tatsächlich? In Wirklichkeit sind beide Segmente gleich lang. Wenn du diese Grafik mehreren Leuten zeigen und ihnen dieselbe Frage stellen würdest, erhältst du unter Umständen unterschiedliche Antworten.«

**Abbildung 5.1:** Das T-Experiment

»Was hat das jetzt mit meinem Problem zu tun?«, erkundigte sich Isabelle ungeduldig.

»Ich erkläre es dir. Diese Abbildung ist das Kernstück eines Experimentes, das in den 1980er Jahren von Neurowissenschaftlern durchgeführt wurde. Sie legten den Buchstaben T einer Reihe von Versuchspersonen vor. Beide Segmente des Buchstabens waren von gleicher Länge. Auf die Frage, ob eines der Segmente länger oder beide gleich lang waren, erhielten sie – wie erwartet – drei verschiedene Antworten. Ziemlich unerwartet, aber aufschlussreich war, dass die Antworten von der persönlichen Biografie der Versuchspersonen abhingen. Diejenigen, die in einer weitläufigen Flachlandregion lebten oder aufgewachsen waren, zum Beispiel in den Niederlanden, neigten dazu, das horizontale Segment als das längere einzuschätzen, während diejenigen, die in einer Bergregion lebten oder aufgewachsen waren, beispielsweise in der Schweiz, das vertikale Segment für länger hielten. Sie waren darauf programmiert, in Begriffen wie oben und unten zu denken, eine Wahrnehmungsverzerrung. Nur wenige Teilnehmende stellten fest, dass beide Segmente gleich lang waren (Hayward und Varela, 1992).

»Willst du damit sagen, dass die persönliche Biografie eines Menschen Einfluss darauf hat, wie er Informationen verarbeitet und deutet?«

»Ja, genau. Unsere Biografie, unsere Lebensgeschichte, unsere bisherigen Erfahrungen prägen die Art und Weise, wie wir die Realität erleben. Unsere bisherigen Erfahrungen wirken sich auf unsere Wahrnehmung und unsere Interpretation der Fakten aus. Das ist so, als würden wir eine Brille tragen, durch die wir die Welt betrachten.«

»Hmm … ich verstehe«, sagte Isabelle und dachte an ihr persönliches Unsicherheitsgefühl in Bezug auf einige der vorgeschlagenen strategischen Optionen für die ATG; möglicherweise betrachtete sie die Gesamtsituation ausschließlich aus der Perspektive ihrer bisherigen Erfahrungen mit Akquisitionen und PE-Firmen, die im Aufsichtsrat vertreten waren.

> Jeder Mensch verfügt über eine einzigartige genetische Disposition und ein einzigartiges Erfahrungsspektrum, die prägenden Einfluss auf den Informationsverarbeitungsprozess haben.

»Wichtig ist, sich klarzumachen, dass wir diese Brille nicht einfach ablegen können«, fuhr Eve fort. »Oft ist uns nicht einmal bewusst, dass wir die Realität durch sie betrachten. Anders ausgedrückt: Der Prozess der Interpretation und selektiven Wahrnehmung von Informationen findet weitgehend auf der unbewussten Ebene statt.«

»Unbewusst?«

»Richtig. Ist dir der Begriff *Biases* bekannt?«

»Ja. Ich habe mir letztes Jahr im Flughafen ein paar Bücher zu dem Thema gekauft. Dabei geht es um unbewusste Verzerrungen oder Fehleinschätzungen beim Wahrnehmen, Denken, Erinnern und Urteilen, soweit ich mich erinnere. Interessantes Thema«, erwiderte Isabelle.

»Es gibt ganze Berge von Literatur über Biases oder kognitive Verzerrungen (Tversky und Kahneman, 1974; Kahneman und Tversky, 2000; Kahneman, 2002; Gilovich et al., 2002; Thaler und Sunstein, 2008; Kahneman, 2012; Schirrmeister, Göhring und Warnke, 2020), auf die wir aber nicht näher eingehen müssen. Ich möchte nur einen Punkt erwähnen: Viele kognitive Verzerrungen leiten sich aus Erfahrungen her, die fälschlicherweise eine Assoziation mit Ursache-Wirkungs-Beziehungen erzeugt haben. Ein Beispiel: Wenn du während deiner beruflichen Laufbahn eine oder mehrere feindliche Übernahmen erlebt hast, die schlecht ausgingen – sagen wir, du hast deinen Job verloren, oder dir nahestehende Personen wurden arbeitslos –, bist du eher geneigt, alle weiteren Übernahmeangebote als potenziell negativ einzustufen und nur die Bedrohungen und nicht die damit verbundenen Chancen zu sehen. Dein Gehirn sagt: ›Oh nein, schlecht! Übernahme bedeutet Ärger‹, und deshalb ziehst du wahrscheinlich negative Schlussfolgerungen.«

»Ich verstehe.« Isabelle nickte.

»Kognitive Verzerrungen werden oft als etwas Negatives beschrieben, als eine Neigung, die zu schlechten Entscheidungen führt. Doch das ist eine einseitige Betrachtungsweise. Legt man die Brillen-Analogie zugrunde, ermöglichen sie uns auch, Muster zu erkennen, eine Situation zu erfassen und schneller zu handeln, wenn wir eine Entscheidung treffen müssen. Sie grundlegend als negativ zu betrachten wäre genauso, als würde man Erfahrungen grundlegend als nutzlos einstufen. Doch das genaue

Gegenteil ist der Fall: Kognitive Verzerrungen können uns helfen, in Alltagssituationen effizient und zeitnah Entscheidungen zu treffen.

Das Problem ist, dass sie manchmal irreführend sein können, das heißt, dass wir Muster sehen, die in Wirklichkeit nicht vorhanden sind. Das ist der Fall, wenn wir mit neuartigen Situationen konfrontiert werden, also mit einem Dilemma, mit dem wir bisher noch keine Erfahrungen gemacht haben. Dazu kommt, dass sie auch bei einem Dilemma, mit dem wir vertraut sind, unser Denken begrenzen, den Optionsraum einengen und uns auf die alten, ausgetretenen Lösungspfade beschränken. Da zu jedem Team Menschen mit unterschiedlichen Erfahrungen gehören, kommen oft völlig unterschiedliche kognitive Verzerrungen oder Annahmen zum Tragen. Das könnte erklären, warum deine Teamangehörigen nicht zu einer übereinstimmenden Sichtweise auf die Situation gelangen.«

**Warum das Gehirn kognitive Verzerrungen erzeugt und warum sie (meistens) nützlich sind**

Um das Konzept der *Biases* oder kognitiven Verzerrungen besser zu verstehen, müssen wir uns zuerst mit dem Gehirn befassen. Dieser kleine Umweg trägt dazu bei, uns mit den kognitiven und biologischen Grundlagen des Exploit-Explore-Optimierungsprozesses vertraut zu machen. Die Neurowissenschaften sind imstande, zu erklären, wie die Brille entsteht, durch die wir die Welt betrachten, und warum uns nicht bewusst ist, dass wir sie tragen. Diese »Brille« besteht aus fest verankerten, langlebigen Denkmustern, die unsere neuronalen Informationsverarbeitungsmechanismen und unser repetitives Verhalten prägen, im Klartext, unsere Gewohnheiten.

Unser Umweg beginnt mit einer Einführung in den Aufbau und die Funktionen des menschlichen Gehirns. Das Gehirn ist das Kernelement unseres zentralen Nervensystems. Es steuert und reguliert die Aktionen und Reaktionen des Körpers und bildet das Zentrum unserer Gedanken und Gefühle. Mit einem Gewicht von rund 1,5 Kilogramm repräsentiert es ungefähr zwei Prozent des Körpergewichts. Es verbraucht gleichwohl zwanzig Prozent der im Körper gespeicherten Glukose, ein natürlich vorkommendes Kohlenhydrat und unser wichtigster Energielieferant (Raichle und Gusnard, 2002). Seine Struktur gleicht der Hirnstruktur anderer Wirbeltiere, aber es ist dreimal größer als das Gehirn eines typischen Säugetiers von vergleichbarem Körperumfang. Im Vergleich zum Körperumfang oder Gewicht haben wir Menschen den größten zerebralen Cortex, der die »Umhüllung« oder Außenfläche des Gehirns bildet und reich an Nervenzellen ist.

Abbildung 5.2 stellt einen Querschnitt des menschlichen Gehirns dar. Das Gehirn besteht aus verschiedenen Arealen, die ganz spezifische Aufgaben verrichten. Das wird offenkundig, wenn Neurowissenschaftler*innen bildgebende Technologien einsetzen, um Aufschluss über die Intensität der Aktivitäten in den verschiedenen Bereichen des Gehirns zu gewinnen, zum Beispiel bei körperlicher oder geistiger Arbeit oder wenn Hirnfunktionen im Rahmen eines Experiments gestört oder von Natur aus beeinträchtigt sind (Feser, 2011).

Beginnen wir mit dem inneren Teil, dem Hirnstamm, der sich am hinteren, unteren Abschnitt des Gehirns befindet. Er ist für verschiedene sensorische Funktionen zuständig, zum Beispiel sehen, hören, riechen und die Balance, und steuert überlebenswichtige Funktionen, wie Körpertemperatur, Herzfrequenz, Blutdruck und Atmung. Darüber hinaus reguliert er angeborene Reflexe wie Husten oder Niesen. Der Hirnstamm ist von zentraler Bedeutung. Er hält den Körper im Gleichgewicht. Eine schwerwiegende Schädigung des Hirnstamms führt gewöhnlich zum Tod.

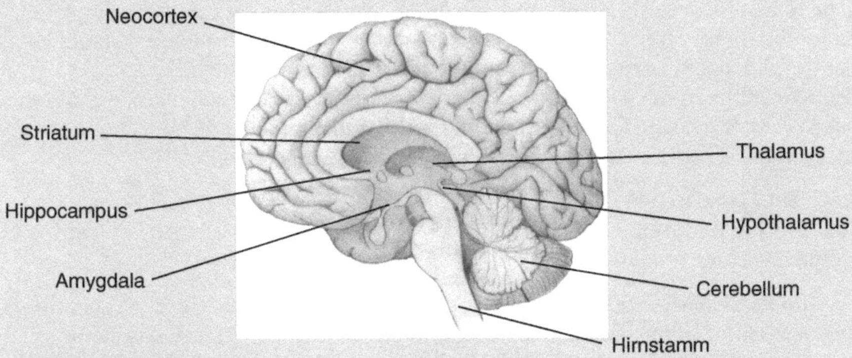


**Abbildung 5.2:** Das menschliche Gehirn *Quelle:* Adaptiert von Feser (2011)

Ein weiterer für das Gleichgewicht unerlässlicher Bereich ist das Cerebellum oder Kleinhirn, das an den Hirnstamm grenzt. Es steuert das Gleichgewicht und die Koordination von Bewegungsabläufen des menschlichen Körpers, sodass sie fließend, koordiniert und effektiv erfolgen. Bei einer Verletzung des Kleinhirns werden sie ungeschickt und unkontrolliert, in der medizinischen Fachsprache Ataxie genannt. Weiter oben auf der Vorderseite des Gehirns (dorsal und anterior) sind Thalamus und Hypothalamus verortet. Der Thalamus ist mit einer Relaisstation vergleichbar. Hier werden sensorische Informationen gesammelt, gefiltert und verschaltet, sprich an die spezifischen Hirnregionen und danach in die entsprechenden Bereiche des Körpers weitergeleitet. Der Hypothalamus ist für die Homöostase zuständig. Er sorgt dafür, dass sich alle Systeme im Gleichgewicht befinden und der Körper imstande ist, angemessen zu funktionieren.

Die Homöostase entsteht durch Prozesse, die überwiegend unbewusst ablaufen, wie die meisten Aktivitäten, die von den Hirnarealen im hinteren (posterior) und unteren Bereich des Gehirns gesteuert werden – Hirnstamm, Cerebellum, Thalamus und Hypothalamus. Wir denken nicht bewusst, dass es besser wäre, jetzt zu husten oder zu blinzeln. Unser Gehirn nimmt uns diese Aufgabe ab, oftmals unbemerkt. Einer Theorie zufolge sollen diese Hirnareale im Verlauf unserer Evolution zuerst entstanden sind. Wenn wir das menschliche Gehirn mit dem anderer Wirbeltiere vergleichen – Fische, Amphibien, Reptilien, Vögel oder Säugetiere –, entdecken wir interessanterweise auffallende Ähnlichkeiten im hinteren und unteren Bereich der artspezifischen Gehirne.

Wenn wir unseren Rundgang fortsetzen, gelangen wir zum vorderen (anterior) und oberen (dorsal) Hirnareal. Hier werden die Aktivitäten des Gehirns allmählich komplexer, bewusster und willentlich beeinflussbarer. Der erste Bereich, dem wir uns gegenübersehen, ist das limbische System, das die Amygdala und den

Hippocampus einschließt. Die Amygdala, auch Mandelkern genannt, ist das Emotionsverarbeitungszentrum und derjenige Teil des Gehirns, der instinktiv auf Situationen reagiert – gleich ob bedrohliche, gefährliche oder erfreuliche – und die damit verbundenen Gefühle auslöst. Da Emotionen eine wichtige Rolle bei der Entstehung von Erinnerungen spielen, arbeitet die Amygdala eng mit dem Hippocampus zusammen, dem Gedächtniszentrum des Gehirns. Er stellt eine Art Zwischenspeicher für Informationen und Fakten dar und ist am Aufbau und Erhalt des Langzeitgedächtnisses beteiligt. Interessant ist, dass unser limbisches System weitgehend instinktiv funktioniert und sich im Verlauf des Lebens nur geringfügig verändert oder reift. Wenn es stimuliert wird – wenn wir zum Beispiel das Gefühl einer unmittelbaren körperlichen Bedrohung haben–, setzt es die gleichen Schutzreaktionen in Gang wie bei einem zweijährigen Kind, auch dann, wenn wir längst erwachsen sind (Bolte Taylor, 2008). Diese instinktgesteuerte Reaktion reift nicht, wohl aber die Fähigkeit, unsere Emotionen zu regulieren.

Auch bei Erwachsenen erzeugt die Amygdala, sobald etwas Unerwartetes geschieht, eine starke emotionale Reaktion. Wir haben jedoch gelernt, uns nicht von Gefühlen steuern zu lassen.

Das limbische System umfasst noch einen weiteren Bereich, der für den exekutiven Teil des Gehirns von elementarer Bedeutung ist: das Striatum, auch »Streifenkörper« genannt. Es befindet sich oberhalb des Hippocampus und spielt eine wichtige Rolle bei der Planung und Ausführung von Bewegungen. Außerdem wird ihm eine aktive Mitwirkung bei der Verankerung habitueller Verhaltensweisen zugeschrieben, das heißt bei der Entwicklung von Gewohnheiten, Fähigkeiten und Fertigkeiten, den sogenannten Skills. Darüber hinaus reagiert es allem Anschein nach stark auf Belohnungen und Strafen (Rock und Schwartz, 2006; Linden, 2008) und ist, da es eng mit den höheren Funktionen des Gehirns zusammenarbeitet, auch an einer Vielzahl komplexer und bewusster kognitiver Prozesse beteiligt. Da wir die Struktur dieser Funktionseinheit des Gehirns – im Allgemeinen als limbisches System beschrieben – mit anderen Tieren teilen, vor allem den Säugetieren, wird sie umgangssprachlich oft als »Säugetiergehirn« bezeichnet. Hundehalter*innen behaupten oft, dass ihre geliebten Vierbeiner imstande sind, die Gefühlslage ihres Herrchens oder Frauchens zu spüren. Das könnte durchaus so sein.

Zum Schluss kommen wir zur Großhirnrinde, dem zerebralen Cortex. Er ist aus evolutionärer Sicht der jüngste und am weitesten entwickelte Bereich des Gehirns. Er besteht aus einem rechten und einem linken Teil, den sogenannten Hemisphären. Die Denkaktivitäten im Neocortex, der den größten Teil der Großhirnrinde bildet, laufen weitgehend bewusst ab. Er ist an Denkprozessen beteiligt, die Aufmerksamkeitskontrolle, Achtsamkeit und Reflexion erfordern (Feser, 2011). Immer wenn wir über unsere eigenen Gedanken oder Denkvorgänge nachdenken, ist der Neocortex einbezogen (Abbildung 5.3).

Vielleicht fragen Sie sich jetzt: Wie hängt das alles mit der Entscheidungsfindung zusammen?

Wir wissen, dass zwei Hirnregionen besonders aktiv am Entscheidungsfindungsprozess und an der Regulierung von exploitativen und explorativen Aktivitäten beteiligt sind (Laureiro-Martinez et al., 2010). Die erste Region ist das

**Abbildung 5.3:** Das Zusammenwirken der drei »Hirnschichten«

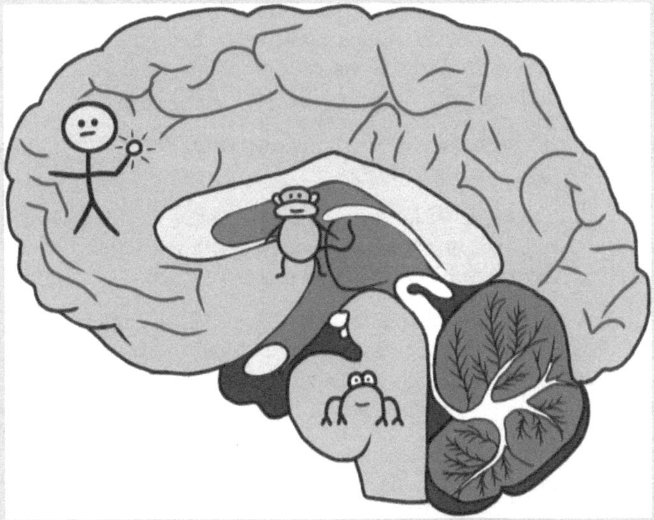

Säugetiergehirn, zu dem das limbische System und das Striatum gehören. Wie bereits erwähnt, ist es für die Verarbeitung von Emotionen, die Bewertung von Belohnungen und die Speicherung von Erinnerungen und Gewohnheiten zuständig. Der Denkprozess im limbischen System läuft überwiegend automatisiert, unbewusst und mühelos ab. Er wird am häufigsten bei der Ausführung exploitativer Tätigkeiten aktiviert, bei denen die Optimierung oder der effiziente Einsatz vorhandener Ressourcen im Mittelpunkt stehen (Laureiro-Martinez, 2014).

Die zweite Hirnregion ist der Neocortex, der in der Regel bei explorativen Tätigkeiten aktiver ist (Laureiro-Martinez et al., 2015). In diesem stammesgeschichtlich jüngsten Teil der Großhirnrinde ist das Aufmerksamkeitskontrollzentrum des Gehirns lokalisiert, das für die Planung, Entstehung von Ideen und Strategieentwicklung zuständig ist. Der Neocortex beherbergt das Bewusstsein und koordiniert vegetative, affektive und geistige Funktionen, eine mühevolle Arbeit, die zu einer sogenannten Fatigue, einer körperlichen, seelischen und kognitiven Erschöpfung führen kann. Versuchen Sie einmal, 417 durch 23 zu teilen (ohne Taschenrechner), und Sie werden schnell merken, wie anstrengend das ist.

Langfristige Denkanstrengungen im Neocortex sind aufreibend. Die meisten bisherigen Versuche, das Phänomen der kognitiven Erschöpfung besser zu verstehen, haben sich auf die Auswirkung von Hirnaktivitäten auf den Energiehaushalt konzentriert. Sie gingen davon aus, dass die Denkprozesse im Neocortex dafür verantwortlich sind, weil sie den Glukoseverbrauch des Gehirns ankurbeln. Neuere Forschungen deuten jedoch darauf hin, dass kognitive Erschöpfung auf eine Ansammlung von Glutamat im Gehirn zurückzuführen sein könnte (Wiehler et al., 2022). Glutamat ist ein exzitatorischer, sprich stimulierender Neurotransmitter, der an Lernvorgängen und an der Gedächtnisbildung beteiligt ist. Mit anderen Worten: Langanhaltende Denkprozesse im Neocortex haben chemische Veränderungen im Gehirn zur Folge, die sich als kognitive Erschöpfung manifestieren. Kein Wunder, da wir jeden Tag etwas Neues dazulernen!

Bei exploitativen Aktivitäten übernimmt also das »Säugetiersystem« die Führung. Die Denkprozesse laufen mühelos und weitgehend unbewusst ab. Bei explorativen Aktivitäten übernimmt der Neocortex die Führung. Und das hat den Zustand kognitiver Erschöpfung zur Folge.

Was uns interessiert, ist vor allem die Interaktion zwischen den beiden Systemen. Hier spielt die Musik, sozusagen.

Wenn wir eine Entscheidung zwischen zwei oder mehr Optionen treffen müssen, das heißt, wenn wir uns einem Dilemma gegenübersehen, arbeiten »Säugetiersystem« und Neocortex Hand in Hand, um es zu lösen.

Wie diese Kooperation abläuft, wenn unser Gehirn mit einer Herausforderung konfrontiert wird, lässt sich an unserem Urlaubsbeispiel und der Frage veranschaulichen, wohin die Reise gehen soll, zumal die Schwiegereltern, die an allem etwas auszusetzen haben, unsere Protagonistin und deren Familie begleiten werden.

Zunächst aktiviert ein Dilemma das »Säugetiersystem«. Während dieses ersten Schritts erzeugt das limbische System eine emotionale Reaktion, die besagt: »Hallo, pass auf! Das hier ist wichtig!« Solche Signale schließen Gefühle wie Freude, Liebe, Traurigkeit, Wut oder Angst ein (Linden, 2008). Im Anschluss an die Aktivierung des limbischen Systems erfolgt der zweite Schritt: Jetzt beginnt das Gehirn darüber nachzudenken, wie es die Situation angehen und welche Optionen oder Strategien es entwickeln könnte, um die Herausforderungen zu bewältigen. Dabei wird der Neocortex einbezogen, der die Suche nach einer Lösung des Dilemmas vorantreibt. Der Prozess lässt sich in gewisser Hinsicht mit der Entstehung von Variationen bei biologischen Organismen vergleichen, wobei der Neocortex Ideen für alternative Vorgehensweisen liefert, potenzielle Strategien plant und testet. Dieser Prozess schließt prüfendes und vergleichendes Nachdenken ein, das sogenannte reflexive Denken, das vor allem den vorderen Bereich des Cortex, den präfrontalen Cortex (PFC), aktiviert (Bachara, 2005).

Dieser Prozess, den der präfrontale Cortex in Gang setzt, erfordert ein hohes Maß an Aufmerksamkeit und Konzentration, was wiederum zu kognitiver Erschöpfung führt. Erschwerend hinzu kommt, dass der präfrontale Cortex nur eine begrenzte Menge an Informationen aufnehmen und nur eine begrenzte Menge der kognitiven Last bewältigen kann. Deshalb besteht der dritte Schritt unseres Gehirns darin, die Vorgehensweisen auszuwählen, die sich bisher bewährt haben, und diejenigen auszusortieren, die untauglich waren, um sich auf die erfolgreichen Optionen zu fokussieren und sie an die aktuelle Situation anzupassen.

Nützliche Informationen, das heißt explorative Aktivitäten, die von Erfolg gekrönt waren, werden eingeprägt, gespeichert und in unserem »Laufwerk C« abgelegt, dem automatischen limbischen System. Emotionen spielen eine wichtige Rolle bei der Erfassung und Aufzeichnung dieser Informationen. Sie erinnern sich vielleicht noch nach Jahrzehnten bis in alle Einzelheiten an einen bestimmten Tag oder an ein Ereignis, das mit positiven oder negativen Gefühlen aufgeladen war. Solche Ereignisse können Sie persönlich betreffen, zum Beispiel die Nachricht, dass Sie eine Auszeichnung erhalten oder eine Verwandte gestorben ist, oder mit einer kollektiven traumatischen Erfahrung einhergehen, wie die Terroranschläge am 11. September. Möglicherweise können Sie sich aber nicht mehr daran erinnern, wie der Tag davor oder danach verlaufen ist. Ereignisse und Erfahrungen, die mit starken emotionalen Empfindungen verbunden sind, prägen sich besonders tief ins Gedächtnis ein. An diesem Prozess ist auch das Striatum beteiligt. Ihm wird zugeschrieben, dass es Aktivitäten und Vorgehensweisen steuert, die zur Gewohnheit geworden sind und daher ohne besonderen Energieaufwand oder Mühe ausgeführt werden, »ohne groß nachzudenken« sozusagen (Rock und Schwartz, 2006; Linden, 2008).

Ein Beispiel: Angenommen, Sie leben in einem kleinen Dorf und haben nach Feierabend keine Möglichkeit mehr, mit öffentlichen Verkehrsmitteln in die nächstgelegene Stadt zu gelangen. In Ihrem Freundeskreis haben die meisten einen Führerschein, Sie aber nicht. Sie sind frustriert, weil alle nach der Arbeit ausgehen und mit dem Auto in die Stadt fahren können. Ihr Gehirn prägt sich den Vorgang ein. Das ist der erste Schritt. Sie beschließen, Ihren Führerschein zu machen, und melden sich zu den Fahrstunden an. In der ersten Fahrstunde sind Sie vollauf damit beschäftigt, sich die Reihenfolge der Aktivitäten zu merken, die Sie vor dem Start beachten müssen – anschnallen, überprüfen, ob die Sicht frei ist, Kupplung durchdrücken und Leerlauf einlegen, Motor anlassen und so weiter, ganz zu schweigen vom Anfahrvorgang an sich. Das alles erfordert ein hohes Maß an Aufmerksamkeit und Konzentration, umso größer ist aber auch die Freude, wenn Sie sich alles gemerkt und richtig ausgeführt haben! Das ist der zweite Schritt. Nachdem Sie die Fahrprüfung bestanden und diesen Vorgang tausendmal abgerufen haben, wird das Fahren zur Routine; das ist Schritt drei. Alle Aktivitäten scheinen in der richtigen Reihenfolge abzulaufen, wie von selbst, ohne groß darüber nachzudenken. Jetzt können Sie an jeden beliebigen Ort fahren, ohne lange zu überlegen, wie das geht. Die einzelnen Schritte sind in Ihrem automatischen Gedächtnis abgespeichert.

Dieser aus drei Schritten bestehende Prozess oder »gedächtnisrelevante Schaltkreis« führt zur Entstehung neuer Routineaktivitäten. Gewohnheiten, Skills oder Kompetenzen lassen sich allesamt den exploitativen Routineaktivitäten zuordnen. Sie können ohne große kognitive Anstrengung durchgeführt werden. Sie sind auf die Bemühungen des Gehirns zurückzuführen, Energie zu sparen. »Du hast lange und eingehend darüber nachgedacht, du hast diese Strategien erprobt und für gut befunden; wozu also zusätzliche Energie darauf verschwenden, weiterhin über sie nachzudenken?«, sagt unser Gehirn. Also lassen wir es, und damit laufen die Routineaktivitäten weitgehend auf der unbewussten Ebene ab. Anders ausgedrückt: Die Exploitationsstrategien, die wir in der Gegenwart umsetzen, sind Explorationsstrategien, die wir in der Vergangenheit erprobt und für gut befunden haben. Sie sind als Erfolgsmodell im limbischen System abgespeichert, damit der Neocortex die kognitive Energie auf neue Dilemmata fokussieren kann. Wir schalten sozusagen auf »Autopilot«. Das erklärt zum Teil, warum wir dazu neigen, an Gewohnheiten festzuhalten, und eine Abneigung gegen Veränderungen haben.

Dieser dreistufige Prozess, der »gedächtnisrelevante Schaltkreis«, der dazu beiträgt, kognitive Energie freizusetzen und auf neuartige Probleme zu fokussieren, ist auch für die Entstehung kognitiver Verzerrungen verantwortlich, die auf Erfahrungen basieren. Wir werden rund um die Uhr mit Millionen von Informationsbrocken überschüttet. Wir können nicht alle verarbeiten, auswerten, integrieren und für die Entscheidungsfindung nutzen, weil die mentale Kapazität des Menschen begrenzt ist (Newell und Simon, 1972). Um die Komplexität des Prozesses zu verringern, entwickeln wir kognitive Verzerrungen als Strategie. Kognitive Verzerrungen oder

Biases – bisweilen auch als verallgemeinerndes Urteil oder stereotype Bilder bezeichnet – sind vor allem deshalb so effizient, weil sie kognitive Vereinfachungsmechanismen oder mentale Abkürzungen darstellen. Im Verlauf unseres Lebens entwickelt das Gehirn auf der Grundlage unserer Erfahrungen ständig neue Abkürzungen.

Obwohl sie eine effiziente und schnelle Entscheidungsfindung in vertrauten Situationen ermöglichen, können kognitive Verzerrungen in neuartigen, unbekannten Situationen zu systematischen Denk- und Wahrnehmungsfehlern (Brille) und schlechten Entscheidungen führen.

»Ja, aber wie kann ich mir diese kognitiven Verzerrungen, da sie ja weitgehend unbewusst sind, bewusst machen, um die Fehlermechanismen auszuschalten, die exploitativen Strategien und potenziell schädlichen Annahmen Vorschub leisten?«, fragte Isabelle.

»In meiner Habilitationsschrift habe ich einen Ansatz entwickelt, um die Neigung des Gehirns, zu erfahrungsbasierten kognitiven Verzerrungen zu greifen, schrittweise zu überwinden. Er ist auch im Vorfeld von Entscheidungen unter Unsicherheit hilfreich«, erwiderte Eve.

»Der erste Schritt, der beim Problem beginnt, ist die *Identifizierung des Exploit-Explore-Dilemmas*. Soll ich auf dem alten Pfad bleiben oder neue Wege gehen?

Der zweite Schritt ist die *Erweiterung des Optionsraums innerhalb des Exploit-Explore-Kontinuums*. Neuere Forschungen zur Optimierung exploitativer und explorativer Aktivitäten deuten darauf hin, dass wir der Neigung des Gehirns zu exploitativem Verhalten – das heißt, auf Erfahrungen und kognitive Verzerrungen aufzubauen – entgegenwirken können, indem wir in Optionen denken und das jeweilige Ausmaß an Unsicherheit (relative Unsicherheit) in die Wahl einbeziehen. Bei relativer Unsicherheit wird sie allem Anschein nach durch einen ›Unsicherheitsbonus‹ reguliert, sofern die Erkundung neuartiger Handlungsalternativen mit dem Gewinn von Erkenntnissen verbunden ist, die in Zukunft exploitativ, als Ressource, genutzt werden können (Gershman und Tzovaras, 2018; Tomov et al., 2020; Cockburn et al., 2012).«

Wir können der Neigung des Gehirns zu exploitativem Verhalten – das heißt, auf Erfahrungen und kognitiven Verzerrungen aufzubauen – entgegenwirken, wenn wir in Optionen denken.

»Das klingt ziemlich abstrakt. Was bedeutet das jetzt genau?«, hakte Isabelle nach, die ein wenig verwirrt schien.

»Zusammenfassend könnte man sagen, dass die Fähigkeit, in Optionen zu denken, das rationale Denken und die Erschließung neuer, kreativer Räume fördert«, erwiderte Eve.

»Studien haben gezeigt: Wenn wir bei der Wahl der Optionen das unterschiedliche Ausmaß an Unsicherheit mitdenken, das heißt, sie innerhalb des Exploit-Explore-Kontinuums unterschiedlich gewichten, können wir den Unsicherheitsbonus als Hebel nutzen und der natürlichen Neigung des Gehirns zu exploitativen Aktivitäten entgegenwirken. Kognitive Verzerrungen sind weniger wirkmächtig, wenn wir in Optionen denken. Wir werden rationaler.«

»Wenn wir viele Optionen entwickeln, werden wir also rationaler und fallen seltener den erfahrungsgeleiteten kognitiven Verzerrungen zum Opfer?«

»Genau. Die Erweiterung des Optionsraums ist ein bekannter Ansatz, um Entscheidungen unter Unsicherheit von kognitiven Verzerrungen zu befreien (Heath und Heath, 2013). Ich habe eine eigene Facette hinzugefügt, nämlich die Erweiterung des Optionsraums mit Blick auf das unterschiedliche Ausmaß an Unsicherheit oder, anders ausgedrückt, mit unterschiedlicher Gewichtung innerhalb des Exploit-Explore-Kontinuums.«

Die Erklärung stimmte Isabelle nachdenklich. Sie stellte fest, dass Marco und sie bei der Diskussion, ob sich die ATG von Alessandro trennen sollte, genau das getan hatten: Sie hatten vier Optionen im Exploit-Explore-Kontinuum entwickelt.

»Wichtig ist auch, um an unser vorheriges Gespräch anzuknüpfen, dass Teams bei der Erweiterung des Optionsraums besonders effektiv sind«, sagte Eve und präsentierte eine weitere Grafikvorlage auf dem Bildschirm (Abbildung 5.4).

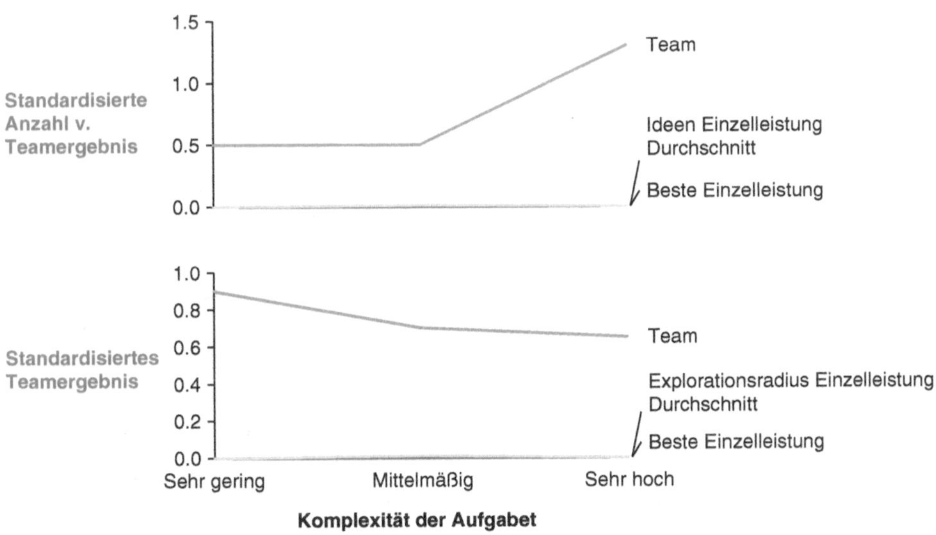


**Abbildung 5.4:** Das Geheimnis der Gruppen: mehr Ideen, breiterer Lösungsraum *Quelle:* Adaptiert aus Almaatouq et al. (2021)

»Das Geheimnis von Teams besteht darin, dass sie einen breiteren Lösungsraum in den Blick nehmen und mehr Optionen entwickeln. In Optionen innerhalb des Exploit-Explore-Kontinuums zu denken ermöglicht uns darüber hinaus, systematisch die Annahmen unter die Lupe zu nehmen, die jeder dieser Optionen zugrunde liegen, das heißt, die Annahmen für die sieben Heuristiken zu durchleuchten, die Einfluss auf die Gewichtung der Exploit-Explore-Strategien haben.«

»Und was heißt das in der Praxis?«

»Nun, wenn Teamangehörige eine Option vorschlagen, könntest du zum Beispiel fragen: ›Warum ist diese Option nach Ihrer Ansicht erfolgversprechend?‹ Und das führt zum dritten Schritt.«

»Ein dritter Schritt?«

»Ja. Der dritte Schritt ist die *Identifizierung der unbewussten Annahmen für jede Option der sieben Exploit-Explore-Heuristiken*. Du würdest deine Teamangehörigem also fragen: ›Warum ist diese Option nach Ihrer Ansicht erfolgversprechend? Welche Ziele ließen sich nach Ihrer Einschätzung damit erreichen? Welche Chancen wären damit verbunden? Wie könnte die Konkurrenz reagieren? Warum gehen Sie davon aus, dass diese Option unserer Kultur, unseren Kompetenzen und unserem kognitiven Zustand entspricht?‹ Es ist wichtig, sich daran zu erinnern, dass wir die sieben Heuristiken nicht für jede Option identifizieren müssen. Einige Optionen werden beispielsweise von Zielen, Chancen und Kompetenzen getrieben, dann reicht es, die Aufmerksamkeit auf diese drei zu konzentrieren. Wenn Ziele, Chancen und Werte Vorrang haben, werden sie in den Fokus gerückt. Einige Optionen folgen anderen Heuristiken. Die sieben Heuristiken können als Checkliste dienen, um die eigenen Annahmen oder die Annahmen von Teamangehörigen zu identifizieren und einzuordnen.«

»Und was heißt das in der Praxis? Kannst du mir ein Beispiel nennen?«

»Gerne. Angenommen, du bist CEO eines Energiekonzerns und musst entscheiden, ob du in ein Ölfeld oder alternativ in einen Windparkt investieren sollst. Jack, Mitglied in deinem Topmanagement-Team, befürwortet die erste Option. Sie könnte von drei Annahmen getrieben sein: erstens, dass die Gewinnmaximierung das Ziel ist; zweitens, dass eine konkrete Investitionschance besteht; und drittens, dass das Unternehmen über die Kompetenz verfügt, die Lagerstätte zu erschließen. Anna, ebenfalls Angehörige deines Führungsteams, ist zu der Ansicht gelangt, das Unternehmen sollte in einen Windpark investieren. Ihre Schlussfolgerung könnte auf der Annahme basieren, dass sich die Chance bietet, in einen Windpark zu investieren, und es für das Unternehmen wichtig ist (Werte), mit der Förderung nachhaltiger, erneuerbarer Energien ein Zeichen zu setzen.«

»Okay, alles klar«, erwiderte Isabelle.

»Welche Annahmen die Optionen auch immer treiben, es ist wichtig, sie schriftlich festzuhalten. Die Dokumentation der Hypothesen oder Annahmen, die mit den sieben Exploit-Explore-Heuristiken verbunden sind, trägt zur Klärung bei. Und sie sorgt für eine Entpersonalisierung.«

»Eine Entpersonalisierung der Annahmen?«

> Welche Annahmen die Optionen auch immer treiben, es ist wichtig, sie schriftlich festzuhalten. Die Dokumentation sorgt für ihre Entpersonalisierung.

»Richtig. Wenn wir im Team an einer Lösung arbeiten, haben wir manchmal das Bedürfnis, die von uns bevorzugte Option in endlosen Diskussionen zu verteidigen, als gelte es, eine persönliche Niederlage zu verhindern. Wenn wir unsere Schlussfolgerungen jedoch auf Argumenten aufbauen – Hypothesen oder Annahmen – und sie schriftlich dokumentieren, trennen wir sie von der Person, die sie aufgestellt hat. So lassen sie sich überprüfen und die Schlussfolgerungen revidieren, falls sie sich als falsch erweisen, aber sie wirken sich nicht negativ auf die Person aus, von der sie stammen. Es heißt dann nicht ›Ich habe mich geirrt‹, sondern ›Die Schlussfolgerung war falsch.‹«

»Das leuchtet mir ein. Wir müssen also nur die Annahmen oder Gründe, die für eine Option sprechen, schriftlich dokumentieren und danach die sieben Heuristiken zur Optimierung der Exploit-Explore-Balance als Checkliste nutzen, um unsere unbewussten Annahmen zu identifizieren und unsere Gedanken zu strukturieren?«

»Genau. Meistens genügt es, die logischen Gründe für eine Option schriftlich festzuhalten, um unbewusste Annahmen aufzudecken. Doch das ist nicht immer der Fall. Bisweilen reicht nicht einmal die Dokumentation als Rechtfertigung aus. Das liegt daran, dass es möglicherweise noch einige Annahmen gibt, die nicht zur Sprache gekommen sind. Es gibt noch zwei weitere Möglichkeiten, sie ausnahmslos zum Ausdruck zu bringen. Die erste ist die kritische Argumentation, das heißt, wir müssen überprüfen, ob ein Argument wirklich valide ist oder nicht. Es ist valide oder gültig, wenn die vorgeschlagene Option eine logische Schlussfolgerung der Annahmen oder Prämissen ist. Dann sind keine weiteren verborgenen Annahmen mehr im Spiel. Ist das Argument nicht valide, empfiehlt es sich, sorgfältig zu überlegen, welche Annahmen möglicherweise hinzugefügt werden sollten, damit es auch schlüssig ist. Dass noch einige im Verborgenen geblieben sein könnten, lässt sich daran erkennen, dass sich die vorgeschlagenen Optionen nur teilweise aus den Annahmen oder Prämissen ableiten lassen. Oder, im Fall eines Fehlschlusses, wenn kein logischer Zusammenhang zwischen den Argumenten, das heißt zwischen den Annahmen und den Schlussfolgerungen, sprich der Option, besteht (Toulmin, 2003).«

»Okay, sobald die Annahmen voll sichtbar sind, können wir uns also fragen, ob die Schlussfolgerung logisch ist und auf rationalen Überlegungen der Person beruht, von der die vorgeschlagene Option stammt, richtig?«

»Genau«, erwiderte Eve. »Es gibt noch einen zweiten Ansatz, nämlich die hartnäckige Frage: ›Warum? Ja, aber warum? Ja, aber warum?‹ Wiederholt nachzufragen, warum eine Schlussfolgerung Hand und Fuß hat, kann dazu beitragen, zusätzliche oder fehlende Annahmen aufzudecken.«

»Gut. Ich nehme an, der nächste Schritt ist die Überprüfung der Annahmen, oder?«

»Genau. Der vierte Schritt besteht in der *Überprüfung der Annahmen*. Sobald sie offengelegt sind, können wir evidenzbasierte Nachweise und Fakten sammeln, um herauszufinden, ob eine Annahme richtig oder falsch ist. Das kostet Zeit. Doch zum Glück müssen nicht alle Annahmen auf den Prüfstand. Einige sind bereits begründet und weithin akzeptiert, zum Beispiel, dass ein großer Markt mehr Potenzial bietet als ein kleiner. Einige Annahmen sind irrelevant, das heißt, selbst wenn sie falsch sein sollten, haben sie keinen wesentlichen Einfluss auf die Schlussfolgerung. Wir können sie getrost ignorieren. Außerdem können wir die Annahmen für die Überprüfung priorisieren. Diejenigen mit der größten Auswirkung auf die Schlussfolgerung sollten auf der Liste ganz oben stehen.«

»Kannst du mir ein Beispiel nennen?«, bat Isabelle.

»Natürlich. Angenommen, du möchtest ein neues Produkt einführen, um die sich ändernden Kundenbedürfnisse zu berücksichtigen. Deine Hypothese lautet, dass dieses neu entwickelte Produkt imstande ist, die Bedürfnisse effektiv anzusprechen. Die Investitionen in die Herstellung – eine neue Produktionsstätte, neue Maschinenanlagen, Einstellung von Mitarbeitenden für die Fertigung – und eine zielgruppenspezifische Marketingkampagne sind nach deiner Einschätzung kostenintensiv und daher für die Entscheidung, ob das Unternehmen das Produkt auf den Markt bringen sollte, von primärer Bedeutung. Folglich führst du vermutlich Markttests, Umfragen, regionale Pilotprojekte und so weiter durch.«

»Hm … klingt nach einer Menge Arbeit.«

»Stimmt. Aber die Überprüfung kann auch effizient durchgeführt werden. Einige Testmethoden sind aufwendiger als andere. Die Entwicklung von Prototypen oder einer minimal funktionsfähigen Version eines Produkts (MVP), Gebrauchstauglichkeitsprüfungen oder repräsentative quantitative Erhebungen in großem Maßstab erfordern mehr Zeit und Ressourcen. Doch es gibt auch Überprüfungen, die weniger Arbeit beanspruchen. Zum Beispiel die Anwendung von Analogien oder analogen Angeboten, das heißt ähnlichen Mechanismen aus einer anderen Branche oder einem anderen Land, oder die Nutzung öffentlich zugänglicher Daten wie länderspezifische Statistiken, Unternehmensberichte und so weiter sind weniger arbeitsaufwendig. Das gilt auch für Experimente, die andere bereits durchgeführt haben, beispielsweise wissenschaftliche Studien, Marktforschungsberichte oder qualitative Marktforschungsinitiativen wie eine strukturierte Befragung von Expertinnen und Experten auf einem bestimmten Gebiet.«

Isabelle dachte an ihr erstes Vier-Augen-Gespräch mit Alessandro. Ihr wurde klar: Als sie auf ihn zugegangen war, um die Gründe für sein passiv-aggressives Verhalten zu verstehen, hatte sie in Wirklichkeit versucht, eine stillschweigende Annahme zu überprüfen. Unbewusst hatte sie die Hypothese überprüft, ob er tatsächlich gewillt war, sich konstruktiv in die ATG und ins Topmanagement-Team einzubringen.

»Ich glaube, jetzt verstehe ich«, sagte sie. »Manchmal reicht schon ein einfaches Gespräch aus, um eine Hypothese zu überprüfen, zum Beispiel über die Motive einer anderen Person.«

»Genau. Manchmal ist die Information, die für die Überprüfung erforderlich ist, leicht zugänglich. Doch um zu entscheiden, wie wir Annahmen überprüfen sollten, müssen wir sie zuerst einmal als solche erkennen. Das A und O besteht darin, Annahmen explizit zum Ausdruck zu bringen. Danach können wir eine effektive und effiziente Teststrategie entwickeln«, bestätigte Eve.

Isabelle hatte sich währenddessen Notizen gemacht. Zumindest war es das, was Eve angenommen hatte. In Wirklichkeit hatte sie zur Veranschaulichung eine Grafik erstellt, die sie nun teilte (Abbildung 5.5).

»Ich habe versucht, das Gespräch zusammenzufassen, und habe dem Rahmenwerk, das du beim letzten Mal geteilt hast, jeweils eine Spalte hinzugefügt, um die Annahmen mit Hilfe von Fakten zu überprüfen.«

»Wow, wie cool! Das ist superhilfreich. Eine wunderbare Vorlage bei Entscheidungen unter Unsicherheit!«, rief Eve begeistert. »Wenden wir sie doch mal anhand eines Beispiels an!«

»Wenn du einverstanden bist, übernehme ich das gerne«, sagte Isabelle. »Angenommen, du möchtest expandieren, eine Niederlassung im Ausland gründen. Aber wo genau? Es gibt theoretisch eine nahezu unbegrenzte Anzahl explorativer Möglichkeiten, die du in Erwägung ziehen könntest, mit ebenso zahlreichen Unsicherheiten. Gehen wir davon aus, dass zwei Explorationsoptionen in die engere Wahl kommen. Die erste wäre, dich bei der Erweiterung des Aktionsradius auf ein bestimmtes Nachbarland zu fokussieren. Einige relevante Elemente der Unsicherheit sind bekannt; die Kultur und Gesetzgebung des neuen Marktes sind vermutlich ähnlich beschaffen wie an deinem Heimatstandort, und dein aktuelles Geschäftsmodell hätte auch in diesem neuen Umfeld gute Erfolgschancen. Die zweite Option wäre, eine Niederlassung in einem weit entfernten Land aufzubauen, das vielleicht ein erheblich größeres Potenzial bietet. Diese Option ist mit noch größerer Unsicherheit verbunden. Du bist weniger vertraut mit der Kultur und den Geschäftspraktiken, die dort vorherrschen, und es ist unklar, ob dein Geschäftsmodell in diesem Umfeld Fuß fassen könnte. Deshalb fragst du dich: ›Welche Annahmen in Bezug auf den Erfolg meines Geschäftsmodells müssten durch Fakten bestätigt sein, um mich von der zweiten Option zu überzeugen?‹ Jetzt musst du die entsprechenden Hypothesen entwickeln und testen. Du könntest vor Ort Marktforschung betreiben, um Aufschluss über die Bedürfnisse deiner potenziellen Kundinnen und Kunden zu gewinnen, Sondierungsgespräche mit den lokalen Behörden

**1. Dilemma**

| **2. Optionen im Exploit-Explore-Kontinuum** | Exploit ← | | | | | | | → Explore |
|---|---|---|---|---|---|---|---|---|
| | Option | | Option | | Option | | Option | |
| **Die 7 Heuristiken** | **3. Annahmen** | **4. Fakten** | **3. Annahmen** | **4. Fakten** | **3. Annahmen** | **4. Fakten** | **3. Annahmen** | **4. Fakten** |
| a) Ziele | | | | | | | | |
| b) Chancen | | | | | | | | |
| c) Zeit | | | | | | | | |
| d) Aktivitäten der Konkurrenz und Erwartungen der Stakeholder | | | | | | | | |
| e) Werte und Kultur | | | | | | | | |
| f) Kompetenzen | | | | | | | | |
| g) »Stimmung« und kollektiver kognitiver Zustand | | | | | | | | |

**5. Lösung/Beschluss**

**Abbildung 5.5:** Fünfstufiger Entscheidungsnavigator

führen, ein kleines Pilotprojekt starten oder einen ersten Erkundungsstreifzug unternehmen, um die erforderlichen Informationen zu sammeln und das Vertrauen in die Wahl der zweiten, vielleicht lukrativeren, Option zu stärken.«

»Fantastisch, gut gemacht! Hier übertrifft die Schülerin die Lehrerin!«, lobte Eve sie mit einem strahlenden Lächeln.

»Hoffentlich nicht so wie beim Zauberlehrling«, erwiderte Isabelle scherzhaft. Sie erinnerte sich an einen Disney-Film, den sie mit ihren Töchtern angesehen hatte, als die beiden noch klein waren. Es ging um die Geschichte eines großen Zaubermeisters, der einen jungen Lehrling unter seine Fittiche genommen hatte (Micky Maus). Der Lehrling war aufgeweckt und brannte darauf, zaubern zu lernen. Doch er war ein wenig zu eifrig und versuchte, einige Kunststücke seines Meisters nachzuahmen, bevor er sie richtig beherrschte, was dazu führte, dass er die Höhle des Zauberers unter Wasser setzte.

»Lustig«, meinte Eve. Beide lachten.

»Um auf das Rahmenwerk zurückzukommen, ich habe da noch eine Frage«, sagte Isabelle. »Bei der Anwendung ist mir der Gedanke gekommen, ob das Gefühl der relativen Unsicherheit subjektiv sein könnte. Was ich als unsicher empfinde, stört andere möglicherweise gar nicht, oder?«

»Stimmt. Es ist wichtig, sich daran zu erinnern, dass das menschliche Sicherheitsempfinden von unterschiedlichen Erfahrungen und Kenntnissen beeinflusst wird. Das bedeutet, dass ein entscheidungsrelevanter Faktor, der für A ein hohes Maß an Unsicherheit darstellt, von B überhaupt nicht als unsicher wahrgenommen wird. Vielleicht hat A schon einmal in dem weit entfernten Land gearbeitet, das als Expansionsziel in Frage kommt, und dort Erfahrungen gesammelt. In diesem Fall wäre die relative Unsicherheit bei der Entscheidung zwischen den beiden Optionen geringer.«

»Klingt nach einer intuitiven, aber auch ein wenig mechanischen Entscheidungsfindung. Sie umzusetzen, erfordert große Sorgfalt und Mühe.«

»Entscheidungen unter Unsicherheit stellen immer eine Herausforderung dar. Es gibt keine einfache Methode, die Entscheidungsqualität zu verbessern. Du denkst vielleicht, der Aufwand an Zeit und Arbeit sei groß, aber überlege einmal, wie lange es dauert, bis sich eine falsche Entscheidung rückgängig machen lässt. Dazu kommt: Wenn wir uns angewöhnen, uns an unserem Modell, dem Entscheidungsnavigator, zu orientieren, geht der Prozess irgendwann in Fleisch und Blut über und wird nahezu automatisch abgerufen. Das kann zu einer wichtigen Fähigkeit werden, wenn Entscheidungen unter Unsicherheit getroffen und die Zielkonflikte zwischen Exploitation und Exploration effektiv gelöst werden müssen. Ich bin außerdem überzeugt: Wenn diese Kompetenz im Unternehmen weitgehend verankert ist, können eine Lernumgebung und eine Kultur entstehen, in der Exploration als Experiment oder als eine Reihe von Experimenten gefördert und gescheiterte Initiativen nicht stigmatisiert oder als persönliches Versagen gebrandmarkt werden, sondern vielmehr als Schritte auf dem Weg zu mehr Wissen, neuen Erkenntnissen und weiteren Anpassungen betrachtet werden«, sagte Eve.

»Da stimme ich dir voll zu. Effektive Entscheidungen zu treffen, erfordert nun mal Zeit und Mühe.«

»Sehe ich auch so. Aber zum Glück müssen wir nicht jede Entscheidung auf diese Weise treffen. Bei den meisten alltäglich anfallenden Entscheidungen wäre sie vermutlich nicht effizient. Der Arbeits- und Zeitaufwand lohnt sich vor allem dann, wenn wir uns neuen Situationen gegenübersehen und es sich um eine Entscheidung von großer Tragweite handelt, wenn zum Beispiel der Fortbestand des Unternehmens auf dem Spiel steht, wenn wir mit einer großen Investition alles auf eine Karte setzen oder das Berufs- und Privatleben der Belegschaftsangehörigen gefährden.«

»Ja, da bin ich ganz bei dir«, erwiderte Isabelle. »Vielen Dank, dass du deine Forschungsergebnisse mit mir teilst, Eve. Ich fasse einmal zusammen: Unser Gehirn entwickelt auf der Grundlage unserer jeweiligen Erfahrungen fortwährend kognitive Verzerrungen, die weitgehend unbewusst sind. Die Entscheidungsfindung erzeugt eine kognitive Belastung. Diese Verzerrungen oder Biases verringern die kognitive Last, indem sie den Entscheidungsprozess vereinfachen. Sie stellen eine ›Abkürzung‹ dar. Obwohl kognitive Verzerrungen in den meisten Situationen hilfreich und effizient sind, können sie die Entscheidungsqualität beeinträchtigen, vor allem dann, wenn wir uns neuartigen Situationen gegenübersehen, mit denen wir nicht vertraut sind. Ein weiterer Nachteil ist, dass sie unseren Optionsraum verengen. Unsere bisherigen Erfahrungen verleiten uns unter Umständen, weniger Optionen in den Blick zu nehmen oder uns auf suboptimale Handlungsalternativen zu beschränken. Die Erweiterung des Optionsraums innerhalb des Exploit-Explore-Kontinuums leistet innovativen Lösungen Vorschub, und die Identifizierung der relevanten Annahmen, die für jede Option überprüft und bestätigt werden müssen, tragen zur Verringerung der potenziell schädlichen Auswirkungen kognitiver Verzerrungen in neuartigen Situationen bei. Dadurch werden unbewusste Annahmen oder Hypothesen aufgedeckt, die im Anschluss durch evidenzbasierte Nachweise, sprich Fakten, als falsch oder richtig eingeordnet werden können. Dieser Prozess sollte bei Entscheidungen von großer Tragweite zur Anwendung kommen, da er mit einem hohen Zeit- und Arbeitsaufwand verbunden ist.«

> Obwohl kognitive Verzerrungen in den meisten Situationen hilfreich und effizient sind, können sie die Entscheidungsqualität beeinträchtigen, vor allem dann, wenn wir uns neuartigen Situationen gegenübersehen, mit denen wir nicht vertraut sind.

»Eine großartige Zusammenfassung. Auch für mich superhilfreich. Vielen Dank, Isabelle«, sagte Eve.

»Ich muss noch einmal gründlich über unser Gespräch nachdenken. Außerdem möchte ich die Methode ausprobieren, die du für die Anwendung im GET beschrieben hast. Vielleicht hilft uns das, einen Ausweg aus der Sackgasse zu finden, in die wir geraten sind. Erst mal vielen Dank!«, sagte Isabelle, verabschiedete sich und beendete den Videocall.

### Kernaussagen

- Entscheidungen unter Unsicherheit sind durch kognitive Verzerrungen geprägt. Die Deutung von Informationen, die Annahmen über die Situation, der Sie sich gegenübersehen, und die Optionen, die Sie infolgedessen in Betracht ziehen, sind der Neigung des Gehirns zu Denk- und Wahrnehmungsfehlern geschuldet, das heißt, sie werden durch Ihre persönlichen Erfahrungen und Denkmuster beeinflusst.
- Kognitive Verzerrungen engen den Optionsraum ein und führen zur Wahl suboptimaler Lösungsmöglichkeiten.
- Die Erweiterung des Optionsraums und die Identifizierung und Überprüfung der einzelnen Annahmen auf ihre Gültigkeit und Relevanz tragen zur Entwicklung innovativer Lösungen und zur Verringerung der Auswirkungen von kognitiven Verzerrungen bei.
- Sie können die sieben Heuristiken zur Optimierung der Exploit-Explore-Balance als Checkliste nutzen, um die relevanten Annahmen, die jede Option treiben, zu identifizieren und strukturiert zu erfassen. Im Anschluss gilt es, die Annahmen auf ihre Gültigkeit zu überprüfen.

Unser Entscheidungsnavigator umfasst nun fünf Stufen (Abb. 5.6):

1. Das Exploit-Explore-Dilemma definieren.
2. Mehrere Optionen innerhalb des Exploit-Explore-Kontinuums entwickeln.
3. Die grundlegenden relevanten Annahmen für jede Option mit Hilfe der sieben Entscheidungsheuristiken identifizieren.
4. Die relevanten Annahmen anhand von Fakten überprüfen.
5. Entscheiden.

Den Optionsraum zu erweitern, unbewusste Annahmen aufzudecken und sie auf ihre Gültigkeit und Relevanz zu überprüfen, ist ein Prozess, der Zeit und Mühe erfordert. Aber es zahlt sich aus, wichtige Entscheidungen nicht zu übereilen.

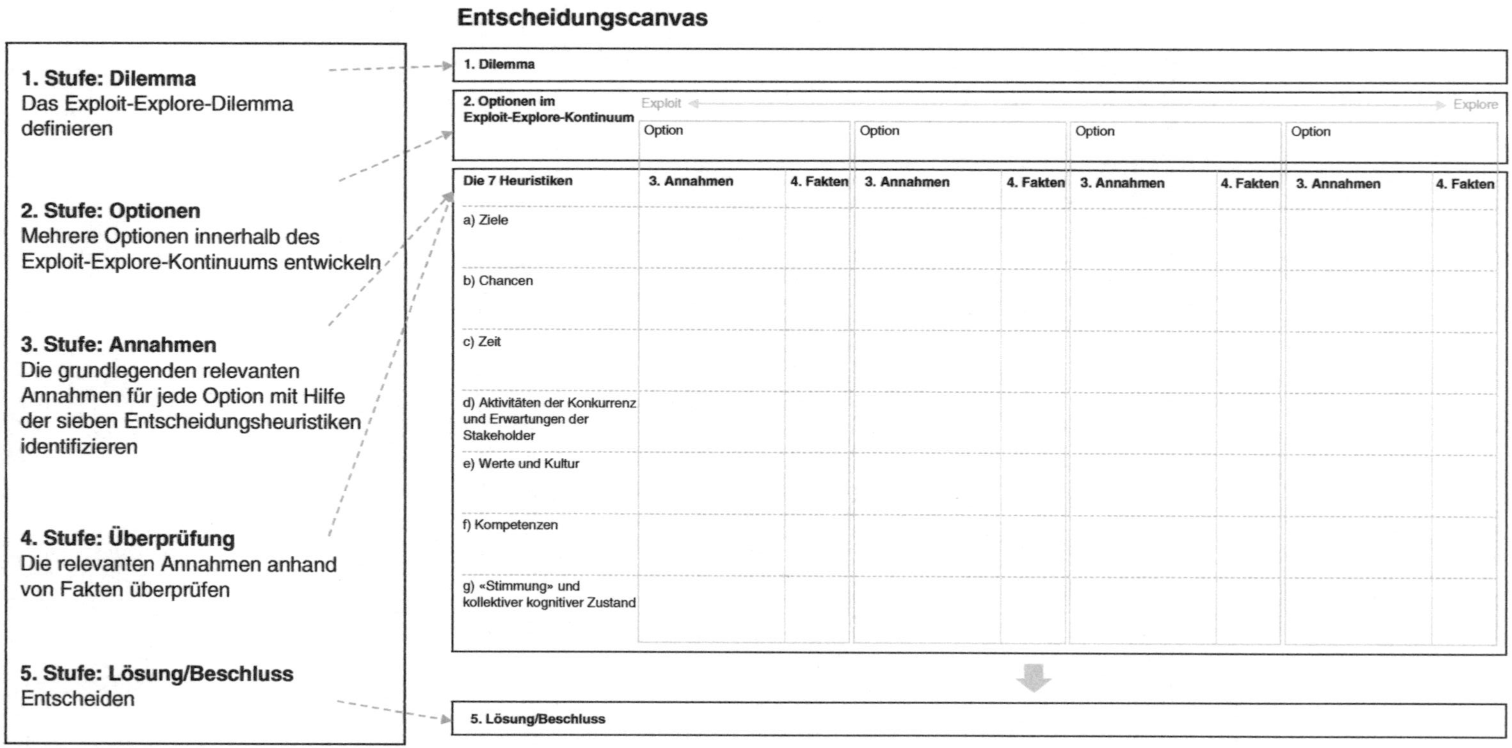


**Abbildung 5.6:** Zusammenfassung des fünfstufigen Entscheidungsnavigators

# 6 Drittes Fallbeispiel: Wachstumsentscheidungen

**Claudio Feser, David Redaschi und Karolin Frankenberger**

Das GET musste zu einer Entscheidung gelangen, wie sich die aktuellen Herausforderungen der ATG bewältigen ließen. Der Aufsichtsrat erwartete Vorschläge von der Führungsetage. Doch die Angehörigen des Topmanagement-Teams hatten sich noch nicht auf eine Lösung einigen können. Sie fassten den Beschluss, mehr Zeit und Mühe zu investieren, um mit Hilfe des Entscheidungsmodells, das Isabelle mit ihnen geteilt hatte, die verschiedenen Optionen genauer unter die Lupe zu nehmen.

Als Erstes bat Isabelle die Befürworter der einzelnen Optionen, zu erläutern, was für ihr Lösungsszenario sprach: Hugo war für Option 1, Alessandro für Option 2, Frank und Conny waren für Option 3 und Kosta für Option 4.

Sie begann mit Hugo.

»Hugo, warum befürworten Sie Option 1? Was ist Ihr Ziel?«, fragte sie.

»Ich finde, wir sollten schnellstmöglich die Kosten senken.«

»Aus welchem Grund?«

»Weil für die ATG ohne rigorose Einsparungen das Risiko besteht, dass wir Finanzierungsprobleme bekommen, Insolvenz anmelden müssen und möglicherweise zum Übernahmekandidaten werden.«

Isabelle notierte die Annahme auf dem Entscheidungscanvas, der Modellvorlage, die sie gemeinsam mit Eve entwickelt hatte. »Okay. Ich verstehe. Was ist mit den Chancen? Wie lassen sich die Kosten so schnell wie möglich eindämmen?«

»Ich gehe davon aus, dass wir eine erhebliche Anzahl leistungsschwacher Reisebüros innerhalb kürzester Zeit schließen können. Außerdem glaube ich, dass wir im B2B-Bereich in absehbarer Zeit keine Wende erreichen werden und uns deshalb auch davon trennen sollten. Und ich nehme an, dass wir in vielen Aufgabenbereichen Überkapazitäten haben und 25 Prozent ohne massive Störungen linear abbauen können«, erwiderte Hugo.

»Was ist mit dem Zeitfaktor?«, fragte Isabelle.

»Ich denke, wir sollten umgehend handeln.«

»Warum?«

»Erstens, weil wir Verluste einfahren, was nicht mehr lange gutgehen kann. Abgesehen von der Rentabilität riskieren wir ernsthafte Finanzierungsprobleme. Ich vermute auch, dass einige unserer Konkurrenten bereits ein Auge auf uns geworfen haben. Es steht zu befürchten, dass wir zum Übernahmekandidaten werden.«

»Okay, ich verstehe. Und was ist mit den anderen Wettbewerbern?«

»Da bin ich mir nicht sicher. Ich nehme an, dass unsere Konkurrenten ebenfalls von der Konjunkturflaute betroffen sind und versuchen, die Kosten in den Griff zu bekommen.«

»Was ist mit unseren Werten und unserer Unternehmenskultur?«

»Nun, wenn wir diesen Prozess gut abwickeln, die Gewerkschaften einbeziehen, transparent kommunizieren und sozialverträgliche Regelungen für die Mitarbeitenden finden, die von den Kosteneinsparungen betroffen sind, können wir nach meiner Ansicht Option 1 in Übereinstimmung mit unserer Fürsorgepflicht und unserer sozial engagierten Unternehmenskultur umsetzen.«

»Okay, was ist mit unseren Kompetenzen? Sind Sie der Auffassung, dass wir in der Lage sind, Option 1 effektiv zu implementieren?«

»Ja, ich bin sicher, dass uns das gelingen wird.«

»Warum?«

»Wir haben zwar noch nie ein so einschneidendes Kostensenkungsprogramm gestartet, aber wenn wir als Team gut zusammenarbeiten, können wir es schaffen«, erwiderte Hugo.

»Und was ist mit der Stimmung und der Arbeitsmoral unserer Belegschaftsangehörigen?«

»Ich denke, dass viele Ängste und Sorgen haben. Sie merken ja auch, dass die Konjunktur schwächelt, und gehen davon aus, dass wir darauf reagieren. Aber meiner Meinung nach kriegen wir das in den Griff.«

»Was macht Sie da so sicher?«, hakte Isabelle nach, um Hugos Annahmen auf den Prüfstand zu stellen.

»Weil ich davon ausgehe, dass wir Option 1 in einer Art und Weise umsetzen können, die mit unseren Werten und unserer Unternehmenskultur vereinbar ist.«

Nachdem Hugos Annahmen, die Option 1 unterstützten, identifiziert und transparent gemacht worden waren, forderte Isabelle die Befürwortenden von Option 2, 3 und 4 auf, ihre Wahl nach dem gleichen Muster zu begründen. Isabelle fragte ständig nach, warum sie ihre jeweilige Option bevorzugten, und hielt die herausgefilterten Annahmen auf dem Entscheidungscanvas für die spätere Evaluierung fest.

Allmählich kristallisierte sich eine Liste mit Annahmen heraus, auf denen jede Option basierte (Abbildung 6.1).

Die Annahmen schriftlich festzuhalten, erwies sich als äußerst hilfreich. Die Frage lautete nicht mehr: ›Wer hat recht?‹, sondern vielmehr: ›Welche Annahme ist richtig?‹ Das hatte nicht nur zur Folge, dass die Spannungen im Team nachließen und die Arbeit konstruktiver wurde, sondern trug auch dazu bei, die Quelle aufzudecken, aus

| | | | | | | | | |
|---|---|---|---|---|---|---|---|---|
| **1. Dilemma** | In einem schwächelnden Markt, Fokussierung auf Kostensenkung (Exploitation) oder Investition in Wachstum (Exploration) | | | | | | | |
| **2. Optionen im Exploit-Explore-Kontinuum** | Exploit ← Drastisches Kostenreduzierungs- und Cashflow-Optimierungsprogramm | | Kostenreduzierung und Reinvestition in TravelTech | | Moderate Kostenreduzierung und Digitalisierung | | Langfristige Perspektive und Krisenmanagement → Explore | |
| **Die 7 Heuristiken** | **3. Annahmen** | **4. Fakten** | **3. Annahmen** | **4. Fakten** | **3. Annahmen** | **4. Fakten** | **3. Annahmen** | **4. Fakten** |
| a) Ziele | Kurzfristige Verbesserung der Rentabilität (Finanzierung, feindliche Übernahme) | | Kurzfristige Verbesserung der Rentabilität (Finanzierung, feindliche Übernahme) | | Fokussierung sowohl auf Rentabilität als auch Wachstum schafft den größten Wertzuwachs | | Fokussierung auf Wachstum schafft Wertzuwachs | |
| b) Chancen | Potenzial für erhebliche Kostensenkung (Niederlassungen, B2B, Funktionen) | | Potenzial für erhebliche Kostensenkung und Digitalisierung | | Potenzial für ausgewählte Kostensenkungen, die Wachstum nicht beeinträchtigen | | Viele Wachstumschancen<br>Schließung von Reisebüros verringert Gewinnzuwachs | |
| c) Zeit | Begrenzte Zeit, da Konkurrenz Übernahmeangebote vorbereitet | | Begrenzte Zeit, da Konkurrenz Übernahmeangebote vorbereitet | | Zeit und Ressourcen vorhanden | | Zeit und Ressourcen vorhanden | |
| d) Aktivitäten der Konkurrenz und Erwartungen der Stakeholder | Auf Kostensenkung fokussiert | | Sowohl auf Kostensenkung als auch auf Wachstum fokussiert | | Sowohl auf Kostensenkung als auch auf Wachstum fokussiert | | Auf Investitionen in die Zukunft fokussiert | |
| e) Werte und Kultur | Bei effizienter Umsetzung ist Option 1 mit der ATG-Kultur vereinbar | | Bei effizienter Umsetzung ist Option 2 mit der ATG-Kultur vereinbar | | Bei effizienter Umsetzung ist Option 3 mit der ATG-Kultur vereinbar | | Kreativität, Innovation, Unternehmergeist | |
| f) Kompetenzen | Kostenmanagement und Teamarbeit | | Kostenmanagement<br>Innovationsskalierung<br>»TravelTech«-Kompetenz | | Kostenmanagement<br>Innovationsskalierung | | Innovationsskalierung<br>Wachstumsbeschleunigung | |
| g) »Stimmung« und kollektiver kognitiver Zustand | Mitarbeitende sind besorgt, aber bei effizienter Umsetzung wird Option 1 akzeptiert | R | Mitarbeitende sind besorgt, aber bei effizienter Umsetzung wird Option 2 akzeptiert | R | Mitarbeitende sind besorgt, aber bei effizienter Umsetzung wird Option 3 akzeptiert | R | Mitarbeitende sind optimistisch und erkennen die Chancen | F |

| |
|---|
| **5. Lösung/Beschluss** |

**Abbildung 6.1:** Fünfstufiger Entscheidungsnavigator mit Lösung/Beschluss für Fallbeispiel 2

denen die GET-Angehörigen ihre unterschiedlichen Schlussfolgerungen ableiteten. Nun konnten sie noch einmal auf die dokumentieren Daten zurückgreifen und ihre Annahmen einem Faktencheck unterziehen.

»Beginnen wir damit, die Annahmen für Option 1 zu überprüfen«, schlug Isabelle vor.

»Bei Option 1 sind wir davon ausgegangen, dass wir umgehend handeln müssen, um Insolvenz oder Finanzierungsprobleme zu verhindern. Die Finanzdaten und die jüngsten Finanzprognosen deuten jedoch darauf hin, dass unsere Kapitalisierung gut und unser Cashflow positiv ist. Die Fakten sprechen also nicht für die Annahme, dass wir hier ein Risiko eingehen oder unverzüglich handeln müssen«, warf Frank ein.

»Das ist richtig«, erwiderte Alison. »Aber was ist mit dem Übernahmerisiko?«

Niemand hatte darauf eine Antwort, aber Telefonate mit zwei Experten auf diesem Gebiet – Investmentbanker, die auf die Abwehr feindlicher Übernahmen spezialisiert waren – boten eine neue Perspektive: Falls die ATG einen überzeugenden Wertschöpfungsplan vorlegen könne, der Kostensenkungsmaßnahmen und Wachstumsinitiativen miteinander verband, war das Risiko einer »unfreundlichen« Übernahme minimal.

»Was ist mit den Chancen? Welche Fakten untermauern die Annahme, dass wir 25 Prozent der Reisebüros schließen können?«, fragte Isabelle.

»Ich habe in der Zwischenzeit eine Analyse der Rentabilität sämtlicher Reisebüros durchgeführt und in die Finanzprognose eingefügt, die ich letzte Woche vorgelegt habe«, erklärte Hugo. »Die Analyse ordnet sie entsprechend ihrem Deckungsbeitrag Gruppen zu, die in Dezile, sprich zehn gleiche Unterabschnitte, unterteilt sind. Die Daten bestätigen die Annahme«, erklärte Hugo.

»Stimmt«, bekräftigte Frank. »Aber sie bestätigen auch eine andere Annahme, eine für Option 3. Die Analyse zeigt sowohl das Durchschnittsalter der Reisebüros in jedem Dezil als auch den Prozentsatz der Reisebüros, die in den letzten Jahren eröffnet wurden. Sie deutet darauf hin, dass ATG keine Gewinnwachstumsimpulse einbüßen würde, wenn wir 15 Prozent, ja, wahrscheinlich sogar 20 Prozent der Niederlassungen schließen. Die Aufteilung der Daten in Dezile bildet den Durchschnitt ab. Aber sie bestätigt die Annahme für Option 3, dass wir eine erhebliche Anzahl der Reisebüros schließen könnten, ohne das Wachstumsmomentum zu verlieren.«

Die Diskussion ging weiter, während sich die GET-Angehörigen durch die verfügbaren Daten arbeiteten. In den Bereichen, in denen keine Daten vorlagen, eine Annahme aber als begründet eingestuft wurde, erfolgte ein entsprechender Vermerk beziehungsweise ein Fragezeichen, wenn Daten generell fehlten oder unklar waren. Das Ergebnis ist in Abbildung 6.2 veranschaulicht.

Wie sich herausstellte, war Option 3 allem Anschein nach die beste der vier Optionen.

Sie nahm auf kurze Sicht die Rentabilitätsprobleme in Angriff, zumindest teilweise. Obwohl die Einsparungen nicht sofort Wirkung zeigen würden, könnte ein hieb- und

R (Richtig); F (Falsch); B (Begründet); ? (Offen, unklar)

| | | | | | | | | |
|---|---|---|---|---|---|---|---|---|
| **1. Dilemma** | In einem schwächelnden Markt, Fokussierung auf Kostensenkung (Exploitation) oder Investition in Wachstum (Exploration) | | | | | | | |
| **2. Optionen im Exploit-Explore-Kontinuum** | Exploit ← Drastisches Kostenreduzierungs- und Cashflow-Optimierungsprogramm | | Kostenreduzierung und Reinvestition in TravelTech | | Moderate Kostenreduzierung und Digitalisierung | | Langfristige Perspektive und Krisenmanagement → Explore | |
| **Die 7 Heuristiken** | **3. Annahmen** | **4. Fakten** | **3. Annahmen** | **4. Fakten** | **3. Annahmen** | **4. Fakten** | **3. Annahmen** | **4. Fakten** |
| a) Ziele | Kurzfristige Verbesserung der Rentabilität (Finanzierung, feindliche Übernahme) | F | Kurzfristige Verbesserung der Rentabilität (Finanzierung, feindliche Übernahme) | F | Fokussierung sowohl auf Rentabilität als auch Wachstum schafft den größten Wertzuwachs | R | Fokussierung auf Wachstum schafft Wertzuwachs | R |
| b) Chancen | Potenzial für erhebliche Kostensenkung (Niederlassungen, B2B, Funktionen) | R | Potenzial für erhebliche Kostensenkung und Digitalisierung | R | Potenzial für ausgewählte Kostensenkungen, die Wachstum nicht beeinträchtigen | R | Viele Wachstumschancen<br>Schließung von Reisebüros verringert Gewinnzuwachs | R<br>F |
| c) Zeit | Begrenzte Zeit, da Konkurrenz Übernahmeangebote vorbereitet | F | Begrenzte Zeit, da Konkurrenz Übernahmeangebote vorbereitet | F | Zeit und Ressourcen vorhanden | R | Zeit und Ressourcen vorhanden | R |
| d) Aktivitäten der Konkurrenz und Erwartungen der Stakeholder | Auf Kostensenkung fokussiert | ? | Sowohl auf Kostensenkung als auch auf Wachstum fokussiert | ? | Sowohl auf Kostensenkung als auch auf Wachstum fokussiert | ? | Auf Investitionen in die Zukunft fokussiert | ? |
| e) Werte und Kultur | Bei effizienter Umsetzung ist Option 1 mit der ATG-Kultur vereinbar | B | Bei effizienter Umsetzung ist Option 2 mit der ATG-Kultur vereinbar | B | Bei effizienter Umsetzung ist Option 3 mit der ATG-Kultur vereinbar | B | Kreativität, Innovation, Unternehmergeist | R |
| f) Kompetenzen | Kostenmanagement und Teamarbeit | R | Kostenmanagement<br>Innovationsskalierung<br>»TravelTech«-Kompetenz | R<br>?<br>? | Kostenmanagement<br>Innovationsskalierung | R<br>? | Innovationsskalierung<br>Wachstumsbeschleunigung | ? |
| g) »Stimmung« und kollektiver kognitiver Zustand | Mitarbeitende sind besorgt, aber bei effizienter Umsetzung wird Option 1 akzeptiert | R | Mitarbeitende sind besorgt, aber bei effizienter Umsetzung wird Option 2 akzeptiert | R | Mitarbeitende sind besorgt, aber bei effizienter Umsetzung wird Option 3 akzeptiert | R | Mitarbeitende sind optimistisch und erkennen die Chancen | F |

| | |
|---|---|
| **5. Lösung/Beschluss** | Moderate Kostensenkung und Digitalisierung |

**Abbildung 6.2:** Fünfstufiger Entscheidungsnavigator mit Lösung/Beschluss für Fallbeispiel 2 (einschl. Überprüfung)

stichfester Plan die ATG vor einem potenziellen Übernahmeversuch der Konkurrenz schützen.

Dazu kam, dass kurzfristige Optimierungschancen genutzt wurden. Zu den Maßnahmen gehörten die Schließung von 20 Prozent der Reisebüros und der Ausstieg aus dem B2B-Bereich. Sie stellten, wie Kosta erklärt hatte, die einzige Wachstumschance dar, die der ATG unmittelbar zur Verfügung stand, auch wenn sie nicht besonders reizvoll war, wie die jüngsten Erfahrungen gezeigt hatten. Dazu zählte auch eine Digitalisierungsinitiative der Front- und Backoffice-Aktivitäten, um die Kosten zu senken.

Die Kapitalisierung der ATG war gut. Das Unternehmen hatte genug Zeit und Ressourcen, um sein Augenmerk nicht allein auf die Kostenreduzierung zu richten, sondern auch weiterhin in den Aufbau einer resilienten Organisation zu investieren und sie damit besser für die Zukunft aufzustellen. Kostas Analyse hatte Wachstumschancen aufgezeigt, die ATGs Stärken entgegenkamen und zukunftsorientierte Wachstumspfade boten, zum Beispiel im beratungsintensiven, erlebnisbasierten und personalisierten Tourismus. Die Strategie, die Frontoffice-Tätigkeiten zu digitalisieren, würde die administrativen Aufgaben der Mitarbeitenden in den Reisebüros reduzieren, sodass ihnen mehr Zeit für den Kundenservice zur Verfügung stand, womit sich wiederum der Verkauf neuer erlebnisbasierter Produkte und Dienstleistungen ankurbeln ließ.

Es war nicht klar, wie ATGs Konkurrenten reagieren würden, aber es bestand kein Zweifel, dass Option 3, wenn die Umsetzung gelang, mit den Werten, der Kultur und den Kompetenzen des Unternehmens übereinstimmte (obwohl einige Angehörige des Topmanagement-Teams die Fähigkeit der ATG, Innovationen zu skalieren, nach dem »B2B-Abenteuer« immer noch anzweifelten).

Sie hatten aber auch das Gefühl, dass die Belegschaft – wie bereits gesagt, eine effiziente Umsetzung vorausgesetzt – diese Option letztlich unterstützen würde, da sie einen vielversprechenden Pfad für künftiges Wachstum bot. Das GET begann, sich zunehmend für Option 3 zu erwärmen, aber Kosta war noch nicht an Bord.

Isabelle fragte ihn nach den Gründen.

Kosta befürchtete, dass der ATG mit der Entscheidung für Option 3 einige der Trends entgehen würden, die prägenden Einfluss auf die Reisebranche hatten. Es sei fraglich, ob die ATG angesichts ihrer relativ begrenzten finanziellen Mittel in der Lage wäre, kleinere Investitionschancen in ausgewählten, zukunftsträchtigen Wachstumsbereichen zu finden und zu nutzen.

Kosta versprach, weitere Fakten zu beschaffen, um diese Frage zu beantworten, und Isabelle vertagte die Besprechung.

Drei Tage später berief sie das nächste GET-Meeting ein.

In der Zwischenzeit hatte Kosta drei potenzielle Akquisitionskandidaten ausfindig gemacht – Start-ups im VR-Tourismus, mit denen die ATG zukunftsrelevante Kompetenzen aufbauen konnte. Er präsentierte die Chance, im VR-Bereich Fuß zu fassen:

»Wer eine Urlaubsreise unternimmt, legt heute Wert auf einzigartige, unvergessliche Erfahrungen. Ich bin überzeugt, dass es einen Markt für solche Erlebnisse gibt, jedoch ohne die aufreibenden Reisevorbereitungen, das lästige Schlangestehen am Check-in-Schalter, das Warten bei Verspätungen, die Suche nach verlorenem Gepäck oder frustrierenden Aufenthalt in einem Hotel mit schlechter Internetverbindung. Hier kommen die magischen Kräfte der virtuellen Realität ins Spiel. Die Kundinnen und Kunden können sich an jeden beliebigen Urlaubsort begeben, ohne auf die Bequemlichkeiten ihres Zuhauses verzichten zu müssen. Sie können tagelang in die VR-Welt eintauchen, können Simulationen, Spiele und alle nur erdenklichen Freizeitaktivitäten in einer computergenerierten virtuellen Umgebung hautnah und realistisch erleben. VR ermöglich Reisen zu Destinationen, die sich ›außerhalb‹ unserer Reichweite befinden. Haben wir nicht alle schon einmal davon geträumt, mit einer Raumsonde auf dem Mond zu landen? Oder wie ein Vogel in einem Vulkan umherzufliegen?«

Die Präsentation war überzeugend, aber er war der Jüngste im Raum und seine Idee mutete seltsam und ein wenig abwegig an. Doch Isabelle und das Topmanagement-Team gelangten zu der Auffassung, dass es lohnenswert war, sich eingehender damit zu befassen, zumindest als eine Möglichkeit, Kompetenzen aufzubauen, die in Zukunft relevant sein könnten.

Sie gelangten einstimmig zu dem Beschluss, dem Aufsichtsrat Option 3 zu empfehlen. Der Aufsichtsrat segnete die Strategie uneingeschränkt ab.

***

In den folgenden achtzehn Monaten machte die Umsetzung der Strategie die erhofften Fortschritte. Die Schließung von Reisebüros ist immer ein schwieriges Unterfangen, vor allem, wenn damit die Entlassung von langjährigen loyalen Belegschaftsangehörigen verbunden ist. Aber dem Topmanagement-Team gelang es, die Informationen gut zu kommunizieren. Die Gewerkschaften fanden auch den Einsatz für die ausscheidenden Mitarbeitenden, denen die ATG großzügige Unterstützung bot, lobenswert. Dank eines großzügigen Abfindungspakets und der Kostenübernahme von Umschulungen und Dienstleistungen für die berufliche Neuorientierung verfügten die meisten Mitarbeitenden sowohl über die Zeit als auch über die erforderlichen Voraussetzungen, um nach anderen attraktiven Beschäftigungsmöglichkeiten Ausschau zu halten.

Auch die Digitalisierung kam gut voran, vor allem im Backoffice-Bereich. Bei den Frontoffice-Tätigkeiten ging sie ein wenig langsamer über die Bühne. Die Strategie, die Angebotspalette umzugestalten und auch erlebnisbasierte Dienstleistungen und Service-Pakete einzufügen, ließ sich ebenfalls gut an, nahm jedoch mehr Zeit in Anspruch als erwartet. Doch den ersten Reisebüros gelang es bereits, mit ihren erlebnisbasierten Angeboten eine breite Schneise in das neue Geschäftsfeld zu schlagen, eine Tatsache, die für die Stichhaltigkeit und das Gewinnwachstumspotenzial des neuen Konzepts sprach.

Nach zwei Jahren unter Isabelles Führung befand sich die ATG in Topform. Das Unternehmen war innovativ und hatte die neuen Technologien meisterhaft genutzt, um Front- und Backoffice-Prozesse zu optimieren und die Umsetzung seiner erfahrungsbasierten Reisestrategie voranzutreiben.

Auch die zentralen Kennzahlen im Bereich Finanzanalyse und Unternehmensbewertung konnten sich sehen lassen. ATG war zwar geschrumpft, aber auf Wachstumskurs. Es ging langsam, aber stetig aufwärts. Bei den Reisebüros jüngeren Datums begann sich ein Gewinnzuwachs bemerkbar zu machen, und die Eigenkapitalrendite (ROE), die das Verhältnis zwischen Rentabilität und Eigenkapital eines Unternehmens misst, hatte wieder das Niveau vor der Krise erreicht, obwohl die europäische Reiseindustrie noch immer gegen eine schwächelnde Wirtschaft und eine stagnierende Nachfrage ankämpfte.

Isabelle wurde viel Lob und Anerkennung zuteil, sowohl vom Vorstand und dem Aufsichtsrat als auch von den Analysten, die ATGs Aktien im Visier hatten und nach anfänglicher Skepsis die Leistungen der neuen Firmenchefin und ihres Teams nun positiver beurteilten.

Der Erfolg stärkte nicht nur das Vertrauen der Belegschaft, sondern auch des Aufsichtsrats, der dem Topmanagement-Team grünes Licht gab, über den stagnierenden europäischen Reisemarkt hinauszublicken. Der zunehmende Wohlstand in Asien, Lateinamerika und Afrika hatte zur Folge, dass sich diese Regionen in Wachstumsmärkte mit großem Potenzial für Reiseveranstalter im Allgemeinen und für die ATG im Besonderen verwandelten. Der Aufsichtsrat war überzeugt, dass sich das Unternehmen an die Anforderungen der erweiterten Aktivitäten anpassen konnte, ohne dabei seine Leistungsfähigkeit zu verlieren. Die digitale Plattform war problemlos skalierbar, genau wie die Kapazitäten, wenn die ATG junge Unternehmen mit innovativen Geschäftsideen zukaufen oder ihren Aktionsradius mit Hilfe von lokalen Frontline-Organisationen außerhalb Europas ausdehnen konnte.

Obwohl Isabelle alle Hände voll zu tun hatte, war auch sie erpicht darauf, international zu expandieren. Im Jahr zuvor hatte sie mit Marco und ihren beiden Töchtern eine zweiwöchige Rundreise durch Asien unternommen. Dabei hatte sie erkannt, dass die Einführung des Erlebnisreisekonzepts im asiatischen Raum Potenzial hatte. Der Markt war zweifellos unterentwickelt und nach ihrer Ansicht nicht auf die Kundenbedürfnisse zugeschnitten.

Als das Topmanagement-Team die Expansionspläne auf die Tagesordnung setzte, kristallisierten sich zwei Perspektiven oder Optionen heraus.

Eine Option bezog Matthew Clark ein, einen langjährigen Manager der ATG, der aus Boston stammte, engagiert und energiegeladen war. Er leitete ein winziges Geschäftsfeld des Unternehmens in den USA, das er eigenhändig aufgebaut und in einer kleinen, aber gewinnträchtigen Abenteuerreisen-Nische verortet hatte. Er plädierte dafür, die finanziellen Mittel, die für die Investition in Wachstumschancen zur Verfügung standen, für die Erweiterung des US-Geschäfts zu nutzen. Amerika war zwar kein neuer Wachstumsmarkt, aber die ATG hatte bereits eine starke Position in der Abenteuerreisen-Nische, eine gute Voraussetzung für eine zügige Expansion, falls die Ressourcen bewilligt würden. Der US-Markt war groß und ATGs Stellung im Verhältnis dazu unbedeutend, sodass ohne jeden Zweifel Raum für künftiges Wachstum blieb. Dafür sprach auch, dass Kultur und Sprache dort vertrauter waren als bei anderen Auslandsmärkten und dass sich dort die gleichen Trends abzeichneten, die dem europäischen Reisemarkt nach klassischem Muster zu schaffen machten.

Dem Leiter des Außenhandels, Frank de Vries, berichtspflichtig, verantwortete Matthew bereits vier ATG-Reisebüros in US-amerikanischen Großstädten: Boston, New York, Chicago und Los Angeles. Er konnte dem Unternehmen das Fundament für eine Expansion in Form seiner langjährigen Erfahrungen liefern. Dazu kam, dass seine US-Reisebüros bereits Erlebnisreisen anboten, zumindest in ihrem Nischenmarkt.

Im Mittelpunkt der zweiten Option stand Thomas Huan, Sohn einer chinesischen Physikerin (mit Lehrstuhl an der ETH Zürich) und eines Schweizer Privatbankiers, mit doppelter Staatsangehörigkeit. Er war in Zürich und nach der Scheidung der Eltern in Hongkong aufgewachsen. Er hatte bei Lee Travels Karriere gemacht, einem der zu diesem Zeitpunkt führenden Reiseveranstalter im asiatischen Raum. Bei Lee hatte er sich mit seinen exzellenten strategischen Fähigkeiten, der Skalierung neuer Geschäftsbereiche und der Implementierung der Unternehmensstrategien einen Namen gemacht. Frank de Vries hatte deshalb viel Zeit investiert, um ihn für die ATG zu gewinnen, was ihm schließlich auch gelang. ATG war in Asien in keiner Weise präsent, aber Frank, Isabelle und Thomas als »Insider und Kenner« der asiatischen Region waren vom Potenzial für ATGs erlebnisbasiertes Geschäftsmodell überzeugt. Der Anreiz war groß, denn der Markt war riesig und in diesem Spezialbereich völlig unterentwickelt.

Während der Diskussionen bei den GET-Zusammenkünften – und später bei den Besprechungen auf Aufsichtsratsebene – standen Nordamerika mit Fokus auf den USA und Asien mit Fokus auf China zur Debatte. Der Aufsichtsrat war der Überzeugung, dass ATG die Expansion auf eine Region beschränken sollte, entweder Nordamerika oder Asien.

Obwohl sich ATGs Bewertung gebessert hatte, lehnte der Aufsichtsrat eine Kapitalerhöhung ab, sodass die finanziellen Mittel für die Investition begrenzt waren. Doch der Hauptgrund für die Entscheidung, die Expansion auf eine einzige Region zu beschränken, war die Komplexität der Erweiterung und die damit einhergehende Ressourcenbindung. Eine der wichtigsten Ressourcen war die Zeit, die das GET einbringen musste, vor allem Frank, der immer noch mit der Umsetzung der neuen Strategie in Europa beschäftigt war, obwohl er Thomas und Matthew als Außenhandelsleiter mit Rat und Tat zur Seite stand.

Die Beschränkung auf eine Region führte zu einem weiteren Problem für Frank, Isabelle und das Topmanagement-Team: die Wahl zwischen Matthew und Thomas. Als sich die Diskussionen über mehrere Monate hinzogen, wurden die Debatten zwischen den beiden Kandidaten zunehmend aufgeheizt und am Ende persönlich.

Isabelle bat Kosta und Hugo, gemeinsam eine Analyse der relevanten Finanzdaten für beide Optionen zu erarbeiten (Anhang 9).

Doch Isabelle machte sich nicht nur Sorgen wegen der strategischen und finanziellen Aspekte. Auch die persönliche Dimension dieser Entscheidung bereitete ihr Kopfzerbrechen: die Wahl zwischen Thomas und Matthew. Beide waren herausragende Persönlichkeiten, erfolgreich, charakterfest und engagiert. Isabelle befürchtete, einen der beiden zu verlieren, falls sich der Konflikt zwischen ihnen weiter zuspitzte, und schlimmstenfalls sogar beide.

Angesichts der schwierigen Zeiten konnte sie es sich nicht leisten, Führungstalente zu verlieren, aber ihr gefiel ohnehin keine der Optionen, die das GET vorgelegt hatte. Sie sah sich einem weiteren Dilemma gegenüber.

### Fragen zum Nachdenken

Wie würden Sie an Isabelles Stelle oder als Mitglied des Topmanagement-Teams entscheiden?

Was sollte ATG tun?

- In Nordamerika oder in Asien expandieren?
- Thomas oder Matthew mit der Leitung des neuen Geschäftsbereichs betrauen?
- Andere Optionen in Erwägung ziehen?

Vielleicht möchten Sie Ihre Antwort schriftlich festhalten, bevor wir fortfahren.

# 7 Die Entwicklung besserer Optionen

**Claudio Feser, Daniella Laureiro-Martinez und Stefano Brusoni**

Denn von mir selbst wusste ich, dass ich gar nichts weiß.
*Sokrates,* zitiert in *Leben und Lehre der Philosophen* von Diogenes Laertios

Im Laufe der Zeit hatte Isabelle seltener Zeit gefunden, sich mit Eve zu einem Videocall zu verabreden. Aber sie genoss die Gespräche und freute sich immer, sie wiederzusehen. Sie waren sich nur einmal persönlich begegnet, aber dennoch fühlte sie sich ihr auf Anhieb eng verbunden. Eve schien sich aufrichtig für ihre Probleme zu interessieren und war bereit, ihr Wissen zu teilen. Sie handelte stets selbstlos und forderte nie eine Gegenleistung ein. Isabelle vertraute ihr, ein Gefühl, das sie bisher nur bei Oscar, einem Freund aus Kindertagen, und bei Marco und ihren Töchtern empfunden hatte. Sie betrachtete Eve mittlerweile als ihre Seelenverwandte, wie eine kleine Schwester, die sie nie gehabt hatte.

Dieses Mal war Isabelle besonders erpicht darauf, einige Erkenntnisse mit ihrer kleinen Schwester zu teilen, die sie bei der Anwendung des Vierstufenmodells gewonnen hatte. »Dein Vierstufenmodell ist fantastisch und äußerst hilfreich«, eröffnete sie das Gespräch. »Aber leider nicht vollständig.«

»Was? Wieso denn das?«, fragte Eve beunruhigt angesichts des Gedankens, dass sie bei ihrem Forschungsprojekt etwas übersehen haben könnte.

»Ja. Ich erzähle dir mal, was im GET passiert ist, als wir es angewendet haben. Zuerst haben wir es in unserer Diskussion über die Strategie eingesetzt. Es hat dazu beigetragen, sowohl das Topmanagement-Team als auch den Vorstand auf die Strategie einzuschwören. Bei der Identifizierung und Überprüfung der Annahmen hat alles hervorragend geklappt. Das sorgte, wie du gesagt hattest, für einen sachlichen und geordneten Verlauf der Diskussion über die Optionen und für eine effektive Zusammenarbeit des Teams.«

»Prima. Es freut mich, dass ich helfen konnte«, sagte Eve.

> Die Identifizierung und Überprüfung der Annahmen sorgt für eine Versachlichung der Diskussion über die Optionen und für eine effektive Zusammenarbeit des Teams.

»Ja, aber dann haben wir das Modell ein zweites Mal eingesetzt, bei der Diskussion darüber, wo wir international expandieren sollten. Dabei sind wir in eine Sackgasse geraten und mussten es nachbessern.«

»Aha. Und wie?«

»Bei der Diskussion über das Dilemma und weitere Handlungsalternativen haben wir im GET drei Optionen entwickelt. Die beiden ersten lagen auf der Hand.

Option 1: Die Erweiterung US-Geschäfts mit Matthew.

Option 2: Der Aufbau des Asien-Geschäfts mit Thomas.

In beiden Fällen hätten wir wahrscheinlich einen hervorragenden Mitarbeiter verloren. Das wäre nicht mit unseren Zielen vereinbar gewesen, und deshalb haben wir eine weitere Möglichkeit in Erwägung gezogen.

Option 3: Aufbau des Asien-Geschäfts, das vielversprechender schien als der US-Markt, mit Matthew und Thomas als Co-Leitung.«

Dieses Mal war es Isabelle, die eine Grafikvorlage teilte: »Hier ist eine grafische Darstellung unserer drei Optionen und deren Auswertung anhand der sieben Heuristiken (Abbildung 7.1).«

»Gut gemacht! Das sieht fantastisch aus. Dass du meine Forschungsergebnisse so hervorragend in die Praxis umsetzen konntest, macht mich stolz«, sagte Eve.

»Vielen Dank für das Kompliment«, erwiderte Isabelle. »Auf der Grundlage unserer Analyse schien Option 3 die beste zu sein. Die damit verbundenen Risiken waren klar, vor allem das Risiko, in einem weniger vertrauten Markt mit einem Wertangebot zu expandieren, das in Asien weitgehend unbekannt und daher schwer einzuschätzen war. Doch diese Alternative sah besser aus als die beiden anderen Optionen.«

»Okay, und wie ging es weiter?«, erkundigte sich Eve, die sich fragte, wo das Problem war.

»Nach einer Debatte im GET beschlossen wir einstimmig, in Asien zu expandieren und Thomas und Matthew gemeinsam die Leitung zu übertragen. Damit waren die Vorgabe und das Ziel des Aufsichtsrats erfüllt, unsere internationalen Aktivitäten auf eine Region zu beschränken, und wir konnten Matthew und Thomas im Unternehmen halten. Auch strategisch war die Entscheidung sinnvoll. Der asiatische Markt war riesig, und die Wettbewerbsintensität in ATGs Nische war im Vergleich dazu gering. Thomas und Matthew waren in der Lage, dort genug qualifizierte Mitarbeitende zu finden, um den neuen Geschäftsbereich aufzubauen. Die Zahlen, die Hugo, unser Finanzchef, vorgelegt hatte, spiegelten eindeutig die Attraktivität der asiatischen Option wider. Die erforderlichen Investitionen waren zwar hoch, aber Zeit und Kapital waren vorhanden: Wir waren alle überzeugt, dass wir uns mit dieser Option einen klaren Wettbewerbsvorteil sichern konnten. Dazu kam, dass die Strategie unserer Unternehmenskultur entsprach. Die ATG verfügte bereits über die Kompetenzen, die erforderlich waren, um in ihrer Nische in Asien erfolgreich zu sein, und nach der gelungenen Wende zu Beginn meiner Amtszeit und den jüngsten Erfolgen der erlebnis- und beratungsorientierten Reisedienstleistungen hatte die Belegschaft das Vertrauen in die

R (Richtig), F (Falsch), B (Begründet), ? (Offen, unsicher)

| | | | | | | | | |
|---|---|---|---|---|---|---|---|---|
| **1. Dilemma** | Expansion nach USA oder Aufbau in Asien? Mit Matthew oder Thomas? | | | | | | | |
| **2. Optionen im Exploit-Explore-Kontinuum** (Exploit ← → Explore) | Expansion mit Matthew in US | | Aufbau mit Thomas in Asien | | Aufbau in Asien mit Matthew und Thomas als Co-Leitung | | Option | |
| **Die 7 Heuristiken** | **3. Annahmen** | **4. Fakten** | **3. Annahmen** | **4. Fakten** | **3. Annahmen** | **4. Fakten** | **3. Annahmen** | **4. Fakten** |
| a) Ziele | In einem Markt expandieren | R | In einem Markt expandieren | R | In einem Markt expandieren | R | | |
| | M und T halten | F | M und T halten | F | M und T halten | R | | |
| b) Chancen | US ist eine attraktive Wachstumschance | R | Asien ist eine noch attraktivere Wachstumschance als US | R | Asien ist eine noch attraktivere Wachstumschance als US | R | | |
| c) Zeit | Begrenzte Mittel, Führungskompetenz vorhanden | R | Begrenzte Mittel, Führungskompetenz vorhanden | R | Begrenzte Mittel, Führungskompetenz vorhanden | R | | |
| d) Aktivitäten der Konkurrenz und Erwartungen der Stakeholder | Konkurrenz expandiert global | ? | Konkurrenz expandiert global | ? | Konkurrenz expandiert global | ? | | |
| e) Werte und Kultur | Weniger risikoorientiert (Markt vertraut, Wertangebot überprüft) | B | Stärker risikoorientiert (Markt nicht vertraut, Wertangebot nicht überprüft) | B | Stärker risikoorientiert (Markt nicht vertraut, Wertangebot nicht überprüft) | B | | |
| f) Kompetenzen | Matthew ist integriert und kompetent | R | Thomas ist kompetent, aber Eingliederung unklar | R | Matthew und Thomas sind kompetent | R | | |
| g) »Stimmung« und kollektiver kognitiver Zustand | Wir sind pessimistisch, da unklar, ob wir beide halten können | R | Wir sind pessimistisch, da unklar, ob wir beide halten können | R | Wir sind optimistisch, da unklar, ob wir beide halten können | F | | |

| |
|---|
| **5. Lösung/Beschluss** |

**Abbildung 7.1:** Fünfstufiger Entscheidungsnavigator mit Lösung/Beschluss für Fallbeispiel 3

Zukunft des Unternehmens zurückgewonnen. Die Entscheidung des Topmanagement-Teams erfolgte einstimmig. Nach dem Meeting bat ich Carlo, unseren Aufsichtsratsvorsitzenden, um ein Gespräch für den darauffolgenden Tag. Ich wollte ihm die Option nahelegen, die wir gewählt hatten – Asien und Thomas/Matthew als Führungsgespann –, und wenn er zustimmte, den gesamten Aufsichtsrat informieren.«

»Das klingt ganz so, als sei das die richtige Entscheidung gewesen. Und wo lag das Problem?«, fragte Eve.

»Ich hatte eine schlaflose Nacht.«

»Du konntest nicht schlafen?«

»Ich habe kein Auge zugemacht. Marco wachte gegen zwei Uhr morgens auf, weil ich mich im Bett hin und her wälzte. Er merkte natürlich, was mit mir los war. ›Was geht dir durch den Kopf … die Asien-Entscheidung?‹, wollte er wissen. Ich nickte und entschuldigte mich, dass ich ihn aufgeweckt hatte. ›Die Entscheidung für Asien mit Thomas und Matthew als Co-Leitung ist logisch, aber ist sie auch die richtige? Ich bin gespannt auf die Expansion in Asien, aber Thomas ist neu in der ATG. Ist es klug, ihm die Verantwortung für unsere gesamte Wachstumsstrategie zu übertragen? Matthew wäre natürlich auch noch mit im Führungsteam, aber mir sind nicht viele Beispiele für erfolgreiche Co-Lead-Modelle bekannt. Was wäre, wenn sie in Streit geraten und Matthew geht? Dann sind wir wieder bei Option 2.‹ Ganz abgesehen davon beschäftigte mich die Frage, ob ATGs Kompetenz bei der Rekrutierung und Bindung von Mitarbeitenden in Asien tatsächlich ein Erfolgsfaktor ist. Die asiatische Kultur und Mentalität unterscheiden sich vermutlich erheblich von der im Westen. Die Annahme, dass sie sich eins zu eins übertragen lässt, bereitete mir Unbehagen.«

»Hmm … interessant. Und, wie ging es weiter?«

»Als ich morgens aufstand, hatte ich immer noch ein mulmiges Gefühl. Ich beschloss daher, eine GET-Krisensitzung einzuberufen. Ich erklärte meinem Team unumwunden, dass mir Zweifel gekommen waren und wir das Ganze noch einmal in Ruhe durchdenken sollten. Im Grunde war ich besorgt, weil wir die Annahme, dass unser Geschäftsmodell in Asien funktionieren würde, nicht in allen Einzelheiten überprüfen konnten. Thomas genoss großes Ansehen, aber würde er als Führungskraft in seinem neuen ATG-Wirkungskreis genauso erfolgreich sein? Und konstruktiv mit Matthew zusammenarbeiten? Würde es Matthew gelingen, das Projekt zum Laufen zu bringen? Am Ende gab es so viele Fragezeichen, dass ich mir nicht mehr sicher war, ob Option 3 wirklich unsere beste Wahl war.«

»Okay. Was passierte dann?«

»Daraufhin erfolgte eine Diskussion, die mit Hugos Frage endete: ‚Ist die Forderung, die Expansion auf eine Region zu beschränken, eine unumstößliche Tatsache – oder können wir den Aufsichtsrat bitten, sie noch einmal zu überdenken? Ich kann natürlich nur für meinen Aufgabenbereich sprechen, aber ich würde meinem Team zutrauen, Finanzdienstleistungen für zwei weitere Regionen bereitzustellen. Sollte der Aufsichtsrat eine Expansion sowohl in Asien als auch in den USA bewilligen, könnten wir vielleicht eine andere, bessere Option finden, zum Beispiel 80 bis 90 Prozent der Ressourcen in den Aufbau des Nordamerika-Geschäfts investieren – mit Matthew, der sich als Führungskraft in der ATG einen Namen gemacht hat – und mit dem Rest einen kleinen Vorstoß in den asiatischen Markt wagen. Damit hätten wir Zeit, zwei Annahmen vorab zu überprüfen: Erstens, ob sich unser Geschäftsmodell auch in Asien bewährt. Und zweitens, ob Thomas in die ATG integriert ist und auch seinen neuen Tätigkeitsbereich erfolgreich führen kann.«

»Interessant. Ihr habt gewissermaßen eine der sogenannten Randbedingungen verändert.«

»Ja, genau. Das GET hat – nach einer kurzen Diskussion – die vorgeschlagene neue Option unterstützt und mich beauftragt, mit Carlo und dem Aufsichtsrat zu sprechen. Bisher hatte ich mich immer an seine Vorgaben gehalten; zu ihm zu gehen und sie in Frage zu stellen, ist mir nicht leichtgefallen. Zu meiner Überraschung war es gar nicht so schwierig: Carlo verstand das Dilemma und gelangte mit dem Aufsichtsrat zu dem einhelligen Beschluss, die Anforderung fallenzulassen und der Doppelstrategie eine Chance zu geben, allerdings erst dann, wenn er sich vergewissert und ausreichende Fakten vorliegen hatte, dass alle GET-Angehörigen und insbesondere Hugo, Alessandro und Alison mit ihren Teams imstande sind, zwei weitere Regionen tatkräftig und effektiv zu unterstützen.«

»Es tauchte also eine neue, bessere Option auf.«

»Richtig. Und der Aufsichtsratsvorsitzende erhielt darüber hinaus noch die Bestätigung, dass es mir gelungen war, das Topmanagement-Team zusammenzuschweißen.«

»Herzlichen Glückwunsch, Isabelle«, erwiderte Eve und begann, die Diskussionsbruchstücke zusammenzufügen. »Das heißt also, wenn keine der verfügbaren Optionen zufriedenstellend ist, gilt es, neue Alternativen zu entwickeln. Dazu müssen wir feststellen, welche der sieben Heuristiken zur Optimierung der Exploit-Explore-Balance den Optionsraum beträchtlich einengen, und herausfinden, ob sich daran etwas ändern lässt. Das ist mit einem Optimierungsalgorithmus vergleichbar. Er trägt zu Verbesserungen der Planung innerhalb definierter Randbedingungen bei. Werden einige dieser festgelegten Rand- oder Rahmenbedingungen aufgehoben, haben die Algorithmen mehr Raum für die Optimierung zur Verfügung, oder?«

> Wenn keine der verfügbaren Optionen zufriedenstellend ist, gilt es, neue Alternativen zu entwickeln.

»Richtig. Genau das haben wir gemacht«, erwiderte Isabelle. »Wir haben die beste verfügbare Alternative gewählt, die überprüften Annahmen noch einmal Revue passieren lassen und uns gefragt, welche Optionen sich herauskristallisieren könnten, wenn wir die eine oder andere Annahme ausklammern würden. Wir fanden, dass zwei miteinander verbundene Heuristiken besonders einengend waren:

1. Die Vorgabe des Aufsichtsrats, entweder in Nordamerika oder in Asien zu expandieren.
2. Die begrenzten Management-Ressourcen.

Dann haben wir überlegt, was wäre, wenn diese Einschränkungen entfielen. Sagen wir, der Aufsichtsrat würde der Expansion in beiden Märkten zustimmen, und das Management wäre in der Lage, die entsprechenden Vorkehrungen zu treffen – zum Beispiel die Einstellung zusätzlicher Arbeitskräfte oder der Einsatz firmenexterner Ressourcen –, um zwei internationale Expansionsprojekte gleichzeitig zu unterstützen. Ohne die Beschränkungen begann sich zumindest eine neue sinnvolle Option abzuzeichnen.«

»Eine neue Option?«

»Ja, nämlich Option 4: mit dem größeren Teil des verfügbaren Kapitals das Nordamerika-Geschäft unter Matthews Führung zu erweitern. Und danach unter Thomas' Leitung einen begrenzten Geschäftsbereich in Asien aufzubauen, als Experiment, um zu testen, ob das Wertangebot unseres Unternehmens in Asien die erhofften Ergebnisse bringt, und Thomas' Fähigkeit auszuloten, sich in das Unternehmen zu integrieren. Im Anschluss haben wir die neue Option ausgewertet und gewählt (Abbildung 7.2). Und nicht zu vergessen, eine Lösung für unser Dilemma gefunden.«

»Wow, das ist fantastisch. Danke für das Teilen«, sagte Eve, sichtlich erfreut, wie Isabelle ihr Vierstufenmodell auf ihre Situation angewendet und optimiert hatte. »Da wir heute die Rollen getauscht und du mir gezeigt hast, wie sich das Modell noch verbessern lässt, bin ich an der Reihe, unser Gespräch zusammenzufassen. Grundlegend hast du den Entscheidungsnavigator für dynamische und von Unsicherheit geprägte Situationen erweitert. Es umfasst nun sechs Stufen oder Schritte.

Stufe 1: *Dilemma* – Identifizierung des Exploit-Explore-Dilemmas.

Stufe 2: *Optionen* – Erweiterung des Exploit-Explore-Kontinuums.

Stufe 3: *Konditionen* – Identifizierung der Annahmen für jede Option der sieben Exploit-Explore-Heuristiken und die Überlegung ›Welche Annahmen müssen sich für diese Option als richtig erweisen?‹. Verborgene Annahmen durch schriftliche Dokumentation, kritische Beweisführung und eine schrittweise Suche nach logischen Begründungen aufdecken, das heißt durch eine Aneinanderreihung von Warum-Fragen: Warum, warum, warum …

Stufe 4: *Überprüfung/Test* – Überprüfung der relevanten Annahmen. Das erfordert Zeit und Energie, wobei es nicht erforderlich ist, logische und unwesentliche Annahmen einzubeziehen. Wichtig ist eine effiziente Durchführung mit Fokussierung auf die grundlegenden Annahmen und die kostengünstigsten Überprüfungsmaßnahmen.

R (Richtig), F (Falsch), B (Begründet), ? (Offen, unsicher)

| 1. Dilemma | Erweiterung in den USA oder Aufbau in Asien? Mit Matthew oder Thomas? | | | | | | | |
|---|---|---|---|---|---|---|---|---|
| **2. Optionen im Exploit-Explore-Kontinuum** (Exploit ← → Explore) | Erweiterung mit Matthew in USA | | Aufbau mit Thomas in Asien | | Aufbau in Asien mit Matthew und Thomas als Co-Leitung | | USA mit 80 Prozent der Ressourcen, Asien mit 20 Prozent der Ressourcen | |
| **Die 7 Heuristiken** | **3. Annahmen** | **4. Fakten** | **3. Annahmen** | **4. Fakten** | **3. Annahmen** | **4. Fakten** | **3. Annahmen** | **4. Fakten** |
| a) Ziele | In 1 Markt expandieren; M und T halten | R<br>F | In 1 Markt expandieren; M und T halten | R<br>F | In 1 Markt expandieren; M und T halten | R<br>R | Expansion in 2 Märkten; M und T halten | R<br>R |
| b) Chancen | USA attraktive Wachstumschance | R | Asien attraktivere Wachstumschance als USA | R | Asien attraktivere Wachstumschance als USA | R | Asien und USA sind attraktiv | R |
| c) Zeit | Begrenzte Mittel und Managementkompetenz | R | Begrenzte Mittel und Managementkompetenz | R | Begrenzte Mittel und Managementkompetenz | R | Begrenzte Mittel, aber Managementkompetenz vorhanden | R |
| d) Aktivitäten der Konkurrenz und Erwartungen der Stakeholder | Konkurrenz expandiert national | ? | Konkurrenz expandiert national | ? | Konkurrenz expandiert national | ? | Konkurrenz expandiert national | ? |
| e) Werte und Kultur | Weniger risikoorientiert (Markt vertraut; Wertangebot überprüft) | B | Stärker risikoorientiert (Markt nicht vertraut; Wertangebot nicht überprüft) | B | Stärker risikoorientiert (Markt nicht vertraut; Wertangebot nicht überprüft) | B | Ermöglicht Überprüfung des Geschäftsmodells und Thomas` Eingliederung in ATG | R |
| f) Kompetenzen | Matthew ist bekannt und kompetent | R | Thomas ist kompetent, Eingliederung von Thomas in ATG ist ungewiss | R | Matthew und Thomas sind kompetent | R | Matthew und Thomas sind kompetent | R |
| g) »Stimmung« und kollektiver kognitiver Zustand | Pessimistisch, ob wir beide halten können | R | Pessimistisch, ob wir beide halten können | R | Optimistisch, dass wir beide halten können | F | Optimistisch, dass die Option erfolgreich umzusetzen ist | R |
| **5. Optimierung** | Option 3 ist unsicher. Veränderung der Randbedingung »Nur 1 Markt« und Überprüfung der verfügbaren Managementkompetenz | | | | | | | |
| **6. Lösung/Beschluss** | Option 4 | | | | | | | |

**Abbildung 7.2:** Sechsstufiger Entscheidungsnavigator mit Lösung/Beschluss für Fallbeispiel 3

Stufe 5: *Optimierung* – Anpassung von Randbedingungen, um den Optionsraum zu erweitern. Fehlen zufriedenstellende Optionen, gilt es, die einengenden Annahmen im Spektrum der sieben Heuristiken zu verändern und bessere Alternativen zu entwickeln.

Stufe 6: *Lösung/Beschluss* – Entscheidung.«

»Hervorragend, Eve! Besser hätte ich es nicht machen können«, sagte Isabelle, stolz, einen Beitrag zu Eves wissenschaftlicher Arbeit geleistet zu haben. »Und noch etwas: Du brauchst eine Abkürzung für dieses Entscheidungsmodell, als Erinnerungshilfe für diejenigen, die deine Abhandlung begutachten. Während ich dir zugehört habe, habe ich von jeder der sechs Stufen den Anfangsbuchstaben notiert: D für Dilemma, O für Optionen, K für Konditionen, T für Test/Überprüfung, O für Optimierung und R für Resolution oder Lösung/Beschluss. Das Ganze könntest du als DOKTOR-Modell der Entscheidungsfindung in dynamischen und von Unsicherheit geprägten Situationen bezeichnen!«

»Das Akronym gefällt mir. Es spiegelt den wissenschaftlichen Ansatz wider.«

»Wissenschaftlich?«, hakte Isabelle nach.

»Ja, die Entwicklung von Optionen, die Identifizierung und Überprüfung der Hypothesen oder Annahmen ist seit jeher ein wissenschaftlicher Ansatz. Studien haben gezeigt, dass diese Herangehensweise zu erheblich besseren Entscheidungen führt.«

»Wirklich?«

»Ja. Es gab ein Forschungsteam unter der Leitung von Arnaldo Camuffo und Alfonso Gambardella von der Bocconi Universität in Mailand, die ein entsprechendes Experiment mit mehr als hundert italienischen Firmengründer*innen aus verschiedenen Branchen durchgeführt haben (Camuffo et al., 2020). Die Start-ups befanden sich in einer frühen Phase der Entwicklung, das heißt, sie hatten eine noch nicht voll ausgereifte Geschäftsidee oder gerade erst angefangen, an einem Produkt oder einer Dienstleistung zu arbeiten, und noch keine Einnahmen. Gleich zu Beginn des Experiments nahmen die Jungunternehmer*innen an einem Programm für Entrepreneure teil, das sie in vier Themenbereiche einführte. Erstens, die Entwicklung eines Geschäftsmodell-Canvas für ihre Geschäftsidee. Zweitens, die Durchführung von Kundenbefragungen, um Informationen über den Markt, die Bedürfnisse und Erwartungen ihrer potenziellen Klientel und Feedback zu ihrer Geschäftsidee zu gewinnen. Drittens, die Entwicklung eines MVP, eines Produkts mit minimaler Funktionalität, das von den Nutzern getestet und ihrem Feedback entsprechend angepasst werden kann. Und viertens, die Entwicklung eines Prototyps, um die Idee umzusetzen. Die Teilnehmenden am Programm wurden ohne ihr Wissen nach dem Zufallsprinzip zwei Gruppen zugeteilt, einer ›wissenschaftlich orientierten Denkgruppe‹ und einer Kontrollgruppe. Das Training war bei allen gleich, abgesehen davon, dass die Denkgruppe die Anweisung erhalten hatte, ihre Geschäftsmodelle als Theorie und die Befragungen, die MVPs und die Prototypen als Experimente zu betrachten, um ihre Theorien objektiv einzuschätzen, zu überprüfen, zu aktualisieren und schrittweise weiterzuentwickeln.

Ein Jahr nach Beendigung des Programms wurden die Ergebnisse der beiden Gruppen ausgewertet.

Erstens wurden die Fortschritte anhand von drei Punkten ausgewertet. Punkt eins: die Anzahl der Jungunternehmer*innen, die aufgegeben hatten. Der Ausstieg ist bei Start-ups keine Seltenheit, weil sich erst in der Praxis und im Verlauf der Zeit zeigt, ob eine Geschäftsidee Hand und Fuß hat. Punkt zwei: die Anzahl der Start-ups, die ihre Produkte oder Dienstleistungen eingeführt und Einnahmen generiert hatten. Und Punkt drei: die Anzahl der Start-ups, die sich immer noch in der Planungsphase befanden.

Zweitens wurde die Anzahl der ›Kurswechsel‹ ausgewertet. Kurswechsel waren als einschneidende Änderungen der Geschäftsidee definiert, zum Beispiel eine Änderung des grundlegenden Wertangebots, das mit einem Produkt oder einer Dienstleistung einherging, oder eine Änderung der Zielkundensegmente.

Drittens wurden die Einkommensströme der Firmen ausgewertet, die an den Start gegangen waren.

Abbildung 7.3 zeigt die Ergebnisse der Auswertung.«

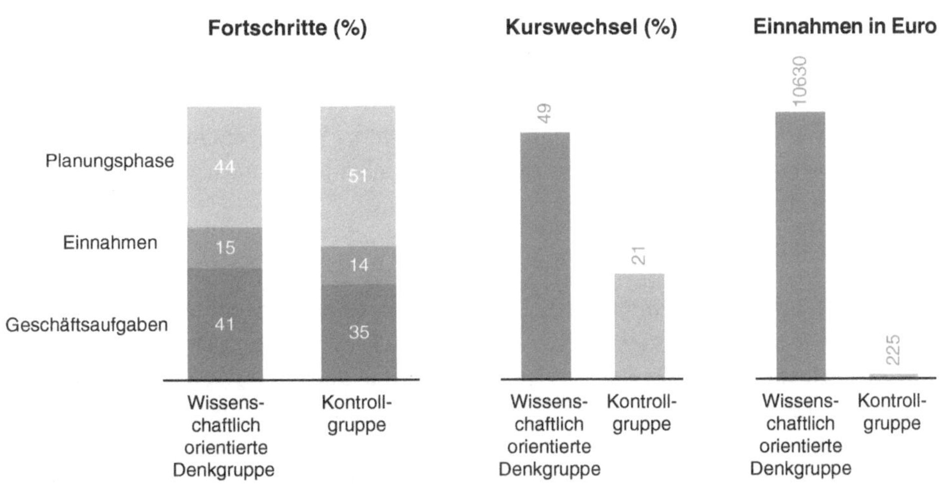


**Abbildung 7.3:** Die Auswirkung der wissenschaftlich orientierten Denkweise auf die Entscheidungsfindung und Entwicklung von Start-ups

»Die Anzahl der Geschäftsaufgaben, Markteinführungen (Einnahmen) und noch in der Planungsphase befindlichen Firmen war in beiden Gruppen ähnlich. In der wissenschaftlich orientierten Denkgruppe gab es weniger Start-ups in der Planungsphase, aber die Unterschiede waren nicht groß.

Die Anzahl der Kurswechsel war in der wissenschaftlichen Denkgruppe jedoch erheblich höher als in der Kontrollgruppe (49 zu 21 Prozent). Wie bei den Superprognostiker*innen, die dazu neigen, ihre Vorhersagen häufiger als andere zu aktualisieren, schienen die Firmengründer*innen, die ihre Geschäftsideen und Geschäftsmodelle als

Hypothesen betrachteten und strukturiert testeten, sie häufiger zu überarbeiten und nachzujustieren. Sie erzielten ebenfalls die besseren Ergebnisse: Die Einnahmen in dem Jahr, in dem die wissenschaftlich orientierte Denkgruppe ihre Produkte oder Dienstleistungen eingeführt hatte, beliefen sich im Durchschnitt auf mehr als 10 600 Euro, die der Kontrollgruppe auf weniger als 250 Euro.

Wenn wir davon ausgehen, dass sich die höheren Einnahmen mit einer verbesserten Entscheidungsqualität gleichsetzen lassen, zeigt sich in diesem Experiment, dass wissenschaftliches Denken die Entscheidungsqualität um ein Vielfaches, um annähernd 4000 Prozent, erhöht.«

»Wow, beeindruckend«, staunte Isabelle.

»Einzigartig an diesem Modell ist, dass es zwei der besten wissenschaftlichen Forschungs- und Problemlösungsansätze, die deduktive und die induktive Methode, kombiniert und ihre Hebelwirkung nutzt.«

»Was heißt das?«, hakte Isabelle nach.

»Nun, induktive Problemlösungen basieren auf Fakten oder Beobachtungen, in denen wir ein Muster erkennen. Daraus entwickeln wir eine Theorie, eine Lösung. Wir leiten aus einem Einzelfall eine allgemeine Aussage ab. Eine einfache und schnelle Bottom-up-Methode, mit der wir im Alltag Probleme lösen. In der Wissenschaft wird sie in der explorativen Forschung angewendet, da sie kreativ ist und neue Entdeckungen fördert. Allerdings ist Vorsicht geboten, denn sie führt leicht zu Voreingenommenheit, weil die Schlussfolgerungen und Lösungen, die wir aus den Beobachtungen ableiten, in hohem Maß subjektiv sind.«

»Und die deduktive Methode?«

»Bei deduktiven Problemlösungen leiten wir aus einer allgemeinen Aussage einen Einzelfall ab, eine Top-down-Methode. Wir entwickeln eine Theorie, eine Lösung, von der wir glauben, dass sie ein Problem beseitigt. Sie basiert auf Hypothesen, die wir dann auf ihre Gültigkeit überprüfen, um stichhaltige, auf Fakten basierende, objektive Schlussfolgerungen zu ziehen. Der Vorteil dieser Methode besteht darin, dass wir damit zu Schlussfolgerungen gelangen, die sich als richtig oder falsch bestätigt haben, das heißt zu logisch fundierten Argumenten und Entscheidungen. Wir können sie anderen erklären, die bei Zugriff auf die gleichen Fakten die gleichen logischen Schlussfolgerungen ziehen. In der Wissenschaft wird das deduktive Denken bei Bestätigungsstudien angewendet. Genau das haben Camuffo und Gambardella in ihrer Studie an der Bocconi Universität gemacht. Die Nachteile sind, dass diese Methode selten zu neuen Erkenntnissen führt und dass sie Zeit erfordert. Ich habe die wichtigsten Vor- und Nachteile der beiden Problemlösungsansätze in Abbildung 7.4 zusammengefasst«, sagte Eve und teilte die Grafikvorlage auf dem Bildschirm.

»Wenn wir zuerst verschiedene Optionen entwickeln, das heißt verschiedene Problemlösungen, wendet das Entscheidungsmodell die induktive Denkweise an. Das ist

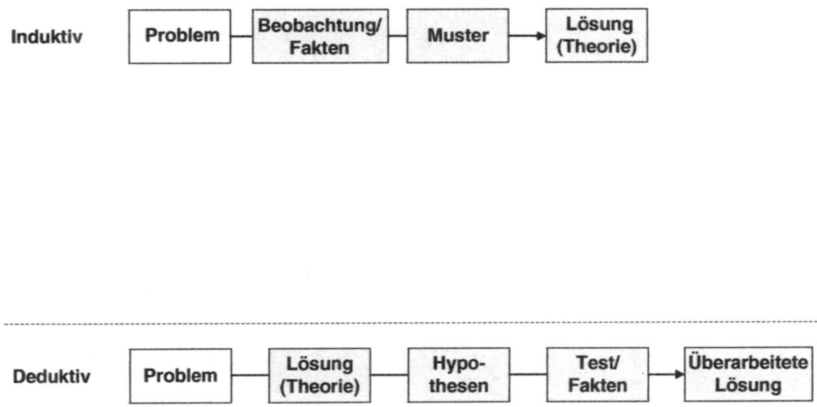


| | Vorteile: | Nachteile: |
|---|---|---|
| Induktiv | • leicht anzuwenden (so entwickeln wir die meisten Entscheidungen im Alltag),<br>• eröffnet neue Möglichkeiten, führt zu neuen Lösungen, innovativ,<br>• hilfreich bei Konfrontation mit neuartigen Herausforderungen. | • ungenau, geringere Validität (Richtigkeit der Fakten oder Beobachtungen ist keine Garantie für Richtigkeit der Schlussfolgerungen),<br>• Voreingenommenheit (Schlussfolgerungen hängen von den Personen ab, die sie ziehen). |
| Deduktiv | • höhere Validität, das heißt, Schlussfolgerungen ergeben sich logisch aus Fakten,<br>• unvoreingenommen, objektiver, überprüfbar,<br>• mehr Klarheit und Sicherheit. | • baut auf vorhandenem Wissen auf, das den Lösungsraum einschränkt,<br>• erfordert mehr Zeit. |

**Abbildung 7.4:** Das Entscheidungsmodell, das die Vorteile des induktiven und deduktiven Denkens bei Problemlösungen kombiniert

vor allem dann der Fall, wenn wir in Teams arbeiten, bei denen wir auf unterschiedliche Erfahrungen und Denkmuster zugreifen können, um Optionen zu entwickeln. Ein Erfolgsrezept von Teams ist, wie bereits erwähnt, die Erweiterung des Optionsraums, weil hier viele zusammenkommen, die induktiv denken und Lösungsmöglichkeiten erarbeiten. In diesen Prozess fließen die subjektiven Sichtweisen und Denkmuster verschiedener Personen ein, was zu mehr und oft zu kreativen Optionen führt. Im Anschluss daran setzt das Modell jedoch Hypothesen und Tests ein, um die Optionen auf ihre Gültigkeit zu überprüfen. Es filtert die kognitiven Verzerrungen heraus, um zu validen, faktenbasierten Entscheidungen zu gelangen. Das ist der deduktive Teil des Entscheidungsmodells. Er trägt dazu bei, in Situationen, die von Unsicherheit geprägt sind, die natürliche Neigung des Gehirns zu kognitiven Verzerrungen zu überwinden.«

**Sollen wir unserem Bauchgefühl trauen?**

Wir werden oft gefragt, welche Rolle die Intuition in diesem Kontext spielt. Schließlich sind nicht alle Entscheidungen das Ergebnis eingehender Überlegungen bezüglich einer Vielzahl von Optionen und einer Wahl, die sich auf deduktive Schlussfolgerungen zurückführen lässt. Oft sind sie der Tatsache geschuldet, dass wir unser Bauchgefühl einbeziehen.

Aber was ist unter Intuition zu verstehen, und sollten wir sie als Hebel einsetzen?

Intuition ist ein Begriff, der einfacher klingt, als er ist. Studien zufolge handelt es sich nicht um ein homogenes Konzept, sondern vielmehr um einen Sammelbegriff für verschiedene kognitive Mechanismen und Modelle, die im Kontext automatisch-intuitiver Prozesse zur Sprache kommen (Glöckner und Witteman, 2010). Intuition könnte man als »affektiv aufgeladene Beurteilungen« definieren, »die durch schnelle, unbewusste und holistische Assoziationen entstehen« (Dane und Pratt, 2007). Zu den charakteristischen Definitionsmerkmalen, auf die sich Forschende verständigt haben, gehört unter anderem, dass Intuition keine aktiven Überlegungen voraussetzt, sondern vielmehr ein automatischer Prozess ist, der oft außerhalb der bewussten Wahrnehmung stattfindet (Kopalle et al., 2023). Intuitive Prozesse laufen also außerhalb der bewussten Kontrolle ab, sie tauchen blitzschnell auf, erkennen typische Merkmale oder Muster und werden von Emotionen getrieben. Studien haben gezeigt, dass Menschen, die sich in einer positiven Stimmung befinden, sich bei der Entscheidungsfindung stärker auf ihre Intuition als auf kognitiv gesteuerte Entscheidungsfindungsmethoden verlassen (Weiss und Cropanzano, 1996).

Viele Führungskräfte gehen intuitiv an die Entscheidungsfindung heran, vor allem in einem instabilen Umfeld (Kopalle et al., 2023). Es ist wichtig, sich klarzumachen, dass die Intuition hilfreich ist, weil sie uns erlaubt, in komplexen, mehrdeutigen Situationen binnen kürzester Zeit Muster zu erfassen, die kognitive Last zu verringern, die mit einer ausführlichen Analyse verbunden wäre, und den Prozess der Entscheidungsfindung zu beschleunigen. Mit anderen Worten: Intuition ist effizient.

Aber wie effektiv ist sie? Wie gut sind Entscheidungen, die auf dem Bauchgefühl basieren? Die Forschungen zur Effektivität sind immer noch Teil einer laufenden Debatte, und weitere empirische Studien sind erforderlich, um zu verstehen, wann Intuition als Einflussfaktor von Vorteil ist und wann nicht.

Einigkeit herrscht lediglich in der Auffassung, dass Intuition im Idealfall mit formalen, faktenbasierten Analysen zusammengespannt wird (Calabretta et al., 2017; Kolbe et al., 2020; Kopalle et al., 2023). Anders ausgedrückt, bei Entscheidungen von essenzieller Bedeutung sollte die Intuition durch eine bewusste deduktive Methode zur Überprüfung der Annahmen untermauert werden.

»Alles klar«, sagte Isabelle. »Fakt ist, dass dieses Entscheidungsmodell das Beste aus beiden Welten kombiniert. Es verbindet die Vorteile von zwei alternativen und oft im Wettstreit miteinander stehenden Problemlösungsmethoden: Es leistet innovativen und gleichzeitig unvoreingenommenen Entscheidungen Vorschub.«

»So ist es!«, bestätigte Eve.

»Ja, aber ist dieser Ansatz nicht ein bisschen zu ›wissenschaftlich‹? Ich bin Führungskraft in einem Unternehmen, keine Wissenschaftlerin, genauso wenig wie meine Kolleginnen und Kollegen in der ATG«, gab Isabelle zu bedenken, die sich fragte, ob die Methode auch in der Praxis von ihrem Team und im gesamten Unternehmen effektiv genutzt werden konnte.

»Wissenschaftliches Denken ist nicht an eine bestimmte Berufssparte gebunden. Klar, Forschende werden dafür bezahlt, wie Wissenschaftler zu denken und zu arbeiten. Doch hier handelt es sich um eine innere Einstellung und eine Fähigkeit, die allen zugänglich ist. Es geht darum, unser Wissen zu hinterfragen, aufgeschlossen für Neues zu sein und unseren Standpunkt zu überdenken, sobald neue Fakten auftauchen, die eine Aktualisierung nahelegen. Das Entscheidungsmodell ist eine Entscheidungsfindungsmethode, eine Technik, die man erlernen, einüben und in Fähigkeiten und Fertigkeiten, sprich Skills, umwandeln kann, um den Umgang mit einer Situation zu verbessern«, erwiderte Eve auf Isabelles Einwand hin.

»Vermutlich hast du recht. Ich würde diese Methode gerne bei ATG einführen, wenn wichtige Entscheidungen anstehen, nicht nur im GET, sondern auf allen Ebenen der Organisation«, erklärte Isabelle.

»Prima. Und vielen Dank für diese Unterhaltung und deine Hilfe bei der Weiterentwicklung des Modells«, sagte Eve. »Mir gefällt das DOKTOR-Akronym, aber ich würde den Begriff ›Entscheidungsnavigator‹ vorziehen.«

»Entscheidungsnavigator?«

»Ja. Wie du in den vergangenen Monaten vielleicht bemerkt hast, ist jede Entscheidung, die wir treffen, von früheren Entscheidungen abhängig und somit auch für künftige Entscheidungen prägend. In dynamischen, unsicheren Situationen entstehen Entscheidungen schrittweise, stellen keine Einzelereignisse dar, sondern bauen aufeinander auf wie die Stationen einer Reise. Immer dann, wenn wir einen Weg durch das klippenreiche Gewässer dynamischer Situationen finden müssen, begeben wir uns auf eine Entscheidungsreise.«

»Verstehe, daher der Name Entscheidungsnavigator. Gefällt mir«, sagte Isabelle.

### Die Bedeutung selbstsicherer Bescheidenheit

Um das empfohlene Entscheidungsmodell effektiv zu nutzen, ist eine wissenschaftliche Denkweise unabdingbar.

Der Psychologe Adam Grant hat den Begriff »Selbstsichere Bescheidenheit« geprägt, um sie zu beschreiben. Hier geht es um Selbstvertrauen, was unsere Kompetenzen betrifft, doch ohne blindes Vertrauen in unsere Methoden, Theorien oder Überzeugungen (Grant, 2021). Bei dieser Denkweise oder Geisteshaltung gilt es, unser Wissen und unsere Theorien zu hinterfragen, neugierig zu bleiben und über die eigenen Grenzen hinauszugehen, um neue Erkenntnisse zu gewinnen.

Der megaerfolgreiche Erfinder Thomas Edison führte unzählige Experimente durch, die scheiterten, bevor es ihm gelang, die Glühbirne zu entwickeln. Zu seinen Misserfolgen befragt, sagte er wie verlautet: »Von Versagen kann keine Rede sein. Ich habe nur 10 000 Wege gefunden, wie es nicht funktioniert.« Thomas Edison verfügte über die Gabe der selbstsicheren Bescheidenheit. Er vertraute seinen eigenen Fähigkeiten, klammerte sich aber nicht an seine Theorien. Er testete seine Annahmen ständig anhand von Experimenten.

Selbstsichere Bescheidenheit kann vor dem Dunning-Kruger-Effekt schützen (Kruger und Dunning, 1999). Erstmals 1999 von den Psychologen David Dunning und Justin Kruger beschrieben, geht es beim Dunning-Kruger-Effekt um Menschen, die ihre eigenen Kompetenzen oder ihr Wissen maßlos überschätzen (sie befinden sich auf dem Peak des »Mount Stupid«, auf dem Gipfel des »Berges Dumm«, siehe Abbildung 7.5)

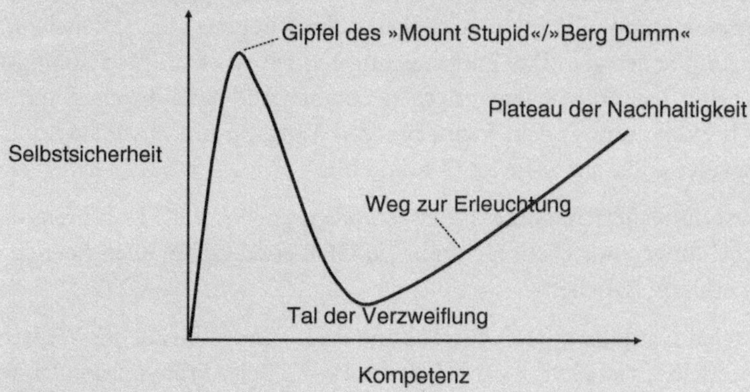


**Abbildung 7.5:** Der Dunning-Kruger-Effekt

Wie viele andere laufen auch Führungskräfte Gefahr, Opfer des Dunning-Kruger-Effekts zu werden. Wenn sie Betriebswirtschaft studiert haben und General-Management-Aufgaben wahrnehmen, sind sie nicht zwangsläufig Experten in anderen Kompetenzbereichen, die für das Unternehmen relevant sind, also zum Beispiel mit der Technologie, den Einzelheiten von Produktionsprozessen oder dem Know-how in Bereichen vertraut, die für den unmittelbaren Kontakt mit Kundinnen und Kunden unabdingbar sind. Wenn ihr Unternehmen erfolgreich ist, neigen viele dazu, ihre eigenen Fähigkeiten zu überschätzen. Infolge des Dunning-Kruger-Effekts sind ihnen die eigenen Grenzen oft nicht einmal bewusst, wie die beiden Psychologen feststellten. Da es ihnen nicht nur an Kompetenz mangelt, sondern auch an der Fähigkeit, sich selbst objektiv zu beurteilen, mauern sie, wenn es um Standpunkte und Problemlösungen geht, die den eigenen widersprechen.

Irgendwann im Verlauf des Lebens sind wir vermutlich alle schon einmal Opfer des Dunning-Kruger-Effekts geworden. Wie können Sie Abhilfe schaffen? Machen Sie sich bewusst, wann Sie sich zum letzten Mal auf dem »Mount Stupid« befunden haben, nehmen Sie ein Selfie auf dem Gipfel der Selbstüberschätzung auf, und werfen Sie hin und wieder einen Blick darauf. Es wird Sie daran erinnern, sich in intellektueller Demut zu üben.

»Mit dir über meine Forschungen zu sprechen, ist enorm hilfreich für mich. Dadurch wird meine Abhandlung praxistauglicher und leichter zugänglich. Du optimierst meine Arbeit, tausendmal besser als ein Zauberlehrling! Wie sieht es bei dir aus, können wir uns mal wieder persönlich treffen? Ich würde dich gerne umarmen!«, schlug Eve mit einem strahlenden Lächeln vor.

»Ja, gerne! Ich werde meine Assistentin Franziska bitten, einen Termin zu vereinbaren, der uns beiden passt. Ich freue mich, meine Mentorin und Mentee wiederzusehen«, erwiderte Isabelle, ebenfalls lächelnd.

### Kernaussagen

- Manchmal ist – auch dann, wenn der Optionsraum erweitert wurde – keine der verfügbaren Optionen zufriedenstellend.
- Sobald alle Annahmen aufgedeckt wurden, lassen sie sich nicht nur überprüfen, sondern auch hinterfragen und verändern, um zu besseren Problemlösungen zu gelangen und damit bessere Entscheidungen zu treffen.
- Fragen Sie sich stets: Welche Optionen könnten sich herauskristallisieren, wenn diese spezifische Annahme entfiele?

Unser Entscheidungscanvas – der Entscheidungsnavigator (Abbildung 7.6; https://timgroup.ethz.ch/Decision_Navigator.html) – wurde weiterentwickelt und schließt nun sechs Stufen oder Schritte ein:

1. Das Exploit-Explore-Dilemma identifizieren.
2. Den Optionsraum innerhalb des Exploit-Explore-Kontinuums erweitern.
3. Die Annahmen für jede Option mit Hilfe der sieben Entscheidungsheuristiken identifizieren.
4. Die relevanten Annahmen anhand von Fakten überprüfen.
5. Die Randbedingungen (Annahmen) ändern, um neue Optionen zu entwickeln.
6. Entscheiden.

**Abbildung 7.6:** Zusammenfassung des sechsstufigen Entscheidungsnavigators

# Teil III
# DER UMGANG MIT SPANNUNGEN BEI ENTSCHEIDUNGEN UNTER UNSICHERHEIT

# 8 Viertes Fallbeispiel: Die Umsetzung von Entscheidungen

**Claudio Feser, David Redaschi und Karolin Frankenberger**

Ungefähr ein halbes Jahr später wurde zunehmend klar, dass die Transformation von ATGs dualem Vertriebsansatz zum Stillstand gekommen war. Das Problem lag nicht in den USA oder Asien, wo sowohl die Dynamik als auch das Kundenfeedback nach wie vor stark waren, sondern vielmehr im Kerngeschäft in Europa.

Mit ATGs neuer Strategie strebten Isabelle und das Topmanagement-Team nicht nur die Branchenführung an, um die Vorteile der erlebnisfokussierten personalisierten Reisen zu nutzen, die derzeit im Trend lagen, sondern zielten langfristig darauf ab, ATG zum Unternehmen mit der höchsten Innovations-, Wachstums- und Rentabilitätsrate in der europäischen Reiseindustrie zu machen. Mit der Digitalisierung der Frontoffice-Prozesse hatte das GET darüber hinaus eine massive Verbesserung der Kundenzufriedenheit angestoßen, gemessen am Net Promoter Score (NPS), auch Promotorenüberhang genannt, eine Kennzahl, die Aufschluss über die Zufriedenheit (gemessen an der Häufigkeit der Weiterempfehlungen) und die Loyalität (gemessen an der Fluktuationsrate) der Kundinnen und Kunden gibt.

Die Umsetzung der neuen Strategie erforderte von den Mitarbeitenden der Reisebüros die Erweiterung ihres Kompetenzspektrums, um die erlebnisbasierten Serviceleistungen und Reisepakete einschließlich der fachkundigen Beratung anbieten zu können. Dazu gehörte unter anderem die Fähigkeit, komplexe Angebote in erlebnisbasierte Rundum-sorglos-Reisen zu integrieren (zum Beispiel Ausflüge, Tourguides, Events). Das erforderte aufmerksames Zuhören, um die Kundenwünsche besser zu verstehen. Außerdem waren Kreativität gefragt, um die einzelnen Bausteine zu maßgeschneiderten Paketen zu schnüren, und unternehmerisches Denken, um zu erkennen, wo sich auch in Zukunft Chancen für erlebnisbasierte Reisepakete boten. Doch der Versuch, diese neuen Kompetenzen auf breiter Front aufzubauen, kam einfach nicht richtig in Gang.

Dazu kam, dass die aktive Unterstützung der neuen Strategie auf einen Teil der Belegschaft begrenzt war, wie die letzten Umfragen andeuteten (siehe Anhang 10).

Während die Entwicklung und Implementierung der digitalen Plattform im Frontoffice-Bereich unter Alessandros Leitung sichtbare Fortschritte zu verzeichnen hatte, schienen die Mitarbeitenden im Vertrieb die Transformation nur halbherzig mitzutragen. Ihre »unternehmerischen Impulse« ließen ebenfalls zu wünschen übrig. Die Beraterinnen und Berater in den Reisebüros waren offenbar bestrebt, ihre Zielvorgaben mit dem Verkauf der traditionellen Produkte zu erfüllen; sie hatten allem Anschein nach wenig Lust oder Energie, neue Wege zu gehen. Der von Isabelle und dem GET angestrebte Wandel fand einfach nicht statt, trotz der proaktiven Bemühungen von Conny im Inlands- und von Frank im Auslandsvertrieb. Alison hatte das

HR-Training nachgeschärft, um sicherzugehen, dass das Verkaufspersonal auf den neuesten Stand gebracht war und sowohl die neue Produktpräsentation als auch die neuen Produkte verstand, doch das hatte nicht viel gebracht.

Angesichts der Sackgasse, in der sie steckten, beschloss das Topmanagement-Team, erheblich mehr Energie in das Change Management zu investieren. Um den Veränderungsprozess anzukurbeln, waren ein Project Management Office (PMO) eingerichtet, das Personal bereitgestellt und die Maßnahmen priorisiert worden. Alle Initiativen stützten sich auf einen Richtlinien-Katalog, der Ziele, Aktivitäten mit zu erbringenden Leistungen, Verantwortlichkeiten und Meilensteine im Verlauf des Gesamtprojekts zusammenfasste. Doch trotz all dieser Bemühungen war der Transformationsprozess ins Stocken geraten.

Isabelle lud Kosta, der von ihr zum Leiter des Bereichs Strategie & Innovation befördert worden und ein Experte auf diesem Gebiet war, zur Teilnahme an einem GET-Meeting ein, um das Problem anzusprechen. Er wollte als Erstes wissen, ob das erlebnisbasierte Geschäftsmodell ausreichend in die bestehenden Organisations- und Führungsstrukturen integriert worden war und ob die neue Strategie nicht vielmehr den Aufbau einer separaten, parallellaufenden Geschäftseinheit erforderte, die sich auf Erlebnisreisen spezialisierte, mit ihren eigenen Reisebüros und Ressourcen.

Conny, die das Thema Transformation extrem langsam und vorsichtig anging, fürchtete, ihre Abteilung mit zu vielen disruptiven Störungen zu belasten. Sie befürwortete den Aufbau einer separaten Erlebnisreise-Organisation. »Ich kenne kein Unternehmen, das mit Erfolg das bestehende Geschäftsmodell aufrechterhalten und gleichzeitig das neue Potenzial ausschöpfen konnte. Zweigleisig zu fahren, funktioniert nicht.«

Hugo stimmte vehement dagegen. »Als CFO muss ich mit Nachdruck darauf hinweisen, dass der Aufbau einer separaten Erlebnisreisen-Organisation teuer ist. Wir sollten den Fehler nicht wiederholen, den wir mit dem B2B-Experiment gemacht haben. Eine Trennung verhindert, Synergien auszuschöpfen – sie erhöht nur die Komplexität und die Kosten. Darüber hinaus müssten wir die Ziele für die Marktdurchdringung unserer neuen Produkte und Serviceleistungen zurückschrauben, da wir nur die neue Geschäftseinheit und nicht das gesamte Reisebüro-Netzwerk als Hebel für den Vertrieb einsetzen können. Unter Umständen wären wir gezwungen, unser Budget noch einmal zu überarbeiten.«

Isabelle reagierte umgehend. »Da bin ich raus. Ich will mich nicht schon wieder an den Aufsichtsrat wenden und um eine Budgetänderung nachsuchen.«

Doch Conny wollte die Idee nicht aufgeben, die alte von der »neuen« ATG zu trennen; sie plädierte weiterhin für die Einführung von Erlebnisreisen mit einem ganz eigenen Wertangebot und einem stärker beratungsorientierten Aufgabenbereich der Mitarbeitenden. Für sie war die Trennung von elementarer Bedeutung, um ihre traditionellen Verkaufs- und Marketingaktivitäten zu schützen, was Isabelle zu der Überlegung veranlasste, ob die »neue« ATG nicht zumindest separate Werbemaßnahmen brauchte.

»Bestünde die Möglichkeit, Geschäftsstellen auszuwählen, die sich auf das neue Angebot spezialisieren, wenn wir schon keinen eigenständigen Geschäftsbereich aufbauen können? Wir müssten weniger Mitarbeitende von dem neuen Konzept überzeugen und trainieren, und wir könnten mit einer schnelleren Markteinführung rechnen«, schlug sie vor. »Außerdem entstünde damit ein gesunder Wettbewerb zwischen den ATG-Geschäftsstellen mit der neuen und der traditionellen Angebotspalette.«

Alison erhob Einspruch aus der Personalperspektive. »Ich bin dagegen! Damit würden wir ein Team A und ein Team B schaffen. Auf diese Weise laufen wir Gefahr, die Belegschaft zu spalten und Neid und Eifersucht zu befeuern, denn die Arbeit im Rahmen eines neuen, coolen Geschäftsmodells könnte als Belohnung betrachtet werden, als bevorzugter Teil der ATG«, gab sie zu bedenken. »Ich nehme an, dass die Trennung dieser Funktionen den größten Teil unserer Belegschaft demotivieren würde, weil wir unsere Aufmerksamkeit anfangs auf eine Handvoll Geschäftsstellen fokussieren müssten, die sich auf das neue Wertangebot spezialisiert hat.«

»Und das Budgetproblem wäre damit auch nicht gelöst«, fügte Hugo hinzu.

Isabelle nahm zufrieden zur Kenntnis, dass sich Alison endlich zu Wort gemeldet und ihren Standpunkt klar zum Ausdruck gebracht hatte. Doch ihre Freude währte nur kurz. Ihre Gedanken kehrten unweigerlich zu dem Problem zurück, das auf der Tagesordnung stand: der ins Stocken geratene Transformationsprozess.

Sie war sich gleichfalls nicht sicher, ob die Erlebnisreisen auch in der firmeninternen Organisationsarchitektur von den Pauschal-Urlaubsreisen traditionellen Zuschnitts getrennt werden sollten, doch ihre größte Sorge galt dem Mangel an Energie und Engagement im gesamten Unternehmen. Sie hatte das Gefühl, dass die »neue« ATG mit einer separaten Geschäftseinheit oder spezialisierten Reisebüros rasch Fahrt aufnehmen würde, aber sie befürchtete, die Mehrzahl der Mitarbeitenden auf diesem Weg zu verlieren. Möglicherweise war es bereits zu spät. Es stand außer Zweifel, dass das Gros der Belegschaft im europäischen Kernmarkt den Transformationsprozess nicht mittrug.

»Ich verstehe Ihre Argumente, Alison, aber was schlagen Sie als Personalchefin vor?«

Alison dachte einen Moment nach. »Meine Hypothese ist, dass wir das Problem am besten in den Griff bekommen, wenn wir die Leistungsanreize für jedes Reisebüro erhöhen, das sich auf die neuen Produkte und Dienstleistungen fokussiert, und zudem die Erfolge der Geschäftszweige stärker hervorheben, die das Erscheinungsbild der ›neuen‹ ATG effektiv präsentieren, und mehr in das Training investieren. Wie wir das umsetzen, wissen wir. Und vielleicht sollten wir einen weiteren Versuch starten, das Engagement unserer Mitarbeitenden zu fördern. Wir haben seit mehr als einem Jahr kein Town Hall Meeting mehr abgehalten. Damit bieten wir der Belegschaft eine Möglichkeit, zusammenzukommen und sich aktiv an Diskussionen über unternehmensrelevante Themen, zum Beispiel die ›neue‹ ATG, zu beteiligen.«

Das alles klang vernünftig, aber nicht absolut überzeugend.

Rein persönlich war Isabelle hellauf begeistert von dem neuen Wertangebot. Sie war überzeugt, dass es eine Schlüsselrolle bei der Realisierung ihrer ehrgeizigen Ziele spielen könnte, ein europäisches Reiseunternehmen aufzubauen, das sich im Hinblick auf Wachstum, Kundenzufriedenheit und Rentabilität als marktführend profilieren würde. Auch die Fokussierung auf die Kundenbedürfnisse und die kreativen Fähigkeiten, die das neue Wertangebot von der ATG-Mitarbeitenden forderte, war in ihren Augen ein Gewinn. Sie mussten lernen, sich in ihre Klientel hineinzuversetzen und Angebote zu kombinieren, sie sozusagen maßzuschneidern, um eine breite Palette integrierter Reiseerlebnisse präsentieren zu können. Die individuelle Zusammenstellung solcher Pakete setzte jedoch voraus, dass sie die neuen Angebote und Kombinationsmöglichkeiten aufgeschlossener und aus der unternehmerischen Perspektive betrachteten.

Diese positiven Denk- und Verhaltensmuster sind das A und O, dachte Isabelle. Deshalb ist mir unbegreiflich – wie auch dem Rest meines Topmanagement-Teams, gleich ob sie ein separates Erlebnisreisen-Setup begrüßen oder ablehnen–, warum die Belegschaft unsere Begeisterung für den Aufbruch zu neuen Ufern nicht teilt. Schließlich ist es doch ein Privileg, für ein Unternehmen mit Erfolg, gesundem Wachstum, zufriedenen Kunden und Ertragskraft zu arbeiten.

Isabelle hatte keine Ahnung, wie es nun weitergehen sollte.

Sie machte einen Termin mit einer Beratungsfirma aus, die auf Mitarbeiterführung spezialisiert war und ihr empfahl, »Tacheles zu reden«, das heißt, der gesamten Belegschaft klarzumachen, dass sich das Unternehmen in einer Krise befand und Gefahr lief, den Kontakt zu seinem Markt zu verlieren. Sie erhielt die Empfehlung, »symbolische Zeichen« zu setzen (zum Beispiel einige der Reisebüroleitenden zu entlassen, die sich der neuen Strategie widersetzten und die Kooperation verweigerten), um allen Angehörigen der Organisation die Dringlichkeit der Transformation vor Augen zu führen. Isabelle missfielen solche drastischen Aktionen. Sie waren nicht mit ihren Werten vereinbar.

Frank, der den Auslandsvertrieb verantwortete, war überaus zufrieden, dass Matthew und Thomas in ihren getrennten Zuständigkeitsbereichen Topleistungen vorweisen konnten. Er war überzeugt, dass bezüglich des neuen Erlebnisreise-Projekts keine weiteren Anschubmaßnahmen mehr erforderlich waren. »Veränderungen lassen sich nun mal nicht übers Knie brechen«, erklärte er. »Wir sollten der ATG-Belegschaft einfach mehr Zeit geben, sich auf die neuen Gegebenheiten einzustellen. Ich gehe davon aus, dass die Situation in einem Jahr ganz anders aussieht. Die meisten unserer Mitarbeitenden haben dann gelernt, die neuen Produkte effektiv zu präsentieren und den Verkauf zu fördern. Vielleicht sollten wir uns doch noch einmal an den Aufsichtsrat wenden und um eine Budgetanpassung nachsuchen.«

Doch Isabelle hatte den Eindruck, dass der Widerstand gegen die geplanten Veränderungen innerhalb der Organisation langsam, aber stetig wuchs.

Bei der GET-Besprechung kristallisierten sich vier mögliche Optionen heraus, die einen Weg aus der Krise aufzeigten:

1. Den Transformationsprozess einen Gang herunterschalten, um den wachsenden Widerstand gegen den Wandel in den Griff zu bekommen.
2. Eine spezialisierte, von der Hauptorganisation getrennte Geschäftseinheit aufbauen – ein »Rennboot«, wie Kosta es nannte –, um die Markteinführung der neuen erlebnisbasierten Produkt- und Dienstleistungslinie voranzubringen.
3. Die Markteinführung der neuen Produkt- und Dienstleistungslinie auf 30 Prozent der ATG-Reisebüros beschränken.
4. Den Einsatz von Leistungsanreizen stärken, »Erfolge hervorheben und feiern«, mehr in das Training investieren und das Engagement der gesamten Belegschaft fördern.

**Fragen zum Nachdenken**

Für welche Option sollte sich ATG entscheiden, um ihre neue Strategie in Europa zu umzusetzen?

- Option 1?
- Option 2?
- Option 3?
- Option 4?
- Andere Optionen?

Vielleicht möchten Sie Ihre Antwort schriftlich festhalten, bevor wir fortfahren.

# 9 Change Management: Die Steuerung des Wandels

**Ana Procopio Schön, Claudio Feser, Daniella Laureiro-Martinez und Stefano Brusoni**

Nichts ist so beständig wie der Wandel
(panta rhei, »alles fließt«).
*Heraklit*

Isabelle kam immer seltener dazu, sich mit Eve auszutauschen. Dafür blieb kaum noch Zeit. Obwohl sie die Gespräche mit ihrer Seelenverwandten liebte und vermisste, nahm ihre Tätigkeit als CEO jede Minute ihrer Zeit in Anspruch. Sie arbeitete sechzig bis siebzig Stunden pro Woche, von Montag bis Freitag, und bisweilen auch an Wochenenden.

Eve vermisste die Gespräche ebenfalls. Sie bewunderte Isabelles Entschlossenheit, ihre Charakterstärke und ihre Tatkraft. Sie blickte zu ihr auf und beneidete sie um ihre bemerkenswerten Eigenschaften. Aber sie stand ebenfalls unter Zeitdruck, war mit dem Feinschliff ihrer Habilitationsschrift und der Vorbereitung der öffentlichen Verteidigung voll ausgelastet.

Das nächste Gespräch fand schließlich wieder online statt. Sie hatten vorgehabt, sich persönlich zu treffen, aber Isabelles Assistentin Franziska hatte kurzfristig um eine Änderung gebeten. »Frau Dubois bedauert sehr, aber sie ist noch eine Weile außer Landes und hat mich gebeten, einen Termin für einen Videocall auszumachen«, erklärte Franziska.

Gleich zu Beginn des Gesprächs entschuldigte sich Isabelle für die Unannehmlichkeiten, die infolge der Planänderung entstanden sein könnten.

»Keine Sorge, das verstehe ich nur zu gut«, erwiderte Eve.

Zuerst brachten sie sich kurz auf den neuesten Stand, was ihr Privateben betraf. Eve hatte sich verlobt und das Hochzeitsdatum festgelegt. Raul, ihr Verlobter, war Wissenschaftler; sie hatte ihn ein Jahr zuvor bei einer Tagung über kognitive Verzerrungen in Madrid kennengelernt. »Herzlichen Glückwunsch! Das sind ja fantastische Neuigkeiten«, rief Isabelle begeistert aus. »Ich hoffe, mein Mann und ich werden zur Hochzeit eingeladen!«

»Die gesamte Familie, Isabelle. Die Mädchen kommen selbstverständlich mit«, erwiderte Eve mit einem strahlenden Lächeln.

Danach konzentrierten sie sich auf die Neuigkeiten rund um die ATG. Isabelle schilderte die Situation im Unternehmen und ihre Frustration angesichts der Tatsache, dass die Transformation ins Stocken geraten war und sie sich nicht erklären konnte, warum das neue Wertangebot bei der Belegschaft auf so großen Widerstand stieß. Sie zerbrach sich den Kopf darüber, ob das Topmanagement-Team und sie bei der Entscheidung über die Strategie des Unternehmens etwas übersehen hatten.

»Was ihr gerade erlebt, ist keineswegs ungewöhnlich, Isabelle, sondern oft eine ganz normale Folge von Entscheidungen in Situationen, die von Unsicherheit geprägt sind«, erklärte Eve.

»Wie das?«, fragte Isabelle überrascht.

»Entscheidungen unter Unsicherheit, die darauf angelegt sind, die Exploit-Explore-Balance zu optimieren, führen oft dazu, dass kurzfristige aktionsorientierte Initiativen, zum Beispiel die Schließung leistungsschwacher Reisebüros, und langfristige innovationsorientierte Initiativen miteinander kombiniert werden, zum Beispiel die Refokussierung auf maßgeschneiderte, personalisierte Reisen. Alle Initiativen werden gleichzeitig verfolgt und konkurrieren oft miteinander um finanzielle Mittel und die Aufmerksamkeit der Geschäftsleitung. Ein solcher Konkurrenzkampf erzeugt Spannungen innerhalb einer Organisation.«

»Spannungen?«

»Ja, in meiner Habilitationsschrift bezeichne ich das als Spannungen. Spannungen entstehen infolge der Entscheidung, in einer Organisation zwei unterschiedliche Geschäftsfelder gleichzeitig zu handhaben. In einer Matrix-Organisation können solche Spannungen zum Beispiel zwischen Linienfunktionen auftreten, die auf eine kurzfristige Perspektive wie die Realisierung ihrer Quartalsziele – also auf Exploitation – fokussiert sind, und Aufgabenbereichen, deren Fokus auf langfristigen Entwicklungen liegt, zum Beispiel Aufbau von Kompetenzen – also auf Exploration. In einer funktionalen Organisation, die nach Aufgabenbereichen gegliedert ist, können solche Spannungen zwischen Fertigung und Vertrieb (Exploitation) auf der einen und Forschung und Entwicklung auf der anderen Seite entstehen (Exploration). Aber auch unterschiedliche Zielsetzungen können Spannungen befeuern, zum Beispiel zwischen den reisebürobasierten Distributionskanälen (Exploitation) und einer separaten D2C- oder Direktvertriebseinheit, die mit dem Verkauf der neuen Produkte betraut wird (Exploration). Unternehmen sehen sich oft Konflikten in diesem Spannungsfeld zwischen einer reifen Technologie, sagen wir Verbrennungsmotoren (Exploitation), und einer neuen Technologie wie den Elektromotoren (Exploration) gegenüber.«

> Spannungen entstehen infolge der Entscheidung, in einer Organisation zwei völlig unterschiedliche Geschäftsfelder gleichzeitig zu handhaben.

»Ich verstehe. Solche Spannungen wirken sich nun auf die ATG aus, weil die Mitarbeitenden den Kundinnen und Kunden den Paradigmenwechsel, sprich das neue Wertangebot, schmackhaft machen, ihnen aber auch weiterhin das alte Wertangebot präsentieren müssen.«

»Genau. Wie die Entscheidungsbemühungen des GET zeigen, weisen Exploitations- und Explorationsaktivitäten völlig unterschiedliche Profile und Eigenschaften auf (Tushman und O`Reilly, 1996). Und wie bei ATG gibt es in jeder Führungsetage unterschiedliche Befürworter. Die strategische Zielsetzung hinter den exploitativen Aktivitäten und Geschäftsfeldern ist überwiegend auf Kosten und Gewinn ausgerichtet. Zu den erfolgskritischen Aufgaben gehören operative Effizienz und kontinuierliche Innovation. Die Kompetenzen sind ebenfalls operativ geprägt. Die Organisationsstruktur ist formal und bis ins Kleinste definiert. Gewinnspannen und Produktivität sind als Leistungskennziffern von zentraler Bedeutung. Die Kultur ist auf Kundenorientierung, Effizienz und Qualität getrimmt. Die Organisation ist Risiken abgeneigt, und der Führungsstil ist der hierarchische Top-down-Ansatz (Tushman und O`Reilly, 1996). Bei den explorativen Aktivitäten und Geschäftsfeldern ist die strategische Zielsetzung auf Innovation und Wachstum ausgerichtet. Zu den erfolgskritischen Aufgaben gehören die Fähigkeit, zeitnah Anpassungen vorzunehmen, neue Produkte zu entwickeln und bahnbrechenden Innovationen den Weg zu ebnen. Die Kompetenzen sind an das unternehmerische Denken gekoppelt. Die Organisationsstruktur ist eher lose und flexibel. Die Kultur fördert die Risikobereitschaft. Die Organisation legt Wert auf Agilität, Schnelligkeit und Aufgeschlossenheit gegenüber Experimenten. Der Führungsstil ist oft von einer klaren Vision für die Zukunft des Unternehmens geprägt (Tushman und O`Reilly, 1996).«

»Warum kommen diese unterschwelligen Spannungen ausgerechnet jetzt ans Tageslicht?«, fragte Isabelle.

»Interne Spannungen nehmen gewöhnlich dann zu, wenn ein Unternehmen ein Transformationsprogramm auf den Weg bringt – das heißt, neue explorative Initiativen einführt – und zeitgleich seine exploitativen Strategien beibehält. Die meisten Unternehmen schaffen es nicht, diese Spannungen effektiv in den Griff zu bekommen; ihr Transformationsprogramm ist zum Scheitern verurteilt. Berichten zufolge erleiden 60 bis 70 Prozent der Transformationsinitiativen auf Unternehmensebene Schiffbruch (Beer und Nohria, 2000; Ewenstein et al., 2015). Allen Wissenschaftlern, die sich in den letzten vierzig bis fünfzig Jahren mit diesen Statistiken beschäftigt haben, ist die Misserfolgsrate von 60 bis 70 Prozent aufgefallen. Obwohl man inzwischen viel mehr über das Change Management und die Psychologie der Veränderungsprozesse weiß, ist diese Zahl im Lauf der Zeit bemerkenswert konstant geblieben (Ashkenas, 2013).«

»Klingt vertraut ... und wie geht man das Problem am besten an?«

»Um den Wandel erfolgreich zu steuern, stehen ambidextren Organisationen, die gleichzeitig exploitative wie auch explorative Initiativen und Geschäftsfelder in den Blick nehmen – also ›beidhändig‹ agieren und sowohl Bestehendes optimieren als auch Neues erkunden wollen –, drei Methoden zur Verfügung, um Spannungen zu kanalisieren: 1) explorative und exploitative Aktivitäten voneinander trennen; 2) Spannungen in hochleistungsfähigen Top-Teams als kreative Impulse bündeln; und 3) das Verhalten der Mitarbeitenden im Unternehmen verändern oder zumindest beeinflussen. Diese Strategien müssen sich nicht gegenseitig ausschließen«, fügte Eve hinzu.

»Also exploitative und explorative Aktivitäten voneinander getrennt halten?«

»Die Trennung ist der erste Schritt, der Unternehmen hilft, die Ambidextrie zu meistern. Wenn es um die Kombination von Exploration und Exploitation geht, also um Multitasking, neigen die meisten Menschen nicht gerade zu Glanzleistungen auf beiden Gebieten (Sana et al., 2013; Janssen et al., 2015; Laureiro-Martinez et al., 2015). In der Regel verrichten sie entweder die eine oder die andere Aufgabe, aber nicht alle gleichzeitig gut. Dazu kommt, dass die Mitarbeitenden unter Druck zu den vertrauten Methoden, also der Exploitation, zurückkehren, um die kognitive Last oder Belastung zu verringen. Dabei wird die Exploration weitgehend ausgeklammert, oder sie leidet zumindest. Unternehmen sind aber in der Lage, ihre Mitarbeitenden zu motivieren, sich auf eine der beiden Vorgehensweisen zu konzentrieren, entweder auf die Exploitation oder auf die Exploration.«

»Und wie?«

»Es gibt drei verschiedene Ansätze. Erstens die strukturelle Ambidextrie, bei der duale Organisationsstrukturen aufgebaut werden und die Mitarbeitenden sich ausschließlich mit explorativen oder exploitativen Aufgaben beschäftigen. Zweitens die kontextuelle Ambidextrie, bei der die Mitarbeitenden innerhalb derselben Organisationsstrukturen die explorativen und exploitativen Aktivitäten nacheinander wahrnehmen, situativ und dynamisch. Und drittens die zeitliche Ambidextrie, bei der sich die Organisationsstrukturen im Lauf der Zeit verändern, um sich der veränderten Strategie anzupassen.«

»Und was bedeutet das genau?«

»Bei der strukturellen Ambidextrie nutzen Unternehmen Organisationsstrukturen, um Exploration und Exploitation voneinander zu trennen (O'Reilly und Tushman, 2004). Hier spezialisieren sich einige Mitarbeitende auf exploitative Aufgaben, während sich die anderen auf die explorativen Aufgaben fokussieren. Es gibt zahllose Beispiele für diese Form der Spezialisierung. Ein einfaches und klassisches Beispiel ist die funktionale Organisation. Hier konzentrieren sich einige Funktionsbereiche, zum Beispiel der Vertrieb, auf kurzfristige, inkrementelle Ziele, die der Exploitation dienen, während andere Bereiche, zum Beispiel Forschung und Entwicklung, die Aufgabe haben, innovative Lösungen zu erarbeiten, die sich langfristig auf den Geschäftsverlauf auswirken, also mit explorativen Aktivitäten befasst sind. Ein weiteres Beispiel wäre der Aufbau einer eigenständigen Organisationseinheit, die ausschließlich mit der Einführung und Weiterentwicklung eines neuen Produkts betraut wird. Während in einer Organisationsstruktur traditionellen Zuschnitts kontinuierliche inkrementelle Verbesserungen im Mittelpunkt stehen, könnte eine eigenständige Geschäftseinheit, Tochtergesellschaft oder Niederlassung an der Einführung eines neuen direkten Vertriebskanals arbeiten. Ein weiteres Beispiel für strukturelle Ambidextrie sind die sogenannten Skunk Works, eine vom Rest der Organisationen getrennte, hochspezialisierte und vollkommen autonome Arbeitsgruppe, die von der Unternehmensführung ausgewählt wurde, um frei von bürokratischen Zwängen Innovationen auf den Weg zu bringen und neue Chancen zu nutzen, sobald sie sich abzeichnen. Der Pharmazie- und Biotechnologiekonzern Gilead hat zum Beispiel Kite Pharma gegründet, eine eigenständige Geschäftseinheit, die inzwischen im neuen und rasant wachsenden Gentherapie-Bereich führend ist. In einer Pressemitteilung erklärte der CEO von Gilead, die Eigenständigkeit von Kite Pharma fördere die unternehmerische Energie, Agilität und Innovation. Er sagte: ›Die Zelltherapie-Onkologie ist ein Bereich mit beinhartem Wettbewerb.‹ Er fügte hinzu, Kite sei ›von morgens bis abends mit den Möglichkeiten befasst, sich in der onkologischen Zelltherapie als Branchenprimus zu profilieren‹ (Barba, 2019). Und der Macintosh-Personal Computer von Apple, kurz Mac genannt, wurde von einem ›kleinen, autonomen Team mit einer Piratenflagge entwickelt, die vom Fahnenmast eines separaten Gebäudes wehte‹ (Beinhocker, 2006).«

»Alles klar. Bei ATG denken wir tatsächlich auch schon über diese Strategie nach. Und was ist mit kontextueller Ambidextrie gemeint?«

»Hier achtet die Organisation auf flexible Arbeitsumgebungen, sodass die Belegschaftsangehörigen nahtlos zwischen exploitativen und explorativen Aktivitäten hin- und herwechseln können (Gibson und Birkinshaw, 2004). In solchen Unternehmen spezialisieren sie sich für einen bestimmten Zeitraum. Einige arbeiten zum Beispiel an explorativen Projekten, bevor sie zu exploitativen Tätigkeiten übergehen. Ein Beispiel für zeitlich begrenzte explorative Aufgaben im Rahmen der kontextuellen Ambidextrie ist die strategische Planung. Bei diesem Prozess nehmen die Führungskräfte Abstand vom operativen Tagesgeschäft und richten ihr Augenmerk auf die Herausforderungen ihres Unternehmens und die Entwicklungstendenzen in ihrer Branche. Im Verlauf ihrer Planungsaktivitäten geben sie den künftigen Kurs vor, mit neuen Aufgaben, die nicht parallel, sondern sequenziell ausgeführt, sprich exploitativ genutzt werden. Ein weiteres Beispiel für die kontextuelle Ambidextrie ist die Lean-Production-Methode, auch schlanke Produktion genannt, die auf einen sparsamen und effizienten Einsatz von Produktionsfaktoren in allen Unternehmensbereichen abzielt. Dabei sind Kanban-Meetings von zentraler Bedeutung. Hier befassen sich Produktionsteams mit der Identifizierung von Problemen oder Engpässen, erkunden Alternativen und halten Ausschau nach einer Verbesserung von Prozessen und Arbeitsabläufen. Sie entwickeln beispielsweise neue Produktkomponenten und testen sie, bevor sie zu den Fertigungsanlagen zurückkehren, um das Potenzial ihrer neuen Ideen auszuschöpfen. Ein weiteres Beispiel sind agile Teams, zusammengesetzt aus Angehörigen verschiedener Funktionsbereiche, die für zehn bis zwölf Wochen kollaborativ zusammenarbeiten.«

»Alles klar. Und was ist mit der letzten Variante, der zeitlichen Ambidextrie?«

»Bei der zeitlichen Ambidextrie werden die Organisationsstrukturen im Lauf der Zeit angepasst, als Reaktion auf sich ändernde Anforderungen an das Unternehmen (Tushman und O`Reilly, 1996). Wenn zum Beispiel ein Start-up, das den kontextuellen Ambidextrie-Ansatz gewählt hat, die Reifephase erreicht, verändert es sich und formalisiert seine Struktur durch eine stärkere Spezialisierung der Mitarbeitenden. Es wechselt von einer informellen und explorativen zu einer effektiven und effizienten

Organisationsstruktur über, die mehr auf Stabilität, eine transparente Gliederung und die Abwicklung bestehender Prozesse und Arbeitsabläufe ausgerichtet ist.«

»Und wann kommt die Trennung ins Spiel? Diese Diskussion findet derzeit in unserem Unternehmen statt. Wir überlegen gerade, ob sich eine kleine Anzahl Reisebüros ausschließlich auf den Verkauf unseres neuen Wertangebots spezialisieren sollte.«

»Eine strukturelle Trennung ist meistens die unkomplizierteste Methode, Spannungen im Unternehmen in den Griff zu bekommen. Sie funktioniert jedoch nur dann, wenn das Integrationsniveau von exploitativen und explorativen Aktivitäten niedrig ist.«

»Niedriges Integrationsniveau? Was bedeutet das in der Praxis?«, fragte Isabelle.

»Wenn zum Beispiel exploitative und explorative Aktivitäten nur wenige Synergieeffekte teilen, unterschiedliche Kompetenzen erfordern oder die Geschäftsmodelle nicht kompatibel sind, weil sich vielleicht die Marken oder Distributionskanäle vollkommen voneinander unterscheiden.«

Eine strukturelle Trennung ist meistens die unkomplizierteste Methode, Spannungen im Unternehmen in den Griff zu bekommen.

»Alles klar. Aber eine Spezialisierung im Lauf der Zeit ist trotzdem möglich, oder?«, hakte Isabelle nach.

»Ja, natürlich. Aber kontextuelle und zeitliche Ambidextrie erfordern bessere und breiter gefächerte Führungsqualitäten. Hier sind Führungspersönlichkeiten gefragt, denen es gelingt, die Aufmerksamkeit der Mitarbeitenden im Verlauf der Zeit kontinuierlich von exploitativen auf explorative Aktivitäten umzulenken.«

»Ich verstehe. Was ist mit der zweiten Methode, Spannungen in den Griff zu bekommen: Spannungen in hochleistungsfähigen Topmanagement-Teams bündeln?«

»Tja, manchmal kann man exploitative und explorative Aufgaben nicht vollständig voneinander trennen und auf verschiedene Geschäftsfelder verteilen. Es sind nach wie vor verschiedene Geschäftseinheiten erforderlich, aber sie sollten miteinander verbunden bleiben, weil sich dadurch gemeinsames Fachwissen oder eine gemeinsame operative Plattform als Hebel einsetzen lassen oder weil sie vielleicht auch voneinander abhängig sind. In solchen Fällen lassen sich die Spannungen auf der obersten Stufe der Unternehmenshierarchie bündeln: im Topmanagement-Team. Wenn die einzelnen Angehörigen eines Topmanagement-Teams für verschiedene Teile der Strategie zuständig sind – zum Beispiel zwei Führungskräfte mit Linienfunktion dafür zu sorgen haben, dass die Quartalsziele des Vertriebs erreicht werden (Exploitation), und eine zentrale Produktmanagement-Funktion für die Einführung eines neuen Produkts verantwortlich ist (Exploration) –, machen sich Spannungen im Top-Team bemerkbar. Die Linienmanager beschweren sich vielleicht, dass das Produktmanagement ein unverkäufliches Produkt auf den Markt zu bringen versucht oder der Verkauf des neuen Produkts zu viel Zeit erfordert – Zeit, die der Vertriebsorganisation fehlt, da sie voll damit ausgelastet ist, ihre Quartalsziele zu erreichen. Gleichzeitig klagt das Produktmanagement über den Mangel an Unterstützung oder Interesse seitens der Vertriebsorganisation oder über die Tatsache, dass der Vertrieb die Einführung des gerade erst entwickelten Produkts aktiv ›sabotiert‹. Wenn die Beziehung dieser drei Topmanagement-Repräsentanten von Vertrauen und der Bereitschaft geprägt ist, den Erfolg aller beteiligten Funktionen zu fördern, entdecken sie eher Möglichkeiten, ihre Ziele zu realisieren. Sie könnten sich zum Beispiel auf einige geringfügige Veränderungen am neuen Produkt, eine stufenweise Markteinführung, eine Anpassung der Prioritäten in der Linienfunktion und dergleichen einigen.«

»Alles klar«, erwiderte Isabelle.

»Studien zeigen, dass Topmanagement-Teams bei der organisationalen Ambidextrie eine zentrale Rolle spielen (Carmeli, 2008; Carmeli und Halevi, 2009; Lubatkin et al., 2006; Tarba et al., 2020). Sie können komplexe Verhaltensmuster bündeln. Das erleichtert den Umgang mit einem dynamischen, von Unsicherheit geprägten Umfeld und vor allem mit den Vielschichtigkeiten und Widersprüchen, die für ambidextre Organisationen charakteristisch sind.«

»Komplexe Verhaltensmuster?«

»Ja. Teams, die über ein hohes Maß an komplexen Verhaltensmustern verfügen, sind eher imstande, Organisationen in einem dynamischen und sich wandelnden Umfeld effektiv zu steuern (Carmeli und Halevi, 2009). Komplexe Verhaltensmuster bedeutet, dass sie eine breite Palette von Erfahrungen und Führungsstilen einbringen. Mehr Diversität, wenn dir dieser Begriff lieber ist.

Diversität war während der letzten Jahre Thema Nummer eins in den Diskussionen über die Besetzung von Vorständen und Aufsichtsräten. Heute haben viele Firmen diverse Topmanagement-Teams, zumindest auf dem Papier. Doch Vorteile lassen sich damit nur dann ausschöpfen, wenn die Angehörigen die Vielfalt der Sichtweisen und Meinungen zu schätzen wissen. Das heißt, Diversität ist mehr als ein Team, das sich aus Angehörigen mit den unterschiedlichsten Biografien zusammensetzt: Es ist ein Mindset, eine innere Haltung. Diversität alleine reicht also nicht aus. Die Teamdynamik ist genauso wichtig. Ein anderer Begriff, der effektive Gruppen- oder Teamdynamiken beschreibt, ist der Ausdruck ›Verhaltensintegration‹. Donald C. Hambrick, Professor für Wirtschaftswissenschaften an der Pennsylvania State University, versteht darunter ›das Ausmaß, in dem sich Gruppen in beidseitige und kollektive Interaktionen einbringen‹ (1998). Je stärker das Ausmaß, desto effektiver die Gruppendynamik. Teams mit einer effektiven Gruppendynamik sind besser ausgerüstet, in einem dynamischen Umfeld wirksam zu führen (Carmeli und Halevi, 2009).«

> Diversität ist ein Mindset, eine innere Haltung. Die Vorteile lassen sich nur dann ausschöpfen, wenn die Teamangehörigen die Vielfalt der Sichtweisen und Meinungen zu schätzen wissen.

»Aha, jetzt verstehe ich«, sagte Isabelle. »Deshalb war es Carlo, unserem Aufsichtsratsvorsitzenden, so wichtig, dass ich mit dem GET zurechtkomme, dem Topmanagement-Team, das ich von meinem Vorgänger ›geerbt‹ habe. Anfangs war das für mich eine große Herausforderung, vor allem Alessandro, doch im Lauf der Zeit ist das Team zusammengewachsen. Die Angehörigen gehen respektvoll miteinander um und kooperieren auch dann, wenn sie bezüglich der Firmenpolitik anderer Meinung sind. Ich habe das Gefühl, dass alle die Entscheidungen des Unternehmens schlussendlich mittragen, auch dann, wenn das Ergebnis nicht ihren ursprünglichen Wunschvorstellungen entspricht.«

»Super. Das hast du gut gemacht! Vermutlich leisten alle ihren eigenen, ganz speziellen Beitrag zu den Teamentscheidungen.«

»Ja, stimmt!«, bestätigte Isabelle. »Kostas jugendlicher, ungebrochener Optimismus in Bezug auf die Strategien und Hugos pragmatischer, teilweise sogar pessimistischer Blick auf die Kosten könnten nicht unterschiedlicher sein, aber das beidseitige Bemühen, ATG bestmöglich für die Zukunft aufzustellen, macht sie zu Verbündeten.«

»Aber dabei solltest du deine Rolle als CEO nicht unterschätzen«, gab Eve zu bedenken. »Als Vorstandsvorsitzende bist du von zentraler Bedeutung für eine effektive Dynamik in deinem Topmanagement-Team. Deine Aufgabe besteht darin, verbindliche Ziele für alle zu setzen, dafür zu sorgen, dass die GET-Angehörigen regelmäßig zu Lagebesprechungen zusammenkommen (Carmeli und Halevi, 2009), gleiche Chancen haben, ihren Beitrag zu leisten und gehört zu werden (Wooley et al., 2010), sie zu kollaborativer Zusammenarbeit anzuspornen (Zaccharo et al., 1991), zuzulassen, dass Entscheidungen gemeinsam getroffen werden (Hambrick, 1994), oder das Sicherheitsgefühl aller Beteiligten zu stärken, sodass sie Einspruch erheben oder andere Ansichten äußern können, ohne Konsequenzen fürchten zu müssen (Edmondson, 1999; Duhigg, 2016). Ein Topmanagement-Team effektiv zu führen, erfordert viel Aufmerksamkeit und harte Arbeit, wie du ja aus eigener Erfahrung weißt, Isabelle. Hut ab!«

»Vielen Dank! Es ist tatsächlich ein hartes Stück Arbeit, ein Team zusammenzuschweißen und zu motivieren, an einem Strang zu ziehen.«

»Ja, aber die Mühe zahlt sich gewöhnlich aus. Topmanagement-Teams, die sich durch ein hohes Maß an Team-Diversität und Teamdynamik auszeichnen, entwickeln eine kollektive Intelligenz, eine Form der Intelligenz, die größer ist als die Summe der individuellen Intelligenz jedes einzelnen Teamangehörigen. Kollektive Intelligenz ist auf einer höheren Stufe verortet als die individuelle Intelligenz und die individuellen Fähigkeiten (Wooley et al., 2010).«

»Ich freue mich, dass es mir gelungen ist, diese kollektive Intelligenz aufzubauen. Sie ist sehr hilfreich. Wenn wir uns Herausforderungen oder Problemen gegenübersehen, entdecken wir mehr Lösungsmöglichkeiten. Wir können differenziertere Entscheidungen treffen. Kaum zu glauben bei dem Team, das ich von meinem Vorgänger übernommen habe. Im Gegensatz zu vielen anderen Teamleitern war es mir nicht möglich, mein Team zusammenzustellen. Ich musste es so akzeptieren, wie es war, divers, aber ohne inneren Zusammenhalt.«

»Stimmt. Aber vielleicht war das letztlich ein Segen. Wenn du nur Leute in dein Team berufen hättest, die dir zusagen, wäre die Vielfalt möglicherweise verlorengegangen. Auf der vorhandenen Diversität aufzubauen, hat zum Glück funktioniert, und deine täglichen Führungsaktivitäten bei der ATG haben zu einer effektiven Teamdynamik, einer kollektiven Intelligenz und echtem Teamgeist geführt (Hambrick, 1998).«

»Okay, alles klar. Ich fasse noch einmal zusammen: Wir haben über Spezialisierung oder verschiedene Möglichkeiten gesprochen, Aktivitäten voneinander zu trennen, um die Spannungen innerhalb einer Organisation in den Griff zu bekommen. Wir haben auch geklärt, wie wichtig der Umgang des Topmanagement-Teams mit firmeninternen Spannungen ist. Und was ist mit dem dritten Ansatz, der Verhaltensänderung von Mitarbeiterinnen und Mitarbeitern? Ich würde gerne mehr darüber erfahren.«

»Natürlich. Manchmal genügen die Trennung und der Einsatz des Topmanagement-Teams nicht, um die Spannungen abzubauen. Dann müssen Exploit- und Explore-Aktivitäten in den Arbeitsalltag der meisten, unter Umständen sogar aller Belegschaftsangehörigen integriert werden. Bei ATG müssen die Mitarbeitenden in den Reisebüros zweigleisig fahren und sowohl die vorhandenen Produkte effektiv verkaufen als auch Werbung für die neuen Produkte und Dienstleistungen machen. Sie müssen lernen, aufmerksam zuzuhören, Produkt und Dienstleistungen zu einem maßgeschneiderten Urlaubspaket zu schnüren und unternehmerisch zu denken und zu handeln, um das neue erlebnisorientierte Wertangebot zu fördern und effektiv zu verkaufen. Diesen Anforderungen gerecht zu werden, erfordert eine tiefgreifende Verhaltensänderung. Sie müssen bei der Ermittlung der jeweiligen Kundenbedürfnisse proaktiv statt reaktiv vorgehen.«

»Ja, das stimmt.«

»Aber Verhaltensänderungen zu bewirken, ist schwierig, nicht nur bei strategischen Neuausrichtungen im Unternehmen, sondern auch im Alltag. Dieses Problem ist in jedem Lebensbereich ein Thema. Das beste Beispiel ist die Gewichtskontrolle. Viele Leute möchten abnehmen. Sie möchten gut aussehen und sich gut fühlen, deshalb nehmen sie sich vor, in Zukunft mehr Sport zu treiben und sich gesund zu ernähren. Aber oft bleibt es beim Vorsatz, und sie erfinden zahllose Ausreden, warum sie ihn nicht umgehend in die Praxis umsetzen können: Diese Woche geht es nicht, zu viele Einladungen und Geschäftsessen. Aber nächste Woche fange ich damit an.«

»Ja, das kommt mir bekannt vor …«

»Verhaltensänderungen zu erreichen, ist sogar dann hart, wenn es um Leben oder Tod geht. Das eigenmächtige Absetzen verschreibungspflichtiger Medikamente ist in der Medizin ein großes Problem. Schätzungsweise 40 bis 50 Prozent der Patienten/Patientinnen mit chronischen Erkrankungen wie Diabetes oder Bluthochdruck

(Hypertonie) halten sich nicht an den Medikationsplan ihrer Ärztinnen oder Ärzte (Kleinsinger, 2018), trotz des erheblichen Risikos, dass ihr Gesundheitszustand außer Kontrolle gerät. Und schlimmer noch, viele von ihnen hatten eine koronare Bypass-Operation. Obwohl sie sich des Risikos bewusst sind, einen Herzinfarkt oder andere schwerwiegende Herzprobleme zu erleiden, halten sich viele nicht an die vorgeschriebene Arzneimitteleinnahme (Feser, 2011).«

»Oh je, das war mir nicht klar. Du hast recht. Verhaltensveränderungen zu bewirken, ist ein schwieriges Unterfangen. Aber warum?«

»Die ›Verringerung der kognitiven Last‹, über die wir bereits gesprochen haben, könnte den menschlichen Widerstand gegen Veränderungen auslösen. Aber es gibt noch eine andere Erklärung. Veränderungen erfordern Aufmerksamkeit und Fokussierung. Obwohl der Neocortex für die Steuerung der explorativen Aktivitäten zuständig ist, kann das limbische System den Explore-Exploit-Prozess manchmal kapern. Veränderungen lösen häufig Angst, Stress und Sorgen aus (Laureiro-Martinez et al., 2015; Brusoni et al., 2020). Die Amygdala ist für diesen Prozess von zentraler Bedeutung, da sie die emotionalen Reaktionen des Gehirns entschärft. Sie löst die Freisetzung verschiedener Neurotransmitter aus, Botenstoffe, die ihrerseits den Hippocampus aktivieren, dessen Aufgabe in der Überführung von Informationen aus dem Kurzzeit- ins Langzeitgedächtnis besteht. Stresssituationen, zum Beispiel eine unmittelbare Gefahr, können die Amygdala und einige Teile der Insula oder Inselrinde (unter Umgehung anderer Gehirnareale) blitzschnell aktivieren und das reflektive Denken ersetzen. Wenn wir uns in einer Stress- oder Gefahrensituation befinden, scheint unser Instinkt das Kommando zu übernehmen.«

»Was hat das mit Unternehmensaktivitäten oder der ATG zu tun?«

»Viele Routinen in einem Unternehmen – Verhalten und Interaktionen, Arbeitsweisen, Entscheidungsfindung – sind Exploitationsstrategien. Dazu zählen Gewohnheiten, Fähigkeiten und Fertigkeiten oder einfach Aktivitäten nach dem Muster ›Das haben wir hier schon immer so gemacht‹. Die Veränderung dieser Exploitationsstrategien erfordert ein hohes Maß an Aufmerksamkeit und Mühe. Kommen Druck und Stress hinzu, fühlen wir uns unbehaglich, entwickeln Ängste und Sorgen, sträuben uns gegen den Wandel und kehren schließlich zum bewährten Standardverhalten zurück, sprich zum Exploitationszustand.«

»Das klingt ein bisschen zu dramatisch«, meinte Isabelle.

> Viele Routinen in einem Unternehmen sind Exploitationsstrategien. Dazu zählen Gewohnheiten, Fähigkeiten und Fertigkeiten oder einfach Aktivitäten nach dem Muster ›Das haben wir hier schon immer so gemacht‹.

»Das glaube ich nicht. Führungskräfte unterschätzen oft die Ängste und Sorgen, die ihre Mitarbeitenden umtreiben, wenn sie mit Nachrichten über negative Veränderungen in ihrem Arbeitskontext konfrontiert werden, zum Beispiel Insolvenzen in der

Branche, Arbeitsplatzverlust im Freundes- oder Familienkreis infolge einer Rezession oder Neuerungen in der Arbeitssituation, die mit der Restrukturierung ihres Unternehmens einhergehen. Veränderungen können Beklemmungen und Angst auslösen, ein Zustand, der die Fähigkeit des Gehirns beeinträchtigt, sich zu fokussieren, die Lage zu sondieren und nach neuen Optionen Ausschau zu halten, um sich an die veränderte Situation anzupassen.«

»Okay. Aber wie können wir sie dazu bewegen, ihre Ängste zu überwinden und ihr Verhalten zu ändern, wenn neue explorative Initiativen eine Anpassung erfordern?«

»Erinnerst du dich noch an unser Gespräch über Heuristiken und die Umstände, unter denen Menschen bereit sind, die Exploit-Explore-Balance in Richtung Exploration zu verschieben und sich auf etwas Neues einzulassen? Heuristiken stellen eine analytische Vorgehensweise dar. Vielleicht findest du dabei eine Antwort auf deine Frage.«

»Hmm. Dann versuche ich es einmal«, erwiderte Isabelle. »Die Anwendung der sieben Faktoren für die Optimierung der Exploit-Explore-Balance würde in diesem Fall bedeuten, dass Mitarbeitende eher bereit sind, ihr Verhalten unter folgenden Bedingungen zu ändern:

1. Ziele – sie haben ehrgeizige Ziele, die sie nicht erreichen können, wenn sie sich auf Exploit-Aktivitäten beschränken.
2. Chancen – sie erkennen die Chancen und Vorteile oder die Leistungsanreize, die mit einer Verhaltensänderung einhergehen.
3. Zeit und Ressourcen – sie verfügen über die Zeit und die nötigen Ressourcen, um die neuen Verhaltensweisen in der Praxis zu erproben.
4. Aktivitäten im sozialen Umfeld – der soziale Kontext unterstützt die Anpassungsfähigkeit, wenn sie die Verhaltensänderung bei anderen beobachten.
5. Werte und Kultur – die geforderten Verhaltensänderungen stimmen mit den eigenen Werten, der Unternehmenskultur und ihren persönlichen Normen überein.
6. Kompetenzen – sie erfüllen die Voraussetzungen, um die Veränderungen zu verankern.
7. Mentaler Zustand – sie fühlen sich sicher und entspannt.«

»Gut gemacht, Isabelle! Diese sieben Faktoren sind auch durch Forschungsergebnisse hinlänglich belegt (Lawson und Price, 2003; Basford und Schaninger, 2016; Feser et al., 2018). Dort heißt es, dass Verhaltensänderungsprogramme mehr Aussichten auf Erfolg haben, wenn vier Voraussetzungen erfüllt sind: 1) Das Unternehmen fördert die Umstellung mit Hilfe von Zielen und Belohnungen als Anreiz; 2) Die Führungskräfte werden zu Rollenmodellen des gewünschten Verhaltens; 3) Das Unternehmen kommuniziert das gewünschte Verhalten inspirierend und in klar verständlicher Form; und 4) Das Unternehmen unterstützt die Entwicklung der erforderlichen neuen Fähigkeiten durch entsprechendes Training.«

»Kannst du mir noch ein bisschen mehr darüber erzählen?«, fragte Isabelle.

»Gerne. Schauen wir uns diese vier erfolgskritischen Voraussetzungen einmal genauer an. Erstens, der Einsatz von Zielen und Belohnungen. Studien deuten darauf hin, dass Transformationsprogramme dann auf die Erfolgsspur gelangen, wenn das Unternehmen die angestrebten Veränderungen mit klaren Zielen und Leistungsanreizen positiv verstärkt. Bei einer Stichprobe mit ungefähr 600 Transformationsinitiativen war der Prozentsatz der sehr oder extrem erfolgreichen Programme 4,3-mal höher bei Unternehmen mit Zielen und Leistungsanreizen als in der Vergleichsgruppe, in der sie fehlten (Feser et al., 2018).

Ziele und Leistungsanreize spielen eine wichtige Rolle. Sie bewirken, dass sich die Mitarbeitenden auf ihre exploitativen oder ihre explorativen Tätigkeiten angemessen fokussieren. Das bedeutet jedoch nicht zwangsläufig, dass Verhaltensänderungen immer finanziell belohnt werden müssen, wie man denken könnte.

Allem Anschein nach erfordern Exploitations- und Explorationsaktivitäten unterschiedliche Leistungsanreize. Explorative Aktivitäten lassen sich möglicherweise effektiv mit finanziellen Anreizen fördern, wie einige glauben, die sich intensiv mit den theoretischen Grundlagen von finanziellen Anreizen und ihrer Rolle als starke Motivatoren befasst haben. Mehreren Studien zufolge sind finanzielle Anreize wirksam, wenn es gilt, eine positive Leistungskultur zu etablieren (Stajkovic und Luthans, 1997; Peterson und Luthans, 2006). Sie sind vor allem dann effektiv, wenn Mitarbeitende einen Kausalzusammenhang zwischen ihren individuellen Aktivitäten und dem Ergebnis erkennen, das ihr Unternehmen anstrebt, und wenn dieses Ergebnis messbar ist. Finanzielle Anreize, zum Beispiel Prämien für Versicherungsvertreter*innen, ermutigen zu einer Verbesserung der Verkaufsaktivitäten.

Es gibt gleichwohl drei Gründe, die erklären, warum finanzielle Anreize bei der Förderung von explorationsbezogenen Verhaltensweisen nicht immer effektiv sind. Erstens verführen sie dazu, dass sich die Mitarbeitenden auf diejenigen Aktivitäten und Ergebnisse fokussieren, für die sie bezahlt werden. Dadurch erhalten Aufgaben, die für die Zukunft das Unternehmen wichtig sind, weniger Aufmerksamkeit. Wenn finanzielle Anreize Mitarbeitende zum Beispiel anspornen sollen, die jährlichen Budgetziele zu erreichen, neigen sie zu Verhaltensweisen, die sich an kurzfristigen Zielen ausrichten, auf Kosten von Arbeitsinvestitionen mit einer längerfristigen Perspektive. Zweitens schränken finanzielle Anreize das wünschenswerte Sozialverhalten, das für die Exploration wichtig ist, oft ein, zum Beispiel eine bereichsübergreifende kollaborative Zusammenarbeit (Fehr und Falk, 2002). Und drittens können monetäre Anreize das Verständnis für den Kern des wünschenswerten Sozialverhaltens – die intrinsische Motivation, das Handeln aus eigenem, innerem Antrieb – verwässern und verdrängen (Gneezy et al., 2011).

Die primären, nicht-monetären Anreize, die auf der intrinsischen Motivation aufbauen – wie gesellschaftliche Anerkennung, Leistungsbeurteilung oder die

Zuweisung interessanter Arbeitsaufgaben –, können explorationsbezogene Verhaltensweisen dagegen fördern (Peterson und Luthans, 2006; Fehr und Falk, 2002).«

»Ich verstehe. Und was ist mit der zweiten Voraussetzung, die Verhaltensänderungen im Unternehmen begünstigt?«

»Führungskräfte sollten Rollenmodelle für den Wandel werden? In einer Studie, in der Führungskräfte die gewünschten Veränderungen vorlebten, waren die Transformationsprogramme überwiegend erfolgreich. Diese Führung durch Vorbild erhöhte die Ergebnisse um das 4,1-Fache.

»Rollenmodellen kommt in Veränderungsprozessen eine zentrale Aufgabe zu. Sie führen den Angehörigen des Unternehmens vor Augen, was wichtig ist und wie sich die organisationale Ambidextrie im Arbeitsalltag verankern lässt (Gist, 1987). Rollenmodellierung kann verschiedene Aspekte beinhalten, zum Beispiel Führungsverhalten, Veränderungen in der Führungsetage oder Narrative, die darauf ausgerichtet sind, die ›richtigen Erfolge‹ in den Fokus zu rücken und zu feiern.«

»Alles klar. Und die dritte Voraussetzung für Verhaltensänderungen in Organisationen?«

»Ganz einfach, eine klare und inspirierende Kommunikation. Laut der zuvor erwähnten Studien waren Transformationsprogramme vor allem dann erfolgreich, wenn die Führungskräfte sie nicht nur verständlich, sondern auch in einer Form präsentierten, die mitreißend war. Die Kommunikation erhöhte die Erfolgsrate um das 3,8-Fache. Inspirierende Führungskräfte sprechen die Werte und Ideale in einer Weise an, die Gefühle weckt (Yukl et al., 2008; Feser, 2016).

Das Unternehmensleitbild spiegelt oft die Werte und Ideale einer Organisationen wider. Ein Gesundheitsdienstleister könnte zum Beispiel bestrebt sein, die Lebensdauer von Patientinnen und Patienten zu verlängern, oder eine Versicherungsgesellschaft verspricht ihren Klienten Schutz in bestimmten Lebenssituationen. Inspirierende Führungskräfte sind vor allem dann wirkmächtig, wenn sie ihrer Botschaft mit emotionalen Beispielen, Erzählungen und Metaphern Leben einhauchen. Formale Vision-Statements oder Strategieerklärungen mit den typischen Schlagworten oder Fakten anzureichern, ist wenig effektiv. Unserem Gehirn fällt es schwer, sich solche Listen zu merken; es versteht sich erheblich besser darauf, emotionale Geschichten und Metaphern zu verarbeiten und abzuspeichern.

Tatsächlich erfasst und organisiert das Gehirn der meisten Menschen Denkvorgänge, Erfahrungen und Wissen in Form von Geschichten (Turner, 1996). Hollywood und Bollywood erzählen Geschichten. Auch die Bibel ist eine Textsammlung, die aus religiösen Geschichten besteht. Es ist kein Zufall, dass einige der größten Führungspersönlichkeiten geniale Geschichtenerzähler waren, wie John F. Kennedy, der regelmäßig die Kraft der Metaphern und positiven Visionen nutzte, um Menschen zu inspirieren (Feser, 2011). Der Einsatz von Geschichten zur Veranschaulichung von

Werten und Idealen löst positive Gefühle aus, die ein Gegengewicht zu Stress, Ängsten und Sorgen im Hinblick auf Veränderungen und Exploration bilden.«

»Interessant«, sagte Isabelle. »Und was war noch mal die vierte und letzte Voraussetzung für Verhaltensänderungen im Unternehmen?«

»Training und Entwicklung der erforderlichen Fähigkeiten und Fertigkeiten. Transformationsprogramme erzielten bessere Ergebnisse, wenn die Unternehmen in Schulung und Aufbau der neuen unabdingbaren Kompetenzen investierten. Die Erfolgsrate stieg um das 2,8-Fache.«

»Okay. Ganz schön viel zu merken!«, stöhnte Isabelle. »Ich versuche einmal, das Ganze zusammenzufassen. Entscheidungen unter Unsicherheit führen zur Entwicklung von Strategien, die Exploit- und Explore-Initiativen miteinander kombinieren. Diese Initiativen stehen oft im Wettbewerb zueinander und erzeugen Spannungen im Unternehmen. Es gibt drei Möglichkeiten, diese Spannungen in der Arbeitsorganisation in den Griff zu bekommen: 1) Trennung der Initiativen; 2) Aufbau hochleistungsfähiger Top-Teams; und 3) Förderung von Verhaltensänderungen. Aber wann ist welche Herangehensweise empfehlenswert?«

»Jeder Ansatz funktioniert am besten in Verbindung mit bestimmten Voraussetzungen und Anforderungen. Einige dieser Aspekte haben wir bereits erwähnt. Unter dem Strich scheinen drei Faktoren besonders wichtig zu sein. Der erste Faktor ist das Ausmaß der Integration von exploitativen und explorativen Tätigkeiten. Bei einem geringen Integrationsniveau ist die strukturelle Trennung der unkomplizierteste Ansatz. Lassen sich Synergien oder gemeinsame Expertise als Hebel nutzen, funktionieren zeitliche Trennung und Top-Teams vermutlich am besten. Und bei einem hohen Integrationsniveau – das heißt, eine große Anzahl von Mitarbeitenden muss gleichzeitig exploitative und explorative Aufgaben bewältigen – sind Verhaltensänderungsprogramme der empfehlenswerte Weg. Der zweite Faktor ist die Zeit, die zur Verfügung steht. Die strukturelle Trennung ist überschaubar und schnell zu bewerkstelligen. Der Aufbau von hochleistungsfähigen Top-Teams erfordert mehr Zeit, und Verhaltensveränderungsprogramme sind noch zeitaufwendiger. Und der dritte Faktor ist das Verhaltensrepertoire der Führungskräfte.«

»Das Verhaltensrepertoire?«

»Ja. Wenn sich ein Unternehmen für die strukturelle Ambidextrie entscheidet, exploitative und explorative Aufgaben voneinander trennt und verschiedenen Geschäftseinheiten zuordnet, müssen die Führungskräfte in der Lage sein, die Perspektive zu wechseln und ihren Führungsstil an die jeweiligen Geschäftseinheiten anzupassen. Gespräche mit dem Vertrieb sollten also anders geführt werden als Gespräche mit Angehörigen der Forschungs- und Entwicklungsabteilung. Führung in einer Organisation, die sich die strukturelle Ambidextrie zunutze macht, erfordert ein gutes Selbstmanagement, sozusagen. Eine effektive Führung von Top-Teams beinhaltet wiederum die Fähigkeiten, anderen den Weg zu weisen, individuelle Unterschiede zu verstehen,

Menschen aller Art zu motivieren und so weiter. Und wenn die Wahl auf den Verhaltensänderungsansatz fällt, ist es für die oberste Führungsetage unabdingbar, die Leitlinien für das gesamte Unternehmen vorzugeben, eine inspirierende Vision zu entwickeln, Leistungsmanagementsysteme zu gestalten, Anreizsysteme zu schaffen, authentisch zu kommunizieren und so weiter. Die Grafik (Abbildung 9.1) stellt eine Zusammenfassung dar: Je höher das Integrationsniveau, je größer der verfügbare Zeitrahmen und je umfangreicher das Führungsrepertoire, desto besser lassen sich die anspruchsvolleren Formen des Umgangs mit Spannungen im Unternehmen nutzen.«

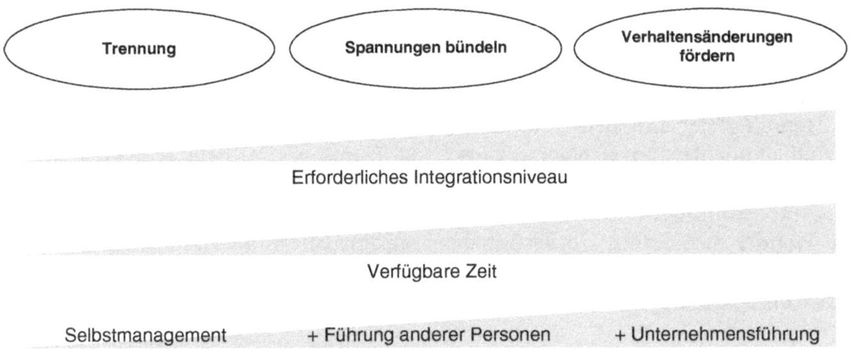


**Abbildung 9.1:** Ansätze zur Überwindung von Spannungen im Unternehmen

»Lassen sich die Ansätze kombinieren? Kann ich zum Beispiel am Aufbau eines Top-Teams arbeiten und eine strukturelle Ambidextrie auf den Weg bringen?«

»Ja, natürlich. Die drei Herangehensweisen schließen sich nicht gegenseitig aus, sondern lassen sich kombinieren.«

> Entscheidungen unter Unsicherheit führen zur Entwicklung von Strategien, die Exploit- und Explore-Initiativen miteinander kombinieren. Diese stehen oft im Wettbewerb zueinander und erzeugen Spannungen im Unternehmen. Es gibt drei Möglichkeiten, diese Spannungen in den Griff zu bekommen: Trennung, Top-Teams und Förderung von Verhaltensänderungen.

»Ich habe jetzt eine Menge Stoff zum Nachdenken und ein paar Ideen, wie ich die Transformation der ATG voranbringen könnte. Vielen Dank! Es wäre schön, wenn wir uns das nächste Mal persönlich treffen könnten. Derzeit stehe ich unter so großem Zeitdruck, dass es beim Vorsatz bleibt, aber vielleicht schaffe ich es mit Hilfe der Techniken, über die wir heute gesprochen haben … und was unser Treffen angeht, mit einem gemeinsamen Mittagessen als Anreiz!«, sagte Isabelle.

»Eine hervorragende Idee. Wenn ich dir dazu noch etwas sagen darf … du arbeitest hart, vielleicht zu hart. Deine Work-Life-Balance könnte sich auch auf deine Entscheidungsfindung auswirken. Ich habe diesem Thema in meiner Habilitationsschrift ein ganzes Kapitel gewidmet.«

»Ich kann es kaum erwarten, mehr darüber zu erfahren; das ist für mich ein weiterer Anreiz für ein baldiges persönliches Treffen zum Mittagessen. Dieses Mal schaffe ich es. Ich freue mich auf unser Wiedersehen«, sagte Isabelle lächelnd.

**Kernaussagen**

- Entscheidungen unter Unsicherheit führen oft zur Entwicklung von Strategien und einer Kombination von Initiativen, die miteinander konkurrieren und Spannungen im Unternehmen erzeugen.
- Spannungen sind eine Quelle der Innovation und des Fortschritts, erfordern aber ein adäquates Change Management.
- Veränderungen lassen sich leichter mit Hilfe von drei Maßnahmen durchsetzen: 1) Trennung der Initiativen mit Blick auf Organisationsstruktur und Prozesse; 2) Aufbau hochleistungsfähiger, diverser Top-Teams; und 3) Befähigung der Mitarbeitenden mit und ohne Führungsfunktion zu einem positiven und effektiven Umgang mit Spannungen. Vier Faktoren verbessern die Fähigkeit eines Unternehmens, den Wandel zu meistern: Förderung der Transformation mit Hilfe von Zielen und Belohnungen, Rollenmodelle, klare, inspirierende Kommunikation, Training und Entwicklung der Mitarbeitenden.

# Teil IV
# SUPER-ENTSCHEIDER WERDEN

# 10 Fünftes Fallbeispiel: Work-Life-Balance-Entscheidungen

**Claudio Feser, David Redaschi und Karolin Frankenberger**

Isabelle zerbrach sich den Kopf, warum die Transformation ins Stocken geraten war und was sie dagegen tun konnte. Sie machte sich Sorgen, dass die ATG sowohl ihren Wettbewerbsvorteil im Nischenmarkt für personalisierte Erlebnisreisen als auch das Tempo und die Kraft einbüßen könnte, die unerlässlich waren, um den Umbauprozess voranzutreiben und das Unternehmen für die Zukunft fit zu machen.

Sie nahm sich noch einmal den Entscheidungsnavigator mit den vier Optionen vor, wobei sie die Erkenntnisse einbezog, die sie bei ihrem letzten Gespräch mit Eve gewonnen hatte (Abbildung 10.1).

Die vierte Option für die Beschleunigung des Wandels war die überzeugendste, aber es war fraglich, ob sie sich umsetzen ließ. Bisher hatte das Change Management nicht zu ATGs Stärken gehört. Sie war nicht besonders optimistisch, ob es dem Unternehmen tatsächlich gelingen würde, die Belegschaft zu mobilisieren und sich beim Verkauf der neuen Produkte und Dienstleistungen mehr zu engagieren. Mit finanziellen Anreizen und ähnlichen Motivationsfaktoren nachzuhelfen, war vermutlich keine Lösung. Das Risiko, dass sie damit nicht das gewünschte Ergebnis erzielten, war groß.

Isabelle war mit ihrem Latein am Ende. Sie bat Carlo, den Aufsichtsratsvorsitzenden, um ein Meeting und vertraute ihm ihre Sorgen an. Sie gab zu, dass sie sich fragte, warum die Belegschaft ihre Begeisterung, alles zu tun, damit ATG im Hinblick auf Wachstum, Kundenbindung und Rentabilität auf dem europäischen Markt führend wurde, allem Anschein nach nicht teilte. In ihren Augen war das Ziel klar und wichtig, um für die Zukunft gut aufgestellt zu sein.

»Was machen wir nun? Sollen wir die neuen Serviceangebote als separate Geschäftseinheit einführen, um die Transformation voranzubringen? Oder bringen wir die Organisation auf Trab, indem wir eine Krise schaffen, um einen Perspektivwechsel zu bewirken, wie ein Berater vorgeschlagen hat, der auf Change Management spezialisiert ist?«

»Keine der beiden Option klingt gut«, erwiderte Carlo. »Eine Trennung könnte funktionieren, wenn das Ziel Reaktionsschnelligkeit hieße und das neue Wertangebot, aus welchen Gründen auch immer, vollkommen anders wäre oder sogar unter einer neuen Marke eingeführt würde. Aber das Ziel ist die Transformation der ATG, der Übergang von Pauschalreise-Lösungen zu individuell gestalteten, skalierbaren Reiseerfahrungen – und nicht nur auf einige Nischenmärkte beschränkt. Und darauf zu hoffen, dass die Krise einen Perspektivwechsel herbeiführt, ist müßig. Das gelingt nur einmal oder vielleicht zweimal in Folge. Wir müssen uns in einem ungeheuer dynamischen Umfeld behaupten, und wenn wir bei jeder Veränderung Krisenstimmung verbreiten, fördern wir nur den Zynismus und Widerstand.«

R (Richtig), F (Falsch), B (Begründet), ? (Offen, unsicher)

| | | | | | | | | |
|---|---|---|---|---|---|---|---|---|
| **1. Dilemma** | Sollen wir den Transformationsprozess langsamer angehen oder die Vorgehensweise ändern? | | | | | | | |
| **2. Optionen im Exploit-Explore-Kontinuum** | Exploit ←<br>Transformation langsamer angehen | | Aufbau einer spezialisierten Geschäftseinheit, getrennt von der Kernorganisation | | 30 Prozent der ATG-Reisebüros für die Vermarktung der neuen Produkte und Dienstleistungen auswählen | | → Explore<br>Das Change Management stärken | |
| **Die 7 Heuristiken** | **3. Annahmen** | **4. Fakten** | **3. Annahmen** | **4. Fakten** | **3. Annahmen** | **4. Fakten** | **3. Annahmen** | **4. Fakten** |
| a) Ziele | Mitarbeitende stärker einbinden<br>Reduzierte Verkaufsziele für neue ATG | R<br>F | Schnelle Implementierung der neuen ATG<br>Reduzierte Ziele | F<br>F | Schnelle Implementierung der neuen ATG<br>Reduzierte Ziele | F<br>F | Mitarbeitende stärker einbinden<br>Bestehende Ziele beibehalten | R<br>R |
| b) Chancen | Engagement der Mitarbeitenden zurückgewinnen | R | Die neue ATG vor der Konkurrenz im Markt verankern | R | Die neue ATG vor der Konkurrenz im Markt verankern | R | Mitarbeitende stärker einbinden<br>Die neue ATG verankern | R<br>R |
| c) Zeit | Kann weitere zwölf Monate warten | F | Schnelles Handeln unerlässlich | R | Schnelles Handeln unerlässlich | R | Schnelles Handeln und Skalieren unerlässlich | R |
| d) Aktivitäten der Konkurrenz und Erwartungen der Stakeholder | | ? | | ? | | ? | | ? |
| e) Werte und Kultur | Sozial engagiert, geduldig | B | Schnelle Umsetzung, Geschwindigkeit | B | Schnelle Umsetzung, Geschwindigkeit | B | Sozial engagiert, ehrgeizig | R |
| f) Kompetenzen | Begrenzt | R | ATG kann strukturelle Ambidextrie bewältigen | R | ATG kann strukturelle Ambidextrie bewältigen | R | ATG kann komplexes Veränderungsprogramm bewältigen | F |
| g) »Stimmung« und kollektiver kognitiver Zustand | Wir sind pessimistisch hinsichtlich Engagement und Mobilisierung im gesamten Unternehmen | R | Wir sind optimistisch hinsichtlich Engagement und Mobilisierung in Teilen des Unternehmens | R | Wir sind optimistisch hinsichtlich Engagement und Mobilisierung in Teilen des Unternehmens | R | Wir sind optimistisch hinsichtlich Engagement und Mobilisierung im gesamten Unternehmen | F |
| **5. Optimierung** | Keine | | | | | | | |
| **6. Lösung/Beschluss** | Option 4 | | | | | | | |

**Abbildung 10.1:** Sechsstufiger Entscheidungsnavigator für Fallbeispiel 4

»Aber was soll ich dann tun? Wir haben ein hervorragendes Konzept, mit dem wir uns als Marktführer profilieren und unsere Rentabilität verbessern können. Diese Transformation bietet allen Mitarbeitenden die Möglichkeit, interessante Aufgaben zu übernehmen und ihr Kompetenzspektrum zu erweitern. Warum erkennen sie die Chance nicht?«

Carlo hatte ihr aufmerksam zugehört. »Das muss frustrierend für Sie sein«, sagte er teilnahmsvoll.

»Stimmt; das würde ich jedoch niemandem gestehen, außer Ihnen – oder meinem Mann. Ich arbeite tatsächlich hart und versuche ununterbrochen, allen Mitarbeitenden unsere Vision nahezubringen. Ich halte Belegschaftsversammlungen und Frühstücksbesprechungen mit kleineren Gruppen ab. Ich habe zwei Interviews im firmeninternen Intranet veröffentlicht, in denen ich unsere langfristigen Ziele geschildert habe. Aber die firmeninterne Kommunikation scheint nicht zu klappen, denn unsere Mitarbeitenden begreifen offenbar nicht, worum es geht!«

Normalerweise gelassen und unerschütterlich, war sich Isabelle bewusst, dass es ihr nicht besonders gut gelang, ihre Frustration und Enttäuschung zu verbergen. »Es ist einfach frustrierend«, fügte sie hinzu. »Haben unsere Leute denn gar kein Interesse daran, für einen führenden europäischen Reiseveranstalter zu arbeiten?«

Carlo sah sie einen Moment schweigend an. »Nein, ich glaube, das interessiert sie nicht wirklich.«

»Was?« Isabelle war sichtlich überrascht. Sie verstand Carlos Reaktion nicht.

»Nun, das ist etwas, was Sie und vielleicht noch Ihr Topmanagement-Team sich wünschen. Sie haben sich ehrgeizige Ziele gesetzt. Sie streben die Marktführerschaft in Europa an. Aber ist das der Grund, der unsere Belegschaftsangehörigen motiviert, jeden Morgen zur Arbeit zu erscheinen? Warum haben sie sich für die ATG als Arbeitgeber entschieden? Was macht sie stolz auf ihr Unternehmen? Welche Geschichten erzählen sie ihren Kindern, wenn sie abends beim gemeinsamen Essen berichten, wie ihr Tag verlaufen ist?«

Isabelle ging ein Licht auf. »Marktanteile und Rentabilität kommen nicht darin vor, oder?«

»Richtig. Sie haben sich für eine Branche entscheiden, die ihrer Neigung entspricht, Kunden zu dienen. Sie bieten einmalige Reiseerfahrungen an, öffnen neue Horizonte, bringen Kulturen näher zusammen und sorgen dafür, dass die Leute rundum zufrieden sind. Sie fühlen sich dem Unternehmenszweck der ATG verbunden, nicht den KPIs oder dem GET.«

Sie dachte an das letzte Gespräch mit Eve zurück, in dem von der Notwendigkeit einer inspirierenden Führung in Zeiten des Wandels die Rede gewesen war.

»Sie haben die Transformation als ein Erfolgsrezept präsentiert, das von der Strategie, den KPIs, dem Project Management Office (PMO) und den Initiativen abhängt. Das sind die sogenannten harten Transformationsfaktoren. Das ist alles gut und schön, aber das reicht nicht aus. Setzen Sie sich mit Alison, Ihrer Personalchefin, zusammen, und reden Sie mit ihr über den menschlichen Faktor. Denken Sie an den Unternehmenszweck, die Motivation, daran, was Mitarbeiterinnen und Mitarbeitern wirklich wichtig ist. Denken Sie an die Gefühle, die damit einhergehen.«

Isabelle bedankte sich bei Carlo, verließ sein Büro und schickte Alison eine Textnachricht mit der Bitte, sich zu einem gemeinsamen Mittagessen zu treffen. Als sie in einer ruhigen Ecke ihres Lieblingscafés Platz genommen hatten, erklärte Isabelle den Grund der Zusammenkunft. »Ich habe mit Carlo gesprochen und begriffen, dass ich bei dem Versuch, unsere Belegschaft aktiv in die Transformation einzubeziehen, einen völlig falschen Weg eingeschlagen habe – nur Kopf und kein Herz.«

»Natürlich haben wir die Möglichkeit, mit Hilfe von Grafikvorlagen und Öffentlichkeitsarbeit eine emotionale Komponente in die Kommunikation einzubeziehen, um der Belegschaft klarzumachen, warum die Neuausrichtung unumgänglich ist. Ich glaube aber nicht, dass es das ist, was wir brauchen. Hier geht es nicht um Grafikvorlagen oder eine inspirierende Botschaft. Bei allem gebührenden Respekt, hier geht es in erster Linie um Sie und das GET.«

»Wieso das?«, fragte Isabelle verblüfft.

»Wenn wir die Botschaft umformulieren, ohne unser Mindset – unsere innere Einstellung, unsere Denk- und Verhaltensweisen – zu ändern, ist die Kommunikation nicht authentisch. Wenn wir nicht das praktizieren, was wir predigen, sprich, wenn in Wirklichkeit Umsatz und Gewinn oder Eigeninteressen Vorrang haben, fällt das irgendwann auf. Unsere Mitarbeitenden sind ja nicht auf den Kopf gefallen. Eine Anpassung der Botschaft, ohne darüber nachzudenken, warum Sie und das GET die Transformation tatsächlich anstreben, verstärkt den Zynismus und den Widerstand.«

Auch dieses Gespräch kam für Isabelle einer Offenbarung gleich. Fassungslos wurde ihr bewusst, dass sie zuerst etwas bei sich selbst ändern musste. Das unerschütterliche Vertrauen in ihren Standpunkt, dass die Leistungskennzahlen immer allerhöchste Priorität haben sollten, war ins Wanken geraten. Carlo und Alison hatten ihr vor Augen geführt, dass sie ihre Mitarbeitenden nur dann überzeugen konnte, wenn es ihr und dem GET gelang, das Herz anzusprechen und eine emotionale Verbindung zu den gemeinsamen Zielen oder der Mission des Unternehmens herzustellen.

Als die Crêpes serviert worden waren, die perfekt aussahen, nahm Isabelle den Gesprächsfaden wieder auf. »Alison, würden Sie mir helfen, eine Arbeitssitzung mit dem GET zu moderieren? Ich möchte, dass wir alle noch einmal darüber nachdenken, warum wir jeden Morgen zur Arbeit erscheinen und wie wir unseren Familien nach Feierabend unseren Tagesablauf schildern. Ich möchte herausfinden, was uns in der ATG verbindet, welche gemeinsamen Ziele wir haben.«

»Natürlich helfe ich Ihnen«, erwiderte Alison. »Ich kann Fakten und Ergebnisse vorlegen, aber Sie sind am besten dazu geeignet, die Diskussion in Gang zu halten und zu leite. Damit würden Sie klar zum Ausdruck bringen, dass sich auch bei Ihnen etwas geändert hat, dass Ihnen der Kern des Problems bewusst geworden ist.«

»Gut, dann machen wir es so. Danke, Alison.« Als sie das Café verließen, bedankte sich Isabelle abermals. »Ich weiß unser heutiges Gespräch zu schätzen. Sie waren offen und ehrlich mit mir. Mir ist klar, dass ich manchmal als Mensch wahrgenommen werde, der von sich selbst überzeugt ist, und dass es Mut braucht, mir unverblümt die Meinung zu sagen. Sie haben mir wirklich sehr geholfen. Vielen Dank dafür.«

»Ich weiß, dass ich ein Risiko eingegangen bin, aber das war es mir wert. Sie sind es mir wert!«, erwiderte Alison.

In den folgenden Wochen arbeiteten Isabelle und Alison mit dem GET an der Entwicklung eines gemeinsamen Leitbilds. Außerdem nahmen sie noch einmal den Ansatz des Unternehmens unter die Lupe, die Belegschaftsangehörigen stärker in die neue Strategie einzubinden.

Das GET vergewisserte sich Schritt für Schritt, dass die Transformationsinitiative endlich wieder Fahrt aufnahm. Die unternehmensweite Kommunikation über den Wandel wurde durch persönliche Geschichten der Belegschaftsangehörigen angereichert, und die emotionale Befriedigung, die mit der Beratung der Kundinnen und Kunden über die neuen Reiseangebote einherging, entfaltete ihre Hebelwirkung. Die Angehörigen des Topmanagement-Teams banden die Mitarbeitenden, die direkten Kundenkontakt hatten, aktiv in den Veränderungsprozess ein und nahmen ihre Führungsrolle wahr, indem sie mit gutem Beispiel vorangingen. Die neue Herangehensweise an den Transformationsprozess verbreitete sich mit Hilfe von Frank und Conny im gesamten Verkaufsstab. Alisons Team passte das Training und die Leistungsanreize der ATG an. Isabelle sah sich anfangs mit einigen hartnäckigen Fragen von Hugo konfrontiert, der das Gefühl hatte, dass alle diese zusätzlichen Schritte der Transformationsinitiative zu teuer waren. Er lenkte aber ein, als sich die ersten positiven Ergebnisse bemerkbar machten. Isabelle freute sich vor allem darüber, dass es Alessandro gelang, die internen Abläufe und die IT auf eine maßgeschneiderte Verkaufsstrategie abzustimmen.

Binnen weniger Wochen ließ der Widerstand der Mitarbeitenden merklich nach, und die europäischen Niederlassungen konnten mit den ersten Erfolgsgeschichten aufwarten. Innerhalb von sechs Monaten war dem Unternehmen eine komplette Kehrtwende gelungen, und Isabelle hatte das Gefühl, dass die ATG nun in Topform war, wie Marco es ausdrückte.

Alison beeilte sich, eine Umfrage zu starten, die das verstärkte Engagement der Mitarbeitenden abbildete. Die Belegschaft war stolz, für die ATG zu arbeiten. Die neue Unternehmenskultur – geprägt von unternehmerischem Denken und Handeln, Kundenfokussierung, Fürsorglichkeit und Respekt – war einzigartig in der Branche. Die Kundinnen und Kunden waren zufrieden, die Umsatzerlöse wuchsen und die ATG erzielte starke Ergebnisse. Auch die Expansionsstrategie schien auf Erfolgskurs zu sein, sowohl in den USA als auch in Asien. Das Konzept der personalisierten Erlebnisreisen war perfekt auf die asiatische und amerikanische Klientel zugeschnitten.

Die ATG war auf dem besten Weg, wieder zu dem Vorzeigeunternehmen zu werden, das es einst gewesen war.

## Neue Probleme

Doch infolge einer Rezession und des damit verbundenen Konsolidierungsprozesses in der Reisebranche sah sich ATG bald einer weiteren Herausforderung gegenüber. Die erfolgreiche Transformation und internationale Expansion weckten nicht nur das Interesse der Medien, sondern lösten auch Aufmerksamkeit anderer Art aus. Ein weitaus größerer Wettbewerber tauchte mit einem feindlichen Übernahmeangebot auf, eine unliebsame Überraschung, zumal die ATG inzwischen zu den Unternehmen mit einem ansehnlichen Marktwert gehörte.

Der Angriff erwischte Isabelle und das GET auf dem falschen Fuß. Sie setzte sich umgehend mit Carlo, dem Aufsichtsratsvorsitzenden, in Verbindung. Als ehemaliger Banker wusste er genau, was ein Übernahmeangebot bedeutete und wie man damit umgehen sollte.

Nachdem Isabelle und Carlo mit den größten Shareholdern Kontakt aufgenommen und die Angelegenheit in groben Zügen mit ihnen besprochen hatten, holten sie unverzüglich Hugo an Bord, den CFO, der als Finanzchef ein alter Hase war, wenn es um Merger & Acquisitions (M&A), sprich Fusion und Erwerb von Unternehmen oder Unternehmenseinheiten ging. Carlo sprach bei der JC Logan Bank vor, um sich Unterstützung während des Übernahme-Verteidigungskampfes zu sichern. Im Anschluss hielten Isabelle und Carlo eine Reihe von Krisensitzungen mit Aufsichtsratsmitgliedern und dem Topmanagement-Team ab, um die Optionen für den Umgang mit dem feindlichen Übernahmeangebot auszuloten.

Mitten in der Krisenstimmung erhielt Isabelle eine Textnachricht von ihrem Mann. Inzwischen war es fast 22 Uhr. Er schrieb: »Schade, dass du es nicht zum Dinner geschafft hast, aber keine Sorge. Ich konnte die *Ente à l'Orange* nicht allein essen (schau im Kühlschrank nach).«

Sie hatte überhaupt nicht gemerkt, dass es schon so spät war. Isabelle war müde, frustriert und verärgert, dass sie ausgerechnet an ihrem Hochzeitstag das gemeinsame Abendessen verpasst hatte.

Doch es sollte noch schlimmer kommen. Als Isabelle gegen 23 Uhr zu Hause eintraf, eröffnete ihr Marco, wie immer der verständnisvolle und fürsorgliche Familienvater, dass Marie, die achtzehnjährige Tochter, außer sich sei und beschlossen hatte, kein Wort mehr mit ihrer Mutter zu reden.

»Ich sehe noch mal nach ihr, bevor ich zu Bett gehe«, fügte er hinzu. »Aber ich muss jetzt rauf. Ich habe in aller Frühe eine Online-Besprechung mit meinem Verlag. Iss etwas und komm nach. Du siehst fix und fertig aus.«

Marie, eine ernsthafte junge Frau, die ihre Überzeugungen leidenschaftlich vertrat, setzte sich schon seit Jahren aktiv für den Klimaschutz ein. Sie war wütend, weil Isabelle nur noch wenig Zeit für die Familie hatte und zu Hause oft gestresst und reizbar war, aber noch schlimmer war in ihren Augen, dass ihre Mutter ein großes Reiseunternehmen leitete. Für Marie war der Tourismus, vor allem Flugreisen, eine der größten $CO_2$-Emissionsquellen, und sie wartete schon seit geraumer Zeit darauf, dass ihre Mutter endlich etwas dagegen unternahm.

Isabelle war frustriert. Sie musste den Übernahmekampf gewinnen. Es war ihre Aufgabe, dafür zu sorgen, dass die ATG ihre Eigenständigkeit bewahrte. Sie wollte ihren Job als CEO nicht verlieren. Doch in den letzten Monaten hatte sie, wie sie am Ende eines schwierigen Tages niedergeschlagen feststellen musste, zunehmend die Verbindung zu ihrer Familie verloren.

Sie fragte sich, ob es ihr gelingen würde, die Beziehung zu Marie zu retten, bevor ihre Tochter im September an der ETH Zürich mit dem Studium der Umweltwissenschaften begann. Außerdem musste sie auch herausfinden, wie es Annelies ging, ihrer Jüngsten, ebenfalls im Teenageralter, die alles daransetzte, sich in einer wettbewerbsstarken Sportart zu qualifizieren. Tennis schien ihre große Leidenschaft zu sein, und sie freute sich allem Anschein nach auf das nahezu tägliche Training mit ihrem Schulteam, aber was ging ihr wirklich durch den Kopf? Welche Ziele hatte sie ... wollte sie an Turnieren im Kanton teilnehmen? Oder höher hinaus, in der ganzen Schweiz und im Ausland Titel abräumen? Und was war mit Marco, wie lange würde er sich noch in Geduld üben?

Isabelle saß am Esstisch und versuchte, nachzudenken. Entmutigt und zu müde, um die Reste vom Hochzeitstags-Entenbraten aufzuwärmen, goss sie Milch in eine Schale mit Müsli. Sie musste dringend mit ihrer Familie reden, aber die schlief bereits.

### Fragen zum Nachdenken

Was würden Sie an Isabelles Stelle tun?

- Den Rücktritt einreichen und sich auf die Familie konzentrieren?
- Das Arbeitspensum durch Delegieren verschiedener Aufgaben verringern und um Unterstützung bitten, um mehr Zeit für die Lösung der familiären Probleme zu haben?
- Sich ausschließlich auf die Arbeit konzentrieren und die Familienprobleme später angehen – falls es dann nicht zu spät dafür wäre?
- Haben Sie eine andere Idee?

Vielleicht möchten Sie die Antworten schriftlich festhalten, bevor wir fortfahren.

# 11 Optimierung des Entscheidungsfindungsprozesses

**Claudio Feser, Daniella Laureiro-Martinez und Stefano Brusoni**

Alle wollen die Welt verändern,
aber keiner sich selbst.
*Leo Tolstoi*

Isabelle und Eve trafen sich am folgenden Morgen zum Frühstück in der *Milchbar*, einem angesagten Café in Zürich. Es war die einzige Aktivität, die Isabelle in ihrem randvollen Terminkalender noch unterbringen konnte. Sie hatten das gemeinsame Frühstück schon vor Wochen vereinbart, und Isabelle wollte nicht schon wieder absagen, obwohl sie mitten in einer schwerwiegenden Krise steckte. Angesichts der Situation bei ATG, die streng vertraulich war, ging es dieses Mal nicht um das Unternehmen, sondern um ihr Bedürfnis, Eve endlich einmal persönlich wiederzusehen und zu umarmen.

Isabelle kam ein paar Minuten zu spät. Sie hatte am Abend zuvor nicht einschlafen können und heute Morgen verschlafen. Das war in den vergangenen Monaten häufiger vorgekommen, aber der Schlafmangel war nicht das Einzige, was ihr zusetzte. Sie verspürte häufig eine innere Unruhe, konnte sich nur schwer konzentrieren, war reizbar, kam sich oft wertlos vor und hatte das Interesse an ihren Hobbys verloren.

Eve stand auf, um sie zu begrüßen, wie immer mit einem strahlenden Lächeln.

»Lange her, dass wir gemeinsam nach London geflogen sind«, sagte Isabelle. »Ich wollte mich unbedingt persönlich für die wunderbaren, echt hilfreichen Gespräche während des letzten Jahres bedanken.«

»Ich freu mich auch, dich wiederzusehen«, erwiderte Eve. »Aber du siehst müde aus. Alles in Ordnung bei dir?«

»Wie kommt du darauf?«

»Du hast gegähnt, als du hereingekommen bist, und außerdem, nichts für ungut, siehst du ziemlich erschöpft aus.«

»Es läuft derzeit nicht besonders gut bei mir. Ich habe in letzter Zeit extrem hart gearbeitet. Ich liebe meine Führungsfunktion in der ATG und bin stolz auf das, was das GET und ich bisher erreicht haben, auch wenn wir uns nach wie vor großen Herausforderungen gegenübersehen. Aber der Erfolg hat seinen Preis. Das ist einfach so im Geschäftsleben. Heutzutage wird einem nichts geschenkt. Ich werde wohl akzeptieren müssen, dass ich Opfer bringen muss, vor allem in meinem Privatleben, um als CEO erfolgreich zu sein.«

»Das klingt so, als wäre die Work-Life-Balance ein Nullsummenspiel für dich: entweder ein erfolgreiches Berufsleben oder ein erfolgreiches Privatleben.«

»Siehst du das anders?«

»Ich bin nicht in deiner Position und kann deine spezifische Situation nicht beurteilen. Ich erforsche die Grundlagen von Entscheidungsprozessen auf individueller und kollektiver Ebene. Du wirst mir zustimmen, dass die Fähigkeit, konstant gute Entscheidungen zu treffen, für den Erfolg ungeheuer wichtig ist, sowohl im Unternehmen als auch im Leben generell. Studien zufolge hat ein ausgewogenes Verhältnis zwischen Berufs- und Privatleben Auswirkungen auf die Entscheidungsqualität. Vielleicht muss es sich nicht immer um ein Nullsummenspiel handeln.«

Wie jedes Mal, wenn sie sich trafen, hatte damit ein weiteres aufschlussreiches Gespräch begonnen.

Ein Aspekt von Eves Forschungsarbeit bestand darin, die charakteristischen Eigenschaften von Personen zu ermitteln, die dafür bekannt waren, qualitativ hochwertige Entscheidungen zu liefern. Sie wollte mehr über die individuellen Merkmale oder Kompetenzen dieser »Super-Entscheider« erfahren und herausfinden, ob sie sich antrainieren und im Lauf der Zeit verbessern ließen.

Erstens musste sie die Super-Entscheider identifizieren. Deshalb wertete sie in ihrem Labor an der Universität die Entscheidungskompetenz von mehreren hundert Top-Führungskräften anhand der Ergebnisse des Multi-Armed-Bandit-Tests aus, auch Mehrarmiger-Banditen-Ansatz oder MAB-Test genannt.

»Der MAB-Test ist ein robustes Modell, um die individuelle Leistung bei Exploit-Explore- Entscheidungen einzuschätzen. Beim MAB-Test werden die Teilnehmenden aufgefordert, eine Reihe aufeinanderfolgender Entscheidungen über die Zuweisung von Ressourcen zu treffen und dabei unter mehreren miteinander konkurrierenden Alternativen zu wählen – der Name ist auf die Situation von Spielern zurückzuführen, die zeitgleich mehrere Spielautomaten (›einarmige Banditen‹) bedienen, um herauszufinden, welcher den höchsten Erfolg verspricht, und danach häufiger an diesem spielen, um den Gewinn zu maximieren.

Der MAB-Test erfasst die grundlegenden Merkmale realer Situationen, die mit großer Unsicherheit, mehreren Alternativen, die sich im Lauf der Zeit ändern, und einem kontinuierlichen Wandel des Umfelds einhergehen. Deshalb ist es schwer, vorherzusehen, was geschieht. Im Test wird die rasante Veränderung des Umfelds durch die Erfolgsraten der einzelnen Spielautomaten repräsentiert, die sich nicht nur fortlaufend ändern, sondern dabei auch für einigen Lärm sorgen, sodass nie vollkommen klar ist, wohin die Entwicklung geht. Die Teilnehmenden sollen diejenige Option mit dem höchsten Gewinn nutzen – also die Exploit-Strategie –, aber nur so lange, wie der Gewinn konstant auf hohem Niveau bleibt. Beginnt der Gewinn zu schrumpfen, besteht die Chance, dass die Explore-Strategie zu einem besseren Ergebnis führt. Das heißt, sie müssen verschiedene Spielautomaten ausprobieren. In einer Umgebung mit einem hohen Lärmpegel ist es ratsam, die zur Wahl stehenden Alternativen mehrmals zu testen, um ihren Nutzen und das Auf und Ab der Entwicklungstendenzen besser einzuschätzen, denen jeder einzelne Spielautomat folgt (Laureiro-Martinez, 2022).

Ein Beispiel: Stell dir vor, dass dein Unternehmen einen neuen Lieferanten sucht und vier Optionen zur Verfügung hat (Kandidat A, B, C und D). Du beschließt, ihnen auf den Zahn zu fühlen, um herauszufinden, welcher der Beste ist. Nach der anfänglichen Explorations- oder Testphase entscheidest du dich für den Lieferanten D.«

Eve zeigte Isabelle eine Grafik, bei der Pfeil 1 auf die D-Linie deutete (Abbildung 11.1).

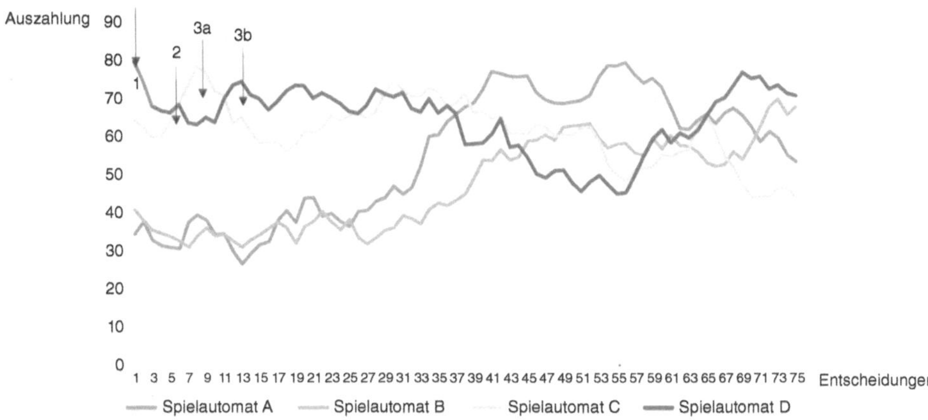


**Abbildung 11.1:** MAB-Test

»Du hast sozusagen den Einarmigen Banditen mit dem höchsten Erfolgspotenzial gewählt. Nach einer Weile merkst du jedoch, dass die von D gelieferte Qualität nachlässt (die Exploit-Strategie/der Spielautomat bietet weniger Gewinn). Nun stellt sich die Frage, ob du bei D bleiben oder den Lieferanten wechseln solltest (siehe Pfeil 2). Nehmen wir an, du testest die drei anderen Kandidaten und stellst fest, dass C inzwischen die bessere Qualität liefert, also entscheidest du dich für einen neuen Lieferanten/den Wechsel zur Explore-Strategie. Doch nach einiger Zeit lassen seine Leistungen ebenfalls zu wünschen übrig, und du siehst dich abermals dem Dilemma gegenüber, zwischen Exploitation und Exploration zu entscheiden.

Das A und O ist dabei der richtige Zeitpunkt. Wenn du an Punkt 3a explorierst, findest du keine bessere Alternative zu C. Wenn du an Punkt 3b explorierst, liefert D die bessere Qualität. Je länger du mit einem Lieferanten zusammenarbeitest – oder an einem Einarmigen Banditen spielst –, desto leichter fällt es, Entwicklungstendenzen zu erkennen. Wenn du merkst, dass du auf einen Verlierer gesetzt hast, solltest du nicht zu lange daran festhalten, sondern so früh wie möglich zu einer anderen Alternative überwechseln (Laureiro-Martinez, 2022).«

»Okay, der MAB-Test zeigt also die Qualität der Entscheidungen, die eine Person bei Trade-Offs oder Zielkonflikten zwischen Exploration und Exploitation trifft, das heißt bei Entscheidungen unter Unsicherheit, richtig?«, fragte Isabelle.

»Ja, genau. Der MAB-Test erfasst den grundlegenden Konflikt zwischen der Allokation von Ressourcen mit Strategien, die eine aktuell höhere Belohnung erzielen (Exploitation), und Entscheidungen, die eine aktuelle Belohnung opfern, um die Möglichkeit einer höheren künftigen Belohnung zu erforschen (Exploration). Da Entscheidungen mit potenziellen Gewinnen und Verlusten verbunden sind, kommen MAB-Tests wahrscheinlich nahe an Erfahrungen heran, die Entscheidungsträger*innen machen, wenn sie sich in einem Unternehmen einem Dilemma gegenübersehen.«

»Alles klar. Der Test bietet die Möglichkeit, die Entscheidungsträger*innen nach ihren MAB-Testergebnissen zu bewerten. Je höher die erreichte Punktzahl, desto besser schneidet die Person ab. Und wie ging es dann weiter?«, wollte Isabelle wissen.

»Ich habe mich mit Studien und Fachliteratur beschäftigt, um herauszufinden, welche Faktoren sich auf das MAB-Ergebnis, das heißt auf eine effektive Lösung des Explore-Exploit-Dilemmas auswirken. Diese Grafik fasst die wichtigsten Erkenntnisse zusammen«, sagte Eve und zeigte Isabelle Abbildung 11.2. »Es handelt sich um sieben Faktoren, die sich drei Bereichen zuordnen lassen: kognitiver Zustand, kognitive Anpassungsfähigkeit und kognitive Verhaltenstendenzen (Brusoni et al., 2023), also um eine bestimmte Motivation oder Handlungsbereitschaft.«

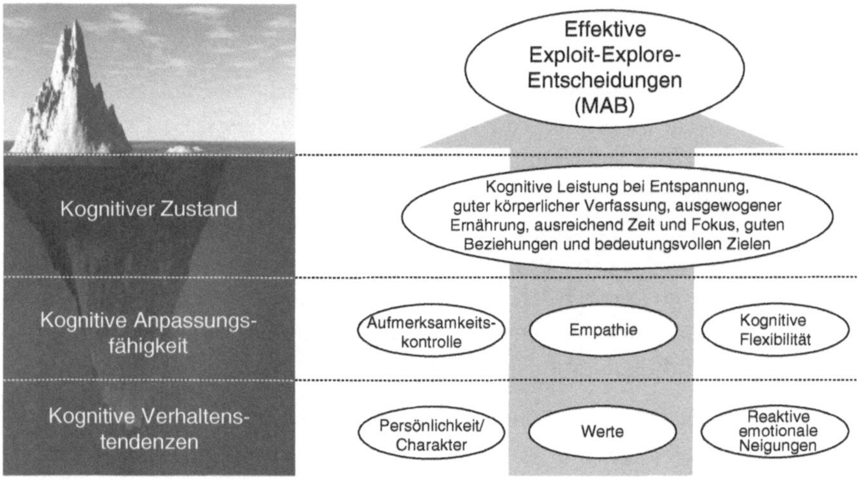


**Abbildung 11.2:** Sieben Faktoren, die zur Erklärung der Exploit-Explore-Entscheidungsqualität von Einzelpersonen beitragen

»Interessante Grafik. Warum ist links im Bild ein Eisberg zu sehen?«

»Der österreichische Psychoanalytiker Sigmund Freud verwendete das Eisberg-Bild, um zu veranschaulichen, dass unser Verhalten – oberhalb der Wasserlinie sichtbar – weitgehend von Impulsen getrieben wird, die auf der unbewussten Ebene verankert und unsichtbar sind. Die sieben Faktoren sind nicht auf Anhieb erkennbar, aber wichtig, weil sie erheblichen Einfluss auf das Entscheidungsverhalten haben.«

»Alles klar. Was hat es mit der ersten Faktorengruppe, dem kognitiven Zustand, auf sich?«

»Der kognitive Zustand hat großen Einfluss auf die Qualität der Entscheidungen unter Unsicherheit, also auf die Fähigkeit, effektive Exploit-Explore-Entscheidungen zu treffen. Wenn wir uns sicher, entspannt, energiegeladen oder inspiriert fühlen, sind wir eher bereit, Neues zu erkunden, zu explorieren. Wenn wir uns im Gegensatz dazu erschöpft, niedergeschlagen, gestresst oder unter Druck gesetzt fühlen, neigen wir dazu, den Blick auf die negativen Informationen zu richten, eine pessimistische Weltsicht zu entwickeln und lieber auf Nummer sicher zu gehen, statt Neues zu wagen (Sharot, 2017).

Einige Faktoren können die kognitive Leistung nachhaltig beeinträchtigen.

1. *Schlafmangel:* Sechs Stunden Schlaf pro Nacht in einem Zeitraum von mehr als zwei Wochen haben einen Rückgang der mentalen Leistungsfähigkeit von ähnlichem Ausmaß zur Folge wie ein Wachzustand von 48 Stunden Dauer (Durmer und Dinges, 2005). Schlafmangel stört nachweislich die Funktion des präfrontalen Cortext (PFC; Chee und Chuah, 2008), der exekutive Aufgaben hat, und wirkt sich damit negativ auf den Entscheidungsfindungsprozess aus. Die emotionale Seite kann dabei vorherrschend werden und, entsprechend den persönlichen Neigungen, zu unverhältnismäßig riskanten (Killgore, 2015) oder übermäßig konservativen Entscheidungen führen.

2. *Schlechte körperliche Verfassung:* Standardisierte kognitive Tests haben gezeigt, dass Menschen, die körperlich fit sind, im Durchschnitt 36 Prozent bessere Ergebnisse erzielen als diejenigen, die sich selten sportlich betätigen (Tomporowsky et al., 2008). Körperliche Bewegung und sportliche Betätigung haben eine positive Auswirkung auf die kognitive Leistung und spielen eine wichtige Rolle, um dem degenerativen Gehirnalterungseffekt entgegenzuwirken. Dazu kommt, dass sie das allgemeine Wohlbefinden fördern (Mandolesi et al., 2018).

3. *Unausgewogene Ernährung:* Eine ungesunde oder unausgewogene Ernährung kann zu Stress und Erschöpfung führen und die Denk- und Arbeitsfähigkeit beeinträchtigen. Dazu kommt, dass sie sich auf das Entscheidungsverhalten auswirkt. Eine kohlenhydratreiche/proteinreiche Ernährung ist imstande, ohne medikamentöse Interventionen die Serotoninfunktion wirksam zu beeinflussen, die unter anderem das Entscheidungsverhalten reguliert (Liu et al., 2021).

4. *Permanent hohe kognitive Belastung und begrenzte Zeit zum Nachdenken:* Menschen, die meditieren, haben höhere Mengen grauer Substanz im Hippocampus. Die graue Substanz ist eine wichtige Komponente des Zentralnervensystems, sie stellt das Koordinationszentrum für alle vegetativen Funktionen dar und trägt zum Abbau von Cortisol und Stress bei (Congleton et al., 2015). Zu den weiteren Vorteilen einer regelmäßigen Meditationspraxis gehört, dass sie Raum für diffuses Denken bietet, sprich dem Unterbewusstsein ermöglicht, die Gedanken schweifen zu lassen und sich Tagträumen hinzugeben, was die Kreativität (Kounios et al., 2008) und Lernprozesse fördert (Parker-Pope, 2014).

5. *Mangel an sinnvollen Zielsetzungen und zwischenmenschlichen Bindungen:* Forschungen zur Rolle von sinnvollen Zielsetzungen deuten darauf hin, dass physiologische Veränderungen im Gehirn angestoßen werden, die Glücksgefühle auslösen, wenn wir anderen helfen (Post, 2014). Hilfsbereitschaft stärkt darüber hinaus das Gefühl der Zugehörigkeit, Freundschaft und Verbundenheit mit einer größeren Gemeinschaft (Brown et al., 2012; Pilkington et al., 2012).«

»Okay, das leuchtet mir ein«, sagte Isabelle. »Es überrascht mich nicht, aber mir waren die Auswirkungen dieser Faktoren auf die kognitive Leistung und infolgedessen auf die Entscheidungsfindung nicht bewusst.«

»Ja, sie sind nicht zu unterschätzen.« Eve sah Isabelle an. »Darf ich dich einmal etwas Persönliches fragen? Wie würdest du bei einem Test in diesen Dimensionen abschneiden?«

»Hmm … nicht besonders gut. Ich habe in den vergangenen Monaten schlecht geschlafen, habe mir abends in der Mikrowelle irgendetwas aufgewärmt, falls ich überhaupt zum Essen gekommen bin, und für Sport ist mir überhaupt keine Zeit geblieben. Noch schlimmer ist das Gefühl, dass das Verhältnis zu meinen Töchtern gelitten hat.«

»Zu deinen Töchtern?«

»Ja, und zu Marco, meinem Mann. Er hat mich immer unterstützt, aber wir haben seit Monaten keine Möglichkeit mehr, Zeit zu zweit miteinander zu verbringen, uns einen schönen Abend zu machen. Ich habe keine Ahnung, was er dabei empfindet.«

Isabelle hielt inne.

Dann fuhr sie fort: »Aber so ist das nun mal, wenn man ein Unternehmen leitet. Auf meine beruflichen Entscheidungen wirkt sich das meiner Meinung nach nicht negativ aus, denn mein GET-Team und Carlo, der Aufsichtsratsvorsitzende, sind mir bei der Entscheidungsfindung eine große Hilfe.«

»Du kannst dich glücklich schätzen, so viel Unterstützung in deinem Aufgabenbereich zu haben. Trotzdem solltest du deine Aufmerksamkeit auf das Problem des Ungleichgewichts zwischen Berufs- und Privatleben richten. Es reicht nicht aus, einfach zu sagen, so ist das nun mal, wenn man ein Unternehmen leitet. Wenn das über einen langen Zeitraum so weitergeht, werden sich möglicherweise die ersten Anzeichen einer Depression und eines Burnouts bemerkbar machen.«

»Ich fürchte, die stelle ich bereits bei mir fest.«

Isabelle hielt abermals inne.

Eve wartete einen Moment, bevor sie die Stille unterbrach: »Lass den Kopf nicht hängen, ich habe eine gute Nachricht für dich. Die Auswirkungen, die mit einem erholsamen Schlaf, einer gesunden Ernährung, körperlicher Bewegung, Meditation und einer Verbesserung der persönlichen Beziehungen einhergehen, sind nicht nur groß, sondern auch unverzüglich spürbar. Der kognitive Zustand lässt sich relativ schnell regulieren. Die Entwicklung einer Routine in gleich welcher Kombination, zum Beispiel sieben bis acht Stunden ununterbrochener Schlaf, mehrere kurze Auszeiten am Tag, um die Batterien wieder aufzuladen, zwei bis drei Stunden anstrengende physische Aktivitäten pro Woche, die Umstellung auf eine ausgewogene Kost mit gesunden Nährstoffen in angemessener Menge und Vielfalt, regelmäßige Achtsamkeitsübungen, die Einschränkung der Gewohnheit, ständig mehrere Aufgaben gleichzeitig zu erledigen, ein offenes Gespräch mit Marco oder einer Freundin über Gefühle und Probleme und, nicht zu vergessen, eine tägliche Dosis positiver sozialer Interaktionen können den kognitiven Zustand erheblich verbessern (Durmer und Dinges, 2005; Masley et al., 2009; Moore und Malinowski, 2009; Tucker et al., 2010; Khodarahimi, 2018; Honn et al., 2019).«

»Das schaffe ich nicht alles auf einmal. Woher soll ich die Zeit nehmen?«, rief Isabelle.

»Ich habe nicht vorgeschlagen, alles gleichzeitig in Angriff zu nehmen. Jede beliebige Kombination, die für dich persönlich umsetzbar ist, bewirkt bereits einen Unterschied. Einige Leute meditieren gerne, andere nicht. Einige treiben gerne Sport, andere nicht. Finde heraus, was sich für dich bewährt. Du legst großen Wert auf die Verbindung zu deiner Familie. Vielleicht fängst du damit an.«

»Ich muss darüber nachdenken, aber vermutlich hast du recht. Okay, lass uns weitermachen; ich möchte mehr über die sieben Faktoren erfahren. Was ist mit der zweiten Gruppe, der kognitiven Anpassungsfähigkeit?«

»Bei der zweiten Faktorengruppe, die eine gute Explore-Exploit-Balance fördert, geht es um kognitive Fähigkeiten, die bei den meisten Menschen in unterschiedlichem Maß vorhanden sind und sich mit entsprechendem Fokus und Übung ausweiten und stärken lassen.

Drei kognitive Fähigkeiten scheinen für die Entscheidungsfindung besonders relevant zu sein: Aufmerksamkeitskontrolle, kognitive Flexibilität und Empathie. Sehen wir sie uns der Reihe nach an.«

»Nehmen wir zuerst die *Aufmerksamkeitskontrolle* (Abbildung 11.3). Sie schließt die Fähigkeit ein, sich zu fokussieren und den Fokus über einen längeren Zeitraum aufrechtzuerhalten sowie mögliche Handlungsalternativen auszuloten, auszuwählen und zu planen. Laureiro-Martinez (2014) und Laureiro-Martinez et al. (2015) haben diese Fähigkeiten mit Blick auf die kognitive Kontrolle oder Aufmerksamkeitskontrolle erforscht. Sie sind ungeheuer wichtig, weil sie für die Auswahl und das Abspeichern externer und interner Informationen im Kurzzeitgedächtnis zuständig sind, damit diese im Fokus der Aufmerksamkeit bleiben und verarbeitet werden können. Außerdem steuern sie das abstrakte und das analoge Denken, das spontan und assoziativ erfolgt, sowie die Planung künftiger Handlungsalternativen und die Anbahnung oder Hemmung aktueller Aktivitäten. Die neuronalen Schaltkreise, die mit der Steuerung der Aufmerksamkeitskontrolle befasst sind, übernehmen sozusagen das Kommando. Sie erstrecken sich über mehrere Hirnareale, wobei der präfrontale Cortex (PFC), ein Teil des Frontallappens der Großhirnrinde, eine Schlüsselrolle spielt.

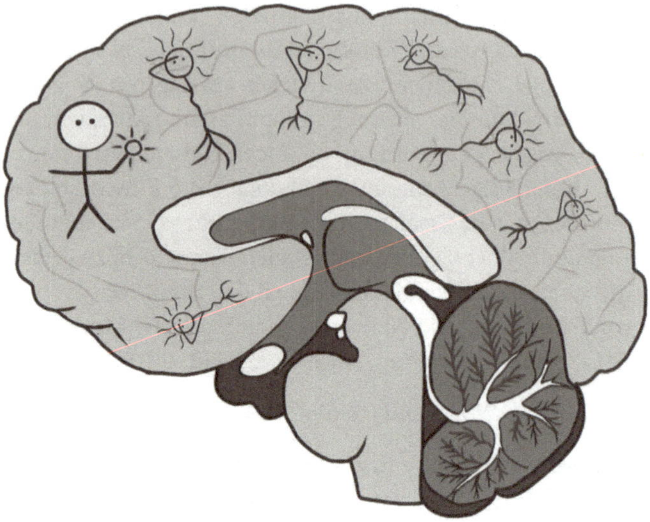

**Abbildung 11.3:** Aufmerksamkeitskontrolle

Die neuronalen Netzwerke des Gehirns, die das Fundament der Aufmerksamkeitskontrolle bilden, sind bis zu einem gewissen Grad schon in frühester Kindheit vorhanden, durchlaufen mit der Zeit wichtige Entwicklungsphasen und sind erst zu Beginn des Erwachsenenalters voll ausgereift.

Wir Menschen können die Fähigkeit, unsere Aufmerksamkeit zu regulieren und zu steuern, während der gesamten Lebenszeit trainieren (Posner et al., 2014). Das ist eine Sache der Übung. Die Wiederholung einer bestimmten Aufgabe, die ein Aufmerksamkeitsnetzwerk im Gehirn aktiviert, kann die Aufmerksamkeitskontrolle verbessern, genauer gesagt die Wiederholung von Aufgaben, die Konzentration und Fokussierung erfordern. Auch körperliche Bewegung, Sport und Meditation können dazu beitragen (Posner et al., 2015; Dodich et al., 2019). Selbst eine Meditation, die nur dreizehn Minuten dauert, vermag die Aufmerksamkeitskontrolle nachweislich zu steigern (Tang et al., 2017; Basso et al., 2019; Landsberg, 2023), genau wie die Bereitschaft, sich Zeit zum Nachdenken zu nehmen, das heißt, ›über die eigenen Denkprozesse zu reflektieren‹ (auch Metakognition genannt). Hirnscans von Personen mit ausgeprägter Metakognition haben gezeigt, dass sie über mehr graue Substanz im präfrontalen Cortex (PFC) verfügen (Fleming, 2014).«

»Interessant«, sagte Isabelle. »Ich glaube, Aufmerksamkeitskontrolle ist eine meiner Stärken. Ich bin ganz gut darin, mich über einen längeren Zeitraum zu fokussieren und unangemessene Impulse in den Griff zu bekommen … obwohl ich neuerdings Konzentrationsschwierigkeiten habe, wie ich zugeben muss. Und was ist mit der zweiten kognitiven Fähigkeit, die bei effektiven Entscheidungen ins Gewicht fällt?«

»Das ist die *kognitive Flexibilität*; sie bezieht sich auf die Fähigkeit, Denk- oder Handlungsmuster an den jeweiligen Kontext anzupassen (Geurts et al., 2009) und als

Reaktion auf veränderte Aufgaben oder Anforderungen sowohl kognitive als auch effektive Verhaltensstrategien zu entwickeln (Deák, 2003; Diamond, 2013). Wer über ein hohes Maß an kognitiver Flexibilität verfügt, erkennt die typischen Elemente eines Problems und ist imstande, es einfühlsam aus unterschiedlichen Perspektiven zu betrachten (Brusoni und Laureiro-Martinez, 2018)«, erklärte Eve.

»Da es sich um eine Fähigkeit handelt, gehe ich davon aus, dass sie sich weiterentwickeln und stärken lässt, oder?«

»Richtig. Kognitive Flexibilität ist eine Fähigkeit, die sich im Verlauf des gesamten Lebens entfaltet, aber sie kann mit dem Alter nachlassen. Kinder trainieren sie bei Spielen, die das kreative Denken und Problemlösen fördern. Erwachsene können sie mit Meditation, Yoga, kreativen Aktivitäten oder dem Erwerb neuer Kompetenzen weiterentwickeln und erhalten, zum Beispiel durch Erlernen einer Fremdsprache oder eines Musikinstruments.

Diversität zu erkennen und wertzuschätzen ist, nebenbei bemerkt, ein wichtiger Treiber der kognitiven Flexibilität (Laureiro-Martinez und Brusoni, 2018). Studien haben gezeigt, dass sie auch durch erfahrungsbasiertes Lernen verbessert werden kann. Und nicht zu vergessen die Bereitschaft, gemeinsam mit anderen, die aus einem unterschiedlichen beruflichen oder sozialen Umfeld stammen, Entscheidungen zu treffen (Greene, 2014). Einige dieser kognitiven Methoden, zum Beispiel das Designdenken, bei dem Menschen verschiedener Disziplinen an einer gemeinsamen Lösung arbeiten, erfordern einen ständigen Wechsel zwischen Explorations- und Exploitations-Modus. Damit entsteht ein Umfeld, in dem sie ihre kognitive Flexibilität trainieren (Randhawa et al., 2021) und als positive Gewohnheit verankern können.«

»Alles klar. Ich glaube, das kann ich ganz gut. Ich habe immer einen Weg gefunden, Hindernisse zu überwinden, wenn ich musste. Das habe ich schon in meiner Kindheit gelernt. Und was ist mit der Empathie?«, fragte Isabelle.

»*Empathie* ist die dritte kognitive Fähigkeit, die bei der Entscheidungsfindung eine Rolle spielt. Wenn wir in der Lage sind, uns in andere hineinzuversetzen, tragen wir zur besseren Bewältigung des Explore-Exploit-Dilemmas bei, weil wir eine breiter gefächerte Perspektive in Betracht ziehen und zusätzliche Informationen sammeln können. Empathie bezieht sich auf die Interaktion zwischen zwei Menschen, von denen der eine imstande ist, den emotionalen oder kognitiven Zustand des anderen nachzuvollziehen und zu teilen, gleich ob positiv oder negativ, in dem Wissen, dass sich die andere Person aktuell in diesem Zustand befindet. Menschen, die empathisch sind, können das Verhalten anderer besser erklären und vorhersehen. Ihre Aussagen über das künftige Verhalten sind klarer, weil sie die Betreffenden umfassender und tiefgreifender verstehen. Das bedeutet unter dem Strich, dass empathische Menschen ihr Umfeld genauer wahrnehmen und besser darauf reagieren, in ihren sozialen Interaktionen flexibler sind und in einem sozialen Kontext bessere Entscheidungen treffen (Laureiro-Martinez, 2022).

Empathie manifestiert sich also auf zwei Ebenen: affektiv und kognitiv.

*Affektive* Empathie bezieht sich auf die Fähigkeit, die Gefühle und Empfindungen anderer zu teilen oder emotional auf ihren Zustand zu reagieren. Sie ist mit Anteilnahme oder Mitgefühl, mit Empfindungen, die von Herzen kommen, und aufrichtigem Interesse am Wohl der Betreffenden verknüpft, ein Zustand, der die Hilfsbereitschaft fördert. Wenn wir Anteilnahme oder Mitgefühl entwickeln, neigen wir dazu, anderen mehr Unterstützung, Trost oder Hilfe angedeihen zu lassen.

Empathie schließt aber auch die Fähigkeit ein, zwischen den eigenen Gefühlen und den Gefühlen oder emotionalen Zuständen anderer Personen zu unterscheiden, die wir nachvollziehen können. Wenn wir hier nicht differenzieren können, macht sich mit der Zeit empathischer Stress bemerkbar: Es entstehen ein ausgeprägtes Missbehagen gegenüber dem Leid anderer und der Wunsch nach Rückzug aus der Situation, ein Mechanismus, der dazu dient, uns vor negativen Gefühlen zu schützen. Wenn jemand in unserem Arbeitsumfeld aufgrund persönlicher Probleme mit einem massiven Leistungsabfall zu kämpfen hat, haben wir eher Mitgefühl und bieten unsere Hilfe an. Wenn diese Person jedoch leidet und wir sie auf lange Sicht bei der Bewältigung ihrer Aufgaben unterstützen, weil wir ›mitleiden‹, kann das am Ende des Tages zu empathischem Stress führen, oft von einem emotionalen und physischen Burnout begleitet (Laureiro-Martinez, 2022).

*Kognitive Empathie*, in der Psychologie als ›Theory of Mind‹ bezeichnet, bezieht sich auf die Fähigkeit, zu verstehen oder nachzuvollziehen, was jemand denkt und empfindet, ohne die gleichen Gedanken und Gefühle zu entwickeln. Die wichtigsten Merkmale der kognitiven Empathie sind logisches Denken und die Wahrnehmung und Entschlüsselung von Gedanken, Gefühlen und mentalen Zuständen anderer Personen. Wir können uns in sie hineinversetzen, erkennen jedoch, dass es nicht unsere eigenen sind. Wenn es uns nicht gelingt, diese Trennung zu vollziehen, besteht die Gefahr, dass wir unseren eigenen emotionalen oder mentalen Zustand auf andere übertragen oder unsere Selbstwahrnehmung von den Gedanken und Stimmungen anderer beeinflussen lassen (Laureiro-Martinez, 2022).«

»Interessant. Marco, mein Mann, ist empathisch, genau wie Carlo, unser Aufsichtsratsvorsitzender. Bei Marco ist die emotionale und bei Carlo die kognitive Empathie stärker ausgeprägt. Ich wusste gar nicht, dass es zwei Arten von Empathie gibt.«

»Die gibt es tatsächlich. Die Empathiefähigkeit lässt sich in zwei sogenannte Hauptaspekte unterteilen, die bei jedem Menschen unterschiedlich stark ausgeprägt sind. Sie sind unabhängig voneinander und in erster Linie auf klar abgegrenzte Hirnareale zurückzuführen. Für die kognitive und die affektive Empathie – bei der man Gefühle nicht nur versteht, sondern auch mitfühlt oder mitleidet – werden zwei unterschiedliche neuronale Netzwerke aktiviert. Das bedeutet, dass sich unsere Empathiefähigkeit in einem Bereich nicht zwangsläufig positiv auf den anderen Bereich auswirkt (Laureiro-Martinez, 2022).«

»Aha. Marco scheint auf beiden Gebieten gut zu sein. Du hast Empathie als Fähigkeit beschrieben. Das bedeutet, dass sie zu den Kompetenzen gehört, die man erwerben und entwickeln kann, oder?«

»Richtig. Studien haben gezeigt, dass sich Empathie im Verlauf des Lebens entwickelt und mit zunehmender Erfahrung wächst, genau wie die Aufmerksamkeitskontrolle und die kognitive Flexibilität. Empathie lässt sich aufbauen, zum Beispiel auf Reisen, wenn wir Menschen aus anderen Kulturen begegnen, neue Erfahrungen machen oder uns neue Fähigkeiten und Fertigkeiten aneignen. Empathie lässt sich auch durch gezielte Übung entwickeln (Teding van Berkhout und Malouff, 2016), wenn wir anderen empathisch oder tief zuhören, das heißt, uns ganz auf die Person einlassen und mental ein ›Profil‹ von ihr erstellen. Auch die Lebenserfahrungen zählen. Wenn jemand völlig schwindelfrei ist, fällt es ihr oder ihm vermutlich schwerer, sich in Menschen mit Höhenangst hineinzuversetzen. Oder wenn jemand eine Krebserkrankung überlebt hat, ist er oder sie wahrscheinlich eher imstande, nachzuvollziehen, was die Betroffenen während der Therapie durchmachen.«

»Okay, okay, alle drei kognitiven Fähigkeiten können also durch entsprechende Übung entwickelt werden …«, sagte Isabelle nachdenklich.

»So ist es. Kontinuierliche Übung ist bei der Entwicklung von Aufmerksamkeitskontrolle, kognitiver Flexibilität und Empathie nützlich. Wie bei jeder anderen kognitiven Funktion wird das Gehirn dabei trainiert. Deshalb bin ich davon überzeugt, dass erfahrungsbasiertes Training – das heißt Menschen in reale Situationen versetzen, in denen sie lernen, diese Fähigkeiten anzuwenden – großes Potenzial besitzt (Haney et al., 2020), um Führungskräften und Menschen generell zu helfen, bessere Entscheidungen zu treffen.«

»Bei Abbildung 11.2 sind tief unterhalb der Wasserlinie – was vermutlich bedeutet, die am wenigsten bewussten – kognitive Verhaltenstendenzen verortet. Was ist damit gemeint?«

»Kognitive Verhaltenstendenzen – die oft auch als Charaktereigenschaften, Persönlichkeitsmerkmale oder Werthaltungen bezeichnet werden – bilden die dritte Faktorengruppe, die Einfluss auf die Explore-Exploit-Balance hat. Diese Neigungen schließen unter anderem Risikobereitschaft, Aufgeschlossenheit für Neues (Keller und Weibler, 2015), Wissbegierde, das Bedürfnis nach Abwechslung oder die Fokussierung auf Lernprozesse ein (Kauppila und Tempelaar, 2016), haben aber auch Auswirkungen darauf, ob die Zukunft in den Gedanken eines Menschen einen größeren Raum als die Vergangenheit oder Gegenwart einnimmt. Alle diese Neigungen erhöhen die Wahrscheinlichkeit, dass jemand explorative Aktivitäten vorzieht.

Die Werte spielen ebenfalls eine Rolle. Wenn zum Beispiel persönliche Integrität, Loyalität oder Beziehungen einen hohen Stellenwert haben, fallen diese Faktoren stärker ins Gewicht, nicht nur bei der Entscheidungsfindung, sondern auch bei dem

Selbstbild, das wir entwickeln. Die Person, die wir sein oder werden möchten, beeinflusst den Entscheidungsfindungsprozess.«

Diese Information stimmten Isabelle nachdenklich. Sie fragte sich, wie es um ihre häusliche Situation bestellt war, ob sie als Ehefrau und Mutter so gehandelt hatte wie die Person, die sie sein wollte. Der Gedanke machte sie traurig und wütend auf sich selbst, weil sie diesem Bild nicht entsprochen hatte.

Tief in ihre Gedanken und Gefühle versunken, war ihre Aufmerksamkeit abgelenkt, als Eve fortfuhr: »Kognitive Verhaltenstendenzen sind bis zu einem gewissen Grad festgelegt und schwer zu verändern, aber sie können auch als Wegweiser und Inspiration bei Entscheidungen unter Unsicherheit dienen.«

An diesem Punkt merkte Eve, dass Isabelle nicht mehr zuhörte. »Alles in Ordnung, Isabelle?«, erkundigte sie sich.

»Ja, ja … Entschuldigung. Ich dachte gerade an etwas, das mir Kopfzerbrechen bereitet, ein Problem, das ich in Angriff nehmen muss. Du hast mir heute eine Menge Stoff zum Nachdenken gegeben, der mich selbst und meine Familie betrifft.« Isabelle warf einen Blick auf ihre Uhr und erklärte, dass sie jetzt gehen müsse, aber nicht, ohne das Gespräch noch einmal zusammenzufassen: »Individuelle Charaktereigenschaften auf drei unbewussten Ebenen haben großen Einfluss auf die Effektivität der Entscheidungsfindung: kognitiver Zustand, kognitive Anpassungsfähigkeit und kognitive Verhaltenstendenzen, das heißt Persönlichkeitsmerkmale und Werte.

Der kognitive Zustand lässt sich relativ schnell regulieren. Erholsamer Schlaf, mehrere kurzen Pausen am Tag, zwei bis drei Stunden anstrengende physische Aktivitäten pro Woche, gesunde Ernährung, Achtsamkeitsübungen, weniger Multitasking und die Investition in soziale Interaktionen sorgen, in gleich welcher Kombination, für eine zügige Verbesserung der Entscheidungsqualität.

Der Aufbau kognitiver Fähigkeiten – Aufmerksamkeitskontrolle, kognitive Flexibilität und Empathie – erfordert das entsprechende Gehirntraining, das heißt regelmäßige und kontinuierliche Übung. Das ist mit mehr Zeit und Mühe verbunden, aber diese Fähigkeiten oder Skills sind erlernbar.

Die Änderung von kognitiven Verhaltenstendenzen – Persönlichkeitsmerkmale, Werte und emotionale Neigungen – ist erheblich schwieriger, aber auch sie wirken sich nachhaltig auf die Entscheidungsfindung aus«, sagte Eve.

»Wow, wieder einmal eine hervorragende Zusammenfassung, Isabelle! Das war auch für mich hilfreich. Ich schicke dir noch einige Infos zum Thema kognitive Verhaltenstendenzen. Wir hatten nicht viel Zeit, um ausführlicher darüber zu sprechen, aber sie sind superwichtig. Sie sind deine Aktivposten, deine Gaben, deine Geheimwaffe, wenn du schwierige oder harte Entscheidungen treffen musst«, sagte Eve, als Isabelle aufstand und ihren Mantel anzog.

**Neurotransmitter: Die biologischen Grundlagen von Exploit-Explore-Entscheidungen**

Neurotransmitter, unsere körpereigenen chemischen Botenstoffe, stellen ein relativ neues, sehr interessantes Forschungsfeld dar. Wie es scheint, könnten sie in Zukunft ein weiterer Faktor sein, den es bei einer Verbesserung der Entscheidungsfindung zu berücksichtigen gilt, obwohl noch viele Fragen offen sind.

Der Prozess, die Leistung der Neuronen mit Hilfe von Neurotransmittern zu beeinflussen, wird Neuromodulation genannt. Dabei verteilen sich die Neurotransmitter auf verschiedene Bereiche des Nervensystems, wo sie die Aktivitäten der Neuronen im Gehirn regulieren (oder ›modulieren‹). Zu den Neurotransmittern, die als Neuromodulatoren im zentralen Nervensystem zum Einsatz kommen, gehören Dopamin (das sogenannte Glückshormon), Serotonin (das Wohlfühlhormon), Histamin und Norepinephrin/Noradrenalin (das Stresshormon).

In der Medizin werden Medikamente, die auf dem Prozess der Neuromodulation aufbauen – das heißt die Weiterleitung von Nervenimpulsen beeinflussen –, bei verschiedenen mentalen Störungen genutzt, zum Beispiel bei ADHS (Aufmerksamkeitsdefizit-/Hyperaktivitätsstörung), Schlafstörungen (Narkolepsie = schlafbezogene Atmungsstörungen), Depressionen oder Angststörungen. Sie werden manchmal auch gesunden Personen »off-label« verordnet, das heißt, »nicht den zugelassenen Anwendungen entsprechend«, um den mentalen Zustand zu »modulieren« und damit Arbeitsverhalten und Arbeitsergebnis zu verbessern. Neuro-Enhancer, auch als »Smart Drugs« oder Nootropika bezeichnet, sind Arzneistoffe, die ebenfalls »zulassungsüberschreitend« kursieren, um Gedächtnis, Lernen, Fokus, Aufmerksamkeit und andere kognitive Fähigkeiten zu verbessern (Bloomfield und Dale, 2020).

Neuromodulierende Substanzen beginnen sich zunehmend am Arbeitsplatz einzuschleichen. In den USA haben sie allem Anschein nach bereits in allen Berufsfeldern Fuß gefasst, gleich ob in der Medizin, im Bankwesen oder im militärischen Bereich. In einer Umfrage aus dem Jahr 2018, die in Großbritannien durchgeführt wurde, erklärte jede(r) zwölfte Erwachsene, neuromodulierende Substanzen zu verwenden, um sich einen intellektuellen Vorsprung zu verschaffen. Die zunehmende Verbreitung von neuromodulierenden Substanzen bei Studierenden ist ebenfalls hinlänglich dokumentiert. In einer Umfrage jüngeren Datums an der University of Cambridge hieß es, dass annähernd jede(r) fünfte Studierende nach eigenen Angaben schon einmal neuromodulierende Substanzen genommen hatte, um die Leistungsfähigkeit zu verbessern (Sharp, 2018).

Neuere Forschungen haben die Rolle der Neurotransmitter auf die Entscheidungen unter Ungewissheit in den Fokus gerückt (Addicott et al., 2014). Sie deuten darauf hin, dass solche Entscheidungen durch Dopamin, Acetylcholin und Noradrenalin beeinflusst werden. Dopamin fördert bekanntlich die Zufriedenheit, Acetylcholin hat eine beruhigende Wirkung und Noradrenalin lindert Schmerzen und erhöht das Energieniveau (Schacter et al., 2011). Interessanterweise handelt es sich dabei um die gleichen Neurotransmitter, die auch bei der Nikotinsucht eine Rolle spielen. Studien zu den Rauchgewohnheiten haben ergeben, dass die Abhängigkeit die Balance zwischen Exploration und Exploitation zugunsten der Exploitation verändert (Addicott et al., 2014). Abhängigkeit ist im Wesentlichen das Festhalten an bekanntermaßen schädlichen Verhaltensweisen, zum Beispiel Rauchen.

Das Konzept der schädlichen Exploitation ist ebenfalls interessant. Es könnte zur Erklärung des Problems »Was mich hierher gebracht hat, bringt mich nicht weiter« beitragen, was bedeutet: Wir wissen zwar, dass wir uns selbst und anderen mit unserem Verhalten schaden, können es aber nicht ändern. Ein Fall wären Führungskräfte, die mit ihrem autoritären, auf Anweisungen beruhenden Führungsstil Erfolg hatten und sich nicht an veränderte Verhaltensnormen anpassen können, zum Beispiel nach einem Wechsel des Unternehmens oder bei der Zusammenarbeit mit neuen diversen Teams. Sie erkennen vielleicht, dass ihr Führungsstil nicht funktioniert, sind aber unfähig, ihn zu ändern.

Gewohnheiten, das heißt automatisierte Reaktionsschemata, haben natürlich auch viele gute Seiten. Sie helfen uns dabei, die kognitive Last zu verringern und schneller zu einer Entscheidung zu gelangen. Sie können aber auch Abhängigkeiten hervorrufen, die verhindern, dass wir unser Verhalten ändern, wenn eine Anpassung unabdingbar ist.

Neurotransmitter sind nicht nur an der Entstehung von Gewohnheiten beteiligt. Studien deuten darauf hin, dass Dopamin den Explorationsprozess beeinflussen könnte. Gershman und Tzovaras (2018) stellten fest, dass Menschen mit hoher Dopamin-Ausschüttung im präfrontalen Cortex dazu neigen, angesichts der relativen Unsicherheit ihrer Explorationsstrategien von Zweifeln geplagt zu werden. Auch eine höhere Dichte der striatalen Dopamintransporter, ein Protein, das für den Transport des Neurotransmitters Dopamin in die Nervenzellen zuständig ist, wird mit einer Beeinträchtigung sowohl des zielgerichteten als auch des zufallsbedingten Explorationsverhaltens in Verbindung gebracht. Dopamin scheint im Rahmen der Entscheidungsfindung eine wichtige Rolle bei der Einschätzung oder Bewertung des Unsicherheitsfaktors zu spielen.

Mehrere Studien haben versucht, die Rolle von Dopamin und Noradrenalin bei verschiedenen Entscheidungsfindungsstrategien zu ergründen (Gershman und Tzovaras, 2018; Dubois et al., 2021). Beide haben zweifellos Auswirkungen, aber es sind noch weitere Forschungen notwendig, um die Funktion der Neurotransmitter in den verschiedenen Hirnregionen zu klären.

Unter dem Strich lassen alle diese Ergebnisse jedoch die Schlussfolgerung zu, dass Neurotransmitter eine wichtige Rolle bei Entscheidungen spielen, die von Unsicherheit geprägt sind.

Was fehlt, sind klinische Langzeitstudien zum Einsatz von Neurotransmittern, ein typisches Dilemma bei Erkrankungen des zentralen Nervensystems. Sie könnten aber auch zu einem tieferen Verständnis beitragen, wie – und unter welchen Umständen – die Wissenschaft den Einsatz der Neuromodulation zur Verbesserung der Leistungsfähigkeit in Situationen absegnen könnte, die eine ambidextre Entscheidungsfindung erfordern. Die Forschung könnte künftig von pharmakologischen Studien mit verschiedenen Agonisten, sprich Substanzen profitieren, die sich an einen zellulären Rezeptor binden und eine Reaktion auslösen. Pharmakologische Interventionen mit Hilfe von Rezeptorblockern ermöglichen einen klareren Blick auf die Beziehungen zwischen Ursache und Wirkung als die Erforschung des mutmaßlichen Zusammenhangs zwischen Dopaminübertragung und genetischer Variation. Die pharmakologischen Substanzen müssen gleichwohl sorgfältig ausgewählt und getestet werden, begrenzt auf diejenigen Rezeptoren, die relevant oder von Interesse sind. Alternativ wären Forschungsprojekte mit ausgewählten Kontrollgruppen und verschiedenen pharmakologischen Agonisten denkbar, um den spezifischen Beitrag von Dopamin herauszufiltern.

Wie bereits erwähnt, sind weitere Forschungen erforderlich, um herauszufinden, wie sich Neurotransmitter nutzen lassen, um menschliches Verhalten bei Explore-Exploit-Initiativen gezielt zu verbessern.

Bis dahin lohnt es sich, Ihre Aufmerksamkeit auf einige effektive und kostengünstige Alternativen zu richten: Verzichten Sie auf Burger und Pizza, sorgen Sie mit Joggen oder Spaziergängen für ausreichende Bewegung und achten Sie auf einen erholsamen Schlaf!

Eves letzter Kommentar war faszinierend, aber Isabelle musste los und hoffte, mehr über die kognitiven Verhaltenstendenzen als Gaben oder Geheimwaffen zu erfahren, sobald die angekündigten Informationen eintrafen. »Ja, das ist eine gute Idee. Ich freue mich schon darauf.« Sie umarmte Eve und verließ in aller Eile das Café. Auf ihrem Weg ins Büro wurde ihr bewusst, dass ihre Gedanken von der Situation in der ATG und ihrem häuslichen Umfeld in Anspruch genommen waren. Überrascht stellte sie fest, dass sie imstande war, ihre eigenen Gedanken zu beobachten … vielleicht war es das, was Eve mit Aufmerksamkeitskontrolle und »über die eigenen Denkprozesse nachdenken« gemeint hatte. War das Metakognition? Die Entdeckung der eigenen sorgenvollen Gedanken verlieh Isabelle, zumindest für einen Augenblick, ein Gefühl des inneren Friedens.

**Kernaussagen**

- Der kognitive Zustand, die kognitiven Fähigkeiten und die persönlichen Neigungen haben nachhaltigen Einfluss auf die Qualität der Entscheidungen.
- Der kognitive Zustand hängt unter anderem von Einflussfaktoren wie Schlaf, Ernährung, Bewegung und/oder sportliche Betätigung, Meditation, soziale Bindungen und sinnvolle Ziele ab. Veränderungen in diesen Bereichen lassen sich kurzfristig in Angriff nehmen. Manchmal reichen schon eine Verbesserung der Schlafgewohnheiten und die Umstellung auf eine nährstoffreiche Kost aus, um einen Unterschied zu bewirken.
- Kognitive Verhaltenstendenzen – Persönlichkeitsmerkmale, Werte, dominante Reaktionsmuster – sind schwerer zu verändern, aber der Schlüssel ist eine Investition in die Verbesserung der Selbstwahrnehmung. Diese Faktoren sind echte Geheimwaffen bei der Entscheidungsfindung in Situationen, die von Unsicherheit geprägt sind.

# 12 Sechstes Fallbeispiel: »Harte« Entscheidungen

**Claudio Feser, David Redaschi und Karolin Frankenberger**

Isabelle fragte sich, wie sie zwei Herausforderungen gleichzeitig bewältigen sollte: das Übernahmeangebot für die ATG und die häusliche Situation.

Sie nahm sich noch einmal den Entscheidungsnavigator vor, um ihre drei Optionen zu analysieren und auszuwerten: 1) Rücktritt von ihrem CEO-Posten und unverzügliche Fokussierung auf die familiäre Situation; 2) Reduzierung der Arbeitslast durch Delegieren bestimmter Aufgaben und Bitte um Hilfe, um mehr Zeit für die Bereinigung der häuslichen Spannungen zu haben; oder 3) Konzentration auf das dringlichste Problem, die prekäre Lage der ATG, und die familiären Schwierigkeiten später in Angriff nehmen – was möglicherweise zu spät oder nie sein könnte (Abbildung 12.1).

Zu ihrer, aber nicht zu Marcos Überraschung eilten ihr Carlo und das GET zur Hilfe: »Isabelle, wir halten Ihnen den Rücken frei. Wir werden alles tun, was in unserer Macht steht, um Ihnen die Zeit und den Raum zu geben, die Sie brauchen. Solange Sie die ATG und unsere gemeinsame Reise nicht aufgeben!«, bekräftigte Alessandro als Sprachrohr des Topmanagement-Teams.

Mit einer solchen Loyalitätsbekundung hatte sie nicht gerechnet. Sie war daran gewöhnt, die alleinige Verantwortung zu tragen, und nun versuchte das ganze Team, in die Bresche zu springen.

Hugo bot an, die operative Leitung des Verteidigungsteams zu übernehmen, das die Abwehr der feindlichen Übernahme planen und umsetzen würde, und täglich Carlo und ihr Bericht zu erstatten. Alessandro schlug vor, Hugo dabei zu helfen, das Team zusammenzustellen und den Kampf zu eröffnen, und die restlichen GET-Angehörigen erklärten, dass sie ihren eigenen Aufgabenbereich umstrukturieren würden, sodass sie einige der internen und externen Verbindlichkeiten und Verpflichtungen von Isabelle übernehmen konnten. Es war, als hätten Aufsichtsrat und Firmenvorstand ein weitläufiges Sicherheitsnetz gespannt, in das sie sich fallen lassen konnte.

Sie war tief bewegt von der menschlichen Wärme und Fürsorglichkeit, die sie sonst nur bei Marco und ihren Töchtern wahrgenommen hatte … und bei Eve, wenn sie darüber nachdachte.

Die Möglichkeit, sich ein Stück weit aus dem Übernahmekampf zurückzunehmen, bot ihr die Zeit und den Raum, sich um Marie und deren Sorgen zu kümmern.

Anfangs lehnte Marie Isabelles Bemühungen um ein Gespräch ab. Alle Versuche endeten mit einem Wutausbruch und Türenknallen. Isabelle wusste nicht, wie sie mit der angespannten Beziehung zu ihrer Tochter umgehen sollte, und fühlte sich dafür verantwortlich. Da sich Marie weigerte, sich mit ihr zusammenzusetzen oder sie in ihr Zimmer zu lassen, bat sie Marco, ihr offen zu sagen, was sie versäumt oder falsch gemacht hatte – bei ihm, bei Annelies und bei Marie.

R (Richtig), F (Falsch), B (Begründet), ? (Offen, unsicher)

| | | | | | | | | |
|---|---|---|---|---|---|---|---|---|
| **1. Dilemma** | Familie oder Karriere | | | | | | | |
| **2. Optionen im Exploit-Explore-Kontinuum** | Exploit ← Rücktritt oder Fokus auf Familie? | | Delegieren, um Hilfe bitten und Zeit in die Lösung der familiären Probleme investieren? | | Auf die Arbeit konzentrieren und familiäre Probleme später angehen? | | Option → Explore | |
| Die 7 Heuristiken | **3. Annahmen** | **4. Fakten** | **3. Annahmen** | **4. Fakten** | **3. Annahmen** | **4. Fakten** | **2. Annahmen** | **4. Fakten** |
| a) Ziele | Familie retten | R<br>F | Familie retten<br>Erhalt von ATGs Unabhängigkeit/ CEO-Position | R<br>R | Erhalt von ATGs Unabhängigkeit/ CEO-Position | R | | |
| b) Chancen | Keine Möglichkeit, zu delegieren | F | Möglichkeit, zu delegieren/um Hilfe zu bitten | R | Keine Möglichkeit, zu delegieren | F | | |
| c) Zeit | Familie braucht sie jetzt | R | Familie braucht sie jetzt | R | Familie kann warten | F | | |
| d) Aktivitäten der Konkurrenz und Erwartungen der Stakeholder | entfällt | | entfällt | | entfällt | | | |
| e) Werte und Kultur | Familie ist wichtiger als Karriere | R | Familie und Karriere sind wichtig | B | Karriere ist wichtiger als Familie | F | | |
| f) Kompetenzen | Handlungsspielraum eingeschränkt; delegieren nicht möglich | R | Team ist in der Lage, die Situation in den Griff zu bekommen | R | Handlungsspielraum eingeschränkt; delegieren nicht möglich | F | | |
| g) »Stimmung« und kollektiver kognitiver Zustand | Pessimistisch, tief besorgt | ? | Besorgt, aber zuversichtlich, eine Lösung zu finden | R | Optimistisch, fest entschlossen, ATG zu retten | ? | | |
| **5. Optimierung** | Keine | | | | | | | |
| **6. Lösung/Beschluss** | Option 2 | | | | | | | |

**Abbildung 12.1:** Sechsstufiger Entscheidungsnavigator für Fallbeispiel 5

Sie hörte aufmerksam zu, dankbar für sein Verständnis, und entschuldigte sich dafür, dass sie so oft nicht für sie da gewesen war, sowohl physisch als auch mental, weil sie nicht einmal nach Feierabend abschalten konnte, zerstreut und geistesabwesend war. Doch das würde sich von nun an ändern. Sie erzählte ihm, welche Aufgaben sie in der ATG delegiert hatte, sodass sie mehr Zeit zu Hause verbringen und hundertprozentig präsent sein konnte, wobei ihr bewusst wurde, dass sie auch Zeit zu zweit brauchten.

Auf Marcos Rat hin klopfte sie noch einmal an Maries Zimmertür und machte ihr ein Angebot: »Marie, bist du einverstanden, wenn ich dir einfach nur zuhöre? Ich werde dir keinen Vortrag halten, sondern möchte nur erfahren, was dir durch den Kopf geht. Ich möchte wissen, wie wir beide wieder zusammenkommen ...«

Langsam öffnete Marie die Tür. Sie war im Begriff, zu sagen: »Du willst tatsächlich zuhören, Mom – seit wann denn?«, doch als sie das blasse, sorgenvolle Gesicht ihrer Mutter sah, gab sie nach. »Okay, Mom. Reden wir.«

Wie Marco ihr geraten hatte, gab sich Isabelle große Mühe, ihr Versprechen zu halten: keine Monologe oder Streitereien, einfach nur zuhören und versuchen, Maries Gefühle und deren Ursache zu verstehen. Es lag auf der Hand, dass es sich dabei um Maries Problem mit der ATG und der Einstellung des Unternehmens zum Thema Nachhaltigkeit handelte, aber die persönlichen Sorgen der Teenagerin wurzelten tiefer, wie Isabelle nun erfuhr: Es kriselte in der Beziehung zu ihrem Freund und sie konnte mit niemandem darüber reden.

Früher war Isabelle nicht nur ihre Mutter, sondern darüber hinaus auch ihre beste Freundin gewesen. Sie konnten über alles reden, miteinander lachen, umarmten sich oft. Marie hatte sie vermisst, als Mutter und als Freundin. Sie liebte ihre kleine Schwester, wenn sie sich nicht gerade wie eine Tennisdiva aufführte, und Marco, der immer für sie beide da war, sich um alles kümmerte, aber er war kein Mutterersatz.

Isabelle vermisste Marie ebenfalls. Die Arbeit hatte so viel Zeit in Anspruch genommen, dass sie innerlich aus dem Gleichgewicht geraten war. In den meisten Nächten schlief sie wenig und schlecht, aß unregelmäßig und ungesund, und es mangelte ihr an Bewegung, seit sie das Lauftraining aufgegeben hatte. Sie dachte nur noch an die ATG und war oft müde und gereizt. Sie konnte sich nur selten entspannen. Die enge Verbindung zu ihren beiden Töchtern, aber auch zu ihrem Mann war ein Stück weit verloren gegangen. Sie sehnte sich danach, die Romantik und Nähe in ihrer Paarbeziehung wieder aufleben zu lassen, mehr zu sein als bedauernswerte Eltern.

Den ganzen Sonntagnachmittag lang redeten Marie und Isabelle über alles, was beiden zu schaffen machte. Über Maries Freund (»so ein Mistkerl«, dachte Isabelle), über Isabelles Arbeit – die Herausforderungen, denen sie sich gegenübersah, und den Druck, unter dem sie stand – und über alles, was in den vergangenen Monaten nicht zur Sprache gekommen war. Sie unterhielten sich sogar über das Geschäftsmodell der ATG – über die Rolle des Reisesektors, der Menschen aus verschiedenen Kulturen zusammenbringen und neue Perspektiven eröffnen konnte, über Maries Einstellung zur

Nachhaltigkeit und ihre Idee, ausschließlich $CO_2$-kompensierte Flüge anzubieten, und über den Ökotourismus. Als Isabelle laut überlegte, ob die ATG das Thema Ökotourismus nicht als spezifische Erlebnisreisen in ihre Angebotspalette aufnehmen sollte, strahlte Marie.

Für Isabelle war das der schönste Nachmittag seit Langem. Sie spürte, dass die Beziehung zu Marie wieder von Nähe und Verbundenheit geprägt war. Sie konnten einander umarmen und ihre Liebe zum Ausdruck bringen. Bevor sie die Aussprache beendeten, um Pasta Primavera für das Abendessen zuzubereiten – endlich wieder einmal gemeinsam kochen –, beschlossen sie, künftig mehr Zeit miteinander zu verbringen. Für den Anfang vereinbarten sie, sonntagmorgens miteinander zu joggen, sodass sie unterwegs über alles reden konnten, was ihnen durch den Kopf ging.

Isabelle plante gemeinsam mit Marco ein, den Mittwochabend regelmäßig freizuhalten, um ihre Beziehung bei einem romantischen Essen außer Haus aufzufrischen, und beschloss, an den Abenden und Wochenenden grundsätzlich nicht mehr zu arbeiten. Sie versprach Annelies, jeden Samstag mit ihr Tennis zu spielen, nachdem ihre Jüngste aufgeregt verkündet hatte, dass ihr Schulteam nun an Turnieren auf Kantonsebene teilnehmen würde. Annelies träumt davon, sich in ihrer Lieblingssportart an die Spitze vorzuarbeiten, sodass sie sich für ein College-Stipendium in Kalifornien bewerben konnte. Wenn Isabelle ihre energiestrotzende Fünfzehnjährige ansah, konnte sie sich kaum vorstellen, dass sie ihre Tochter in die große weite Welt hinausziehen lassen sollte, aber ihr war bewusst, dass sich Marcos lebhaftes Vorstellungsvermögen und ihre eigenen ambitionierten Ziele in Annelies‘ Hoffnungen widerspiegelten.

Und zuletzt fasste Isabelle den Beschluss, künftig besser auf ihre Gesundheit zu achten: mehr Schlaf, mehr Sport und regelmäßige gesunde Mahlzeiten. Als sie sich einige Monate an diesen Plan gehalten, an drei Tagen in der Woche etwas für ihre Fitness getan und sich mehr Ruhe und Erholung gegönnt hatte – eine romantische Ferienwoche mit Marco in der Toskana eingeschlossen –, kehrte Isabelle an die Arbeit zurück, mit einem ausgewogenen Terminkalender und einer noch ausgewogeneren Perspektive.

Sie führte einige lange Gespräche mit den einzelnen GET-Angehörigen, und mit ihrer Ermutigung bat sie Kosta um die Ausarbeitung einer Strategie, in deren Mittelpunkt Maries Idee vom Ökotourismus stehen sollte, einschließlich nachhaltiger Reisen und $CO_2$-kompensierter Flüge. Der Strategieentwurf fand die uneingeschränkte Unterstützung des Topmanagement-Teams, und es wurde beschlossen, die Nachhaltigkeitsmaßnahmen unverzüglich in die Praxis umzusetzen. Ein kluger Schachzug, denn $CO_2$-kompensierte Flüge und Ökotourismus wurden in den folgenden Jahren zu Alleinstellungsmerkmalen der ATG.

Just in dem Moment, als sich Isabelle darauf vorbereitete, wieder aktiv in den Übernahmekampf einzusteigen – wo Hugo wie versprochen alles im Griff hatte –, zog der Angreifer sein Angebot abrupt zurück. Vorstand und Aufsichtsrat des potenziellen Investors hatten es versäumt, den Konsens der Shareholder einzuholen, die entrüstet auf das feindliche, überteuerte Übernahmeangebot reagierten, das mit einem Kaufpreis der Aktien von 40 Prozent über dem aktuellen Börsenkurs ausgepreist war, um sich die Mehrheit der Anteile an der ATG zu sichern. Der CEO des Unternehmens wurde im darauffolgenden Monat zum Rücktritt gezwungen und einige Aufsichtsratsangehörige wurden kurzerhand ersetzt.

Doch die Arbeit, die Hugo, Carlo, der Aufsichtsrat, das Topmanagement-Team und die Belegschaft der ATG investiert hatten, zahlte sich aus. Sie vertiefte die Beziehung zwischen Aufsichtsrat und Vorstand, verbesserte die Kommunikation durch mehr Informationen auf allen Ebenen der Organisation und schuf ein Gefühl des Zusammenhalts im gesamten Unternehmen.

Isabelle stellte fest, dass die Beziehung zum Aufsichtsratsvorsitzenden und ihren Mitstreiterinnen und Mitstreitern im GET-Team durch die gemeinsame Erfahrung enger geworden war. Ein Gefühl der Zugehörigkeit, das sie außerhalb ihrer Familie nie gehabt hatte: Teil eines Ganzen zu sein, das größer war als sie selbst.

## Eine unerwartete Herausforderung

Als Isabelle wieder zur Vollzeitarbeit zurückkehrte – wobei die Abende und Wochenenden nun ausgeschlossen und der Familie gewidmet waren –, nahm sie umgehend die Entwicklung der Expansion in Nordamerika und Asien unter die Lupe, mit der die ATG vor achtzehn Monaten begonnen hatte. Nach sorgfältiger Abwägung der Pro- und Contra-Argumente hatte das GET beschlossen, die Expansion in den USA voranzutreiben und gleichzeitig ein Pilotprojekt in Asien zu starten, wobei der Fokus auf Asien lag. Doch nun, eineinhalb Jahre später, sah es ganz so aus, als sei das Asien-Projekt eine Fehlentscheidung gewesen.

Im Verlauf der ersten zwölf Monaten schienen die Bemühungen, einen neuen Absatzmarkt zu erschließen, erfolgreich zu sein. Doch danach wurden kaum noch Fortschritte erzielt, obwohl das Projekt nach wie vor mehr finanzielle Mittel verschlang als ursprünglich geplant. Als die ATG ihren Quartalsbericht veröffentlichte, der die Schwierigkeiten in Asien offenlegte, fiel der Aktienkurs. Das Asiengeschäft hatte keine nennenswerten Auswirkungen auf die Bilanz, aber viele Analysten betrachteten Asien als wichtigen Reisemarkt der Zukunft, und die Erwartungen, die sich im Preis der ATG-Aktien spiegelten, zeigten, dass die Expansion im asiatischen Raum ein Game Changer war.

Einige Analysten äußerten ihre Zweifel an den Expansionsstrategien des Unternehmens. Die Kritiker waren der Meinung, die Kompetenzen der ATG-Führungskräfte in Asien seien überschätzt und die Herausforderungen und Kosten des Marktvorstoßes in China unterschätzt worden. Die Analysten verliehen ihrer Befürchtung Ausdruck, dass sich das europäische Geschäftsmodell aufgrund des völlig anders gearteten Kundenverhaltens nicht eins zu eins auf Asien übertragen ließ. Die asiatische Zielgruppe war jünger und mehr an niedrigen Preisen und den Spitzenreitern unter den Pauschalangeboten als an individualisierten Erlebnisreisen interessiert.

Zu allem Übel und zu Isabelles Enttäuschung kursierte das Gerücht, dass die Staatsanwaltschaft von Guangdong gegen ein asiatisches Mitglied von Thomas' Team wegen Korruptionsverdacht ermittelte. Es hieß, es habe den lokalen Behörden Schmiergeld gezahlt, damit sie die Eröffnung des ATG-Reisebüros in der Stadt beschleunigten.

Isabelle berief eine GET-Krisensitzung ein, auf der Suche nach einer Erklärung für die Geschäftsentwicklung. Doch niemand – weder Hugo als Finanzchef noch Frank, der für den Auslandsvertrieb zuständig war, oder Alexander, der Operations verantwortete – konnte eine schlüssige Erklärung liefern, warum das Asienprojekt mit Problemen zu kämpfen hatte, während die Expansion in Amerika zum Glück gute Fortschritte machte. Niemandem war klar, warum es so viele Ressourcen verschlang. Isabelle schickte Thomas eine Eilnachricht mit der Aufforderung, sich umgehend mit ihr in Verbindung zu setzen, da sie befürchtete, der Korruptionsskandal, in den ein Mitglied seines Teams verwickelt war, sei nur die Spitze des Eisbergs und könnte weit größere Kreise ziehen. Sollte sich der Bestechungsverdacht bestätigen, hatte Thomas' Mitarbeiter dem Ansehen der ATG schweren Schaden zugefügt.

Noch bevor die firmeninternen Nachforschungen zu ersten Ergebnissen kamen, begannen die Analysten mit der Rückstufung der Aktie. Die Situation war völlig chaotisch. Isabelle stand unter gewaltigem Druck. Sie hatte sich vorgenommen, nicht mehr zuzulassen, dass die Probleme der ATG – oder die Notwendigkeit, zahlreiche Entscheidungen ohne ausreichende Informationen und angesichts der anhaltenden Unsicherheit treffen zu müssen – ihr körperliches und seelisches Wohlbefinden beeinträchtigten, aber sie wusste, dass sie der Situation in China auf den Grund gehen musste. Es war Aufgabe des Topmanagement-Teams vor Ort, Rechenschaft über die Vorgänge abzulegen und umfassende Informationen über das Expansionsprojekt in Asien zu liefern, und zwar schnell.

Während sie darauf wartete, dass Thomas sich meldete – sie hatte auch Frank eine Eilnachricht geschickt mit der Bitte, an dem Gespräch teilzunehmen –, erhielt sie einen Anruf von einem der wichtigen ATG-Shareholder. »Big Hat Jack« Foster, Manager eines Fonds mit Sitz in Texas, der für seine wertegeleiteten Geschäfts- und Investmentpraktiken bekannt war, brachte seine Besorgnis über die Krisensituation in Asien zum Ausdruck. Er verlangte eine Erklärung für die Korruptionsvorwürfe und eine umgehende, nachdrückliche Reaktion von Isabelle.

»Es liegt mir fern, den Druck auf Sie noch zu verstärken, Frau Dubois«, beteuerte er, wobei er übertrieben langsam sprach, den Stress bei Isabel dadurch noch erhöhte und die Tatsache ignorierte, dass sie sich seit Jahren beim Vornamen nannten. »Deshalb gebe ich Ihnen 24 Stunden, um herauszufinden, was dort vor sich geht, und das Problem aus der Welt zu schaffen, und zwar *pronto*. Sonst sehen wir uns leider gezwungen, noch einmal über unsere Investition nachzudenken – oder einen Ausstieg in Erwägung zu ziehen.«

»Sie müssten mich gut genug kennen, um zu wissen, dass ich bereits damit befasst bin, Jack«, erwiderte sie ruhig. »Aber aufgrund der Zeitunterschiede und der Komplexität der Ereignisse kann ich Ihnen innerhalb von 24 Stunden keine lückenlose Aufklärung versprechen. Bei uns ist bereits Abend.«

»In Texas hat der Tag gerade erst begonnen.« Sein Tonfall war kaum merklich sanfter geworden. »Na gut, Isabelle, damit wir uns richtig verstehen: Ich erwarte von Ihnen, dass Sie mir bis Freitagmorgen eine Lösung präsentieren. Ich kann Ihnen einen vollen Geschäftstag für die Recherche einräumen, aber das war's. Diese Frist hat mein Vorstand gesetzt, mir sind die Hände gebunden.«

Zu allem Überfluss erhielten Isabelle und das GET äußerst gemischte Signale vom Aufsichtsrat. Einige Angehörige hielten nach wie vor an der China-Expansion fest, waren angesichts des Guangdong-Problems offenbar nicht beunruhigt. Sie sprachen sich für eine Fortsetzung des Projekts aus. Andere – Carlo, der Aufsichtsratsvorsitzende, eingeschlossen – legten Isabelle dringend nahe, das Expansionsprogramm zu stoppen und SO SCHNELL WIE MÖGLICH Licht in die Korruptionsaffäre zu bringen.

Conny, die auch nur den leisesten Hauch eines mutmaßlichen Fehlverhaltens als Katastrophe empfand, und Alison, die zu ergründen versuchte, was es mit der Anschuldigung auf sich hatte, plädierten dafür, Thomas' Vertrag mit der ATG zu beenden oder ihn zumindest für die Dauer der Ermittlungen freizustellen. Er war für dieses Chaos verantwortlich und hatte die Situation offenbar nicht unter Kontrolle. Seine Entlassung wäre außerdem ein Zeichen, das dem Aufsichtsrat, den Märkten und der breiten Öffentlichkeit, ganz zu schweigen von Big Hat Jack, Stärke und Entschlossenheit der ATG-Führung signalisierte. Außerdem hätten sie damit ein wenig mehr Zeit gewonnen, damit sich CFO Hugo und sein Team einen genaueren Überblick über die Zu- und Abflüsse des Kapitals in Verbindung mit dem Projekt verschaffen konnten. Ein Angehöriger des Aufsichtsrats schlug vor, Hugo nach China zu schicken, um während der Ermittlungen die Leitung des asiatischen Geschäftsfelds zu übernehmen.

Die Situation war verwirrend. Der Termin, den der US-Fonds gesetzt hatte, rückte bedrohlich näher. Und als wäre das noch nicht genug, bat das Mediennetzwerk *Money Switzerland* Isabelle um ein Interview oder zumindest um eine öffentliche Stellungnahme zu den Vorwürfen. Isabelle sah darin eine gute Möglichkeit, den Sachverhalt richtigzustellen, die Investoren zu beruhigen und die Situation wieder in den Griff zu bekommen. Eine offene und ehrliche Kommunikation konnte ihrer Ansicht nach dazu beitragen. Aber sie wusste noch nicht sicher, genauso wenig wie Connys Team, was geschehen war und wie der Aktionsplan aussehen sollte, den sie präsentieren könnte. Sie hatte einfach nicht genug Informationen.

Und die Uhr tickte.

**Fragen zum Nachdenken**

Wie könnte Isabelle die unterschiedlichen und auseinanderdriftenden Erwartungen – unter anderem von Investoren, verschiedenen Fraktionen im Aufsichtsrat und der breiten Öffentlichkeit – auf einen Nenner bringen? Und ließe sich die Reputation der ATG schützen?

Sollte Isabelle:

- den Rat des GET befolgen und sich umgehend von Thomas trennen, als unverzügliches, unmissverständliches Signal?
- Thomas vorerst freistellen?
- Hugo nach China schicken, um für die Dauer der Ermittlungen das Asiengeschäft zu leiten?
- warten, bis alle Fakten auf dem Tisch liegen, und erst dann entscheiden, wobei das Risiko besteht, den mächtigen US-Shareholder zu verprellen?
- andere Maßnahmen ergreifen, und wenn ja, welche?

Vielleicht möchten Sie Ihre Antwort schriftlich festhalten, bevor wir fortfahren.

# 13 Der Umgang mit Fehlentscheidungen

**Claudio Feser, Daniella Laureiro-Martinez und Stefano Brusoni**

Sich selbst zu kennen, ist der Anfang aller Weisheit.

*Aristoteles*

Als Isabelle darüber nachsann, wie sie die Situation handhaben sollte, erinnerte sie sich an Eves Kommentar über die kognitiven Verhaltenstendenzen, die sie als Gabe betrachtete, als Geheimwaffe, wenn es um harte Entscheidungen ging. Ihr fiel das zweite Memorandum mit den Informationen ein, die Eve ihr zu diesem Thema geschickt hatte. Sie fragte sich nun, ob sie ihr bei der Lösung ihres Problems helfen könnten.

Sie rief sie aus ihren Datenordnern ab und las sie noch einmal aufmerksam durch.

**An: Isabelle**

**Von: Eve**

**Betrifft: Zusammenfassung 2 –** ***Erkenne dich selbst***

Liebe Isabelle,

wie versprochen, hier das zweite Memorandum mit der Zusammenfassung, da wir letzte Woche nicht genug Zeit hatten, ausführlich über kognitive Verhaltenstendenzen zu sprechen.

Viele unserer Entscheidungen, die auf eine Optimierung der Exploit-Explore-Balance abzielen, werden von kognitiven Verhaltenstendenzen getrieben. Einige Menschen legen großen Wert auf Traditionen. Da sie eher konservativ, pflichtbewusst und risikoscheu sind, bevorzugen sie die Exploitation, wenn es gilt, die Balance zwischen Exploit- und Explore-Aktivitäten zu verbessern. Andere sind aufgeschlossener, neugierig und risikoorientiert. Sie finden die Exploration erstrebenswerter.

Alle kognitiven Verhaltenstendenzen stellen eine Kombination aus kognitiven Strategien und Verhaltensstrategien dar, die genetisch vorprogrammiert sind oder vornehmlich in der frühen Kindheit entwickelt werden. Sie sind weitgehend auf der unbewussten Ebene verortet (Kets de Vries, 2006).

Bei meinen Forschungsprojekten benutze ich drei »Linsen« oder Dimensionen, die dazu beitragen, diese kognitiven Verhaltenstendenzen zu erkennen und besser zu verstehen: Persönlichkeit, Werte und reaktive emotionale Neigungen. Sie lassen sich nicht immer klar voneinander unterscheiden oder trennen. Werte sind zum Beispiel emotional aufgeladen. Sie basieren auf drei einfachen, sich gegenseitig nicht unbedingt ausschließenden Dimensionen, mit deren Hilfe wir Hypothesen über unsere eigenen kognitiven Verhaltenstendenzen und die anderer Menschen aufstellen können. Schauen wir uns die einzelnen Dimensionen genauer an.

## Persönlichkeit

Der gängigste Ansatz, um kognitive Verhaltenstendenzen zu verstehen, sind Persönlichkeitstheorien. Sie befassen sich mit der Erklärung individueller Verhaltensweisen, die sich bei Menschen im Lauf der Zeit immer wieder beobachten lassen. Sie sagen voraus, wie sie sowohl auf andere als auch auf Stress, Krisen und Probleme reagieren (Winne und Gittinger, 1973).

Die Persönlichkeitsforschung begann vermutlich in der Antike mit Hippokrates und seiner Lehre zu den Temperamenten. Er ging davon aus, dass der Charakter oder die Persönlichkeit jedes Menschen durch das Mischungsverhältnis von vier Körpersäften geprägt wird: gelbe Galle, schwarze Galle, Schleim und Blut. In der Neuzeit, genauer gesagt, im Verlauf des letzten Jahrhunderts, haben Psychologen das Konzept der Persönlichkeit eingehend erforscht. Infolgedessen entwickelten sie unzählige Werkzeuge und Modelle, um es zu beschreiben. Zu den am weitesten verbreiteten gehören der Myers-Briggs-Typenindikator (MBTI) und die Big-Five-Persönlichkeitsfaktoren, manchmal auch als Fünf-Faktoren-Modell (FFM) oder OCEAN-Modell bezeichnet, nach den Anfangsbuchstaben der fünf Faktoren *Openness, Conscientiousness, Extroversion, Agreeableness* und *Neuroticism*, sprich Offenheit, Gewissenhaftigkeit, Extravertiertheit, Verträglichkeit und Neurotizismus (McCrae und John, 1992).

Ich habe ein anderes, neueres Tool benutzt: das Temperament- und Charakter-Inventar (TCI) zur Erfassung von Persönlichkeitsmerkmalen (Cloninger et al., 2016). Dieses Fragebogenverfahren geht sieben Persönlichkeitsdimensionen auf den Grund. Vier dieser Dimensionen werden den »Temperamenten« und drei den »Charaktereigenschaften« zugeordnet.

Forschungen deuten darauf hin, dass das Temperament weitgehend vorprogrammiert, das heißt genetisch festgelegt, ist. Es beeinflusst die automatischen, unbewussten behavioralen Verhaltensreaktionen (Abbildung 13.1). Sie setzen sich aus vier Aspekten zusammen, von denen man annimmt, dass sie bereits in frühester Kindheit sichtbar sind (Bajraktarov et al., 2017). Diese sind:

- Neuheitssuche (Novelty Seeking, NS): Wird mit einem hohen Aktivationsniveau in Verbindung gebracht. Typisch für dieses Verhalten ist die Neigung zu Enthusiasmus, Gefühlsüberschwang, Neugier und Impulsivität. Subdimensionen der NS sind explorative Erregbarkeit, Überspanntheit und Unordnung.
- Schadensvermeidung (Harm Avoidance, HA): Wird mit Hemmung, aber auch mit Vorsicht, Anspannung, Reizbarkeit und Pessimismus in Verbindung gebracht. Subdimensionen der HA sind vorausschauende Sorge, Angst vor Unsicherheit, Schüchternheit und Ermüdungsanfälligkeit.
- Belohnungsabhängigkeit (Reward Dependence, RD): Wird mit Empfänglichkeit für menschliche Wärme, Empfindsamkeit und dem Bedürfnis nach Zuwendung und Geselligkeit in Verbindung gebracht. Subdimensionen der RD sind Sentimentalität, Offenheit für eine herzliche Kommunikation und Abhängigkeit.

- Persistenz (PS): Wird mit aktivem Verhalten trotz Erschöpfung und Frustration in Verbindung gebracht. Subdimensionen der PS sind Arbeitseifer, Beharrungsvermögen, Ehrgeiz und Perfektionsstreben.

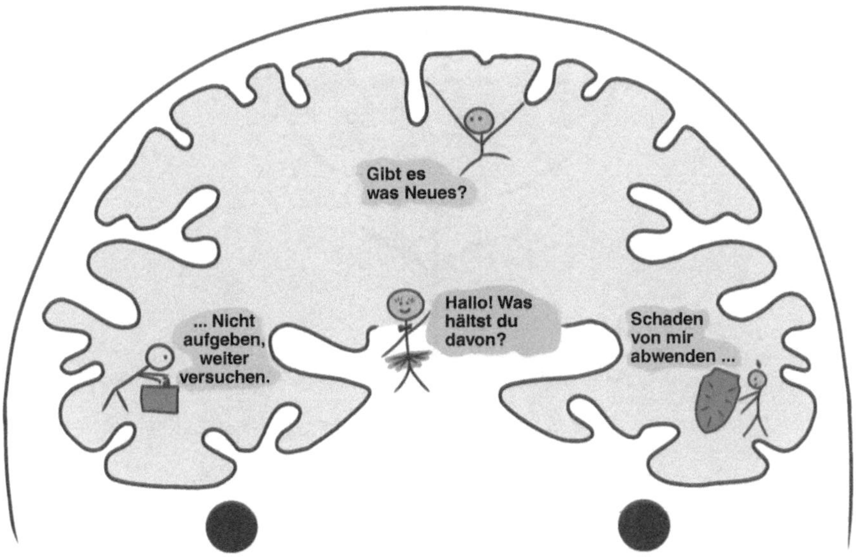


**Abbildung 13.1:** Erkenne dein Temperament

Die drei Dimensionen des Charakters werden stärker durch Umwelt und soziale Faktoren als durch die Gene bestimmt (Bajraktarov et al., 2017).

- Selbstlenkungsfähigkeit (SF): Bezieht sich auf das Ausmaß, in dem ein Individuum die eigene Identität autonom definieren und schwierige Situationen auf der Grundlage der eigenen Ziele und Werte lösen kann. Subdimensionen der SF sind Verantwortungsbewusstsein, Zielstrebigkeit, Einfallsreichtum und Selbstakzeptanz.
- Kooperativität (KO): Deutet auf das Ausmaß hin, in dem ein Individuum bei der Definition seiner eigenen Identität von anderen abhängig ist. Subdimensionen der KO sind soziale Akzeptanz, Empathie, Mitgefühl, Hilfsbereitschaft und reines Gewissen.
- Selbsttranszendenz (ST): Sagt etwas darüber aus, wie weit ein Mensch sich mit allem, was existiert, verbunden fühlt. Subdimensionen der ST sind Selbstvergessenheit, transpersonale Identifikation und spirituelle Akzeptanz.

## Werte

Werte stellen einen inneren Wegweiser dar, der anzeigt, was gut, moralisch erstrebenswert, wichtig und zweckmäßig ist. Sie spiegeln unsere individuellen Wertvorstellungen von dem wider, was wir als richtig, bedeutsam oder als geboten empfinden.

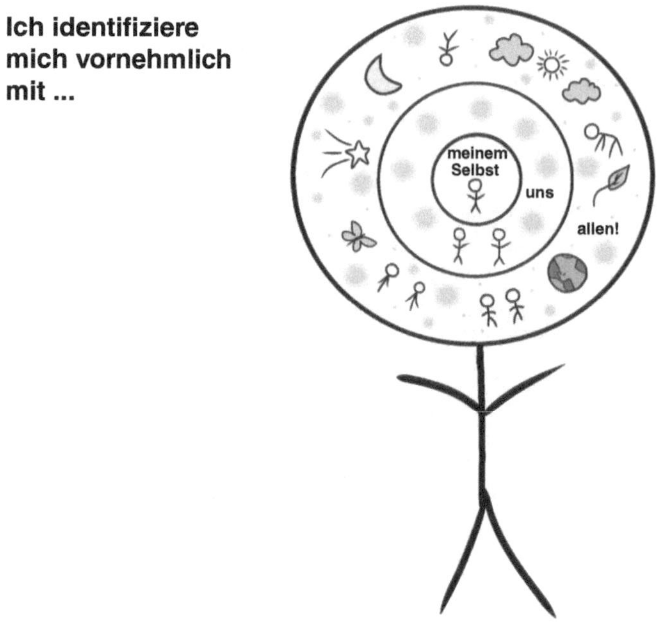


**Abbildung 13.2:** Erkenne deinen Charakter

Obwohl ein Zusammenhang zwischen Werten und sozialen Normen besteht, sind Werte abstrakter und allgemeiner. Soziale Normen regulieren das Verhalten in bestimmten Situationen, während Werte definieren, was jeder Mensch generell als gut oder schlecht empfindet. Anderen nicht ins Wort fallen, das heißt sie ausreden lassen, ist eine soziale Norm, die den Wert des Respekts widerspiegelt. Den benutzten Kaffeebecher selbst abzuwaschen, ist in manchen Unternehmen normatives Verhalten, kann aber auch den Wert von Sauberkeit und Respekt gegenüber anderen Mitarbeitenden widerspiegeln.

Menschen entwickeln und ändern ihre Wertvorstellungen mit der Zeit. In den meisten Fällen bildet sich das Gros der Werte in drei wichtigen Entwicklungsphasen heraus (Massey, 1973): in der Prägungsphase (von der Geburt bis zum siebten Lebensjahr), in der Modellierungsphase (vom achten bis dreizehnten Lebensjahr) und in der Sozialisierungsphase (vom dreizehnten bis einundzwanzigsten Lebensjahr). Die Kultur, in die wir eingebettet sind, kann sich ebenfalls auf die Entwicklung der individuellen Wertvorstellungen auswirken.

Werte haben einen starken Einfluss auf unsere Verhaltenstendenzen (Rokeach, 1973). Ein Beispiel: Angenommen, ein Mann nimmt einen Job in einem Unternehmen an, das sich Diversität auf seine Fahnen geschrieben hat, muss dann aber feststellen, dass bestimmte Gruppen innerhalb der Belegschaft diskriminiert werden. Er gelangt zu der Überzeugung, dass dieses Verhalten, das er in seinem Arbeitsumfeld beobachtet, ethisch nicht vertretbar ist. Das führt zu einem Mangel an Motivation, Leistungsabfall, mentaler Kündigung und am Ende dazu, dass er das Unternehmen verlässt. Hätte das Unternehmen Diversität nicht nur gepredigt, sondern auch umgesetzt, wäre ihm ein positiv gestimmter, leistungsstarker Mitarbeiter erhalten geblieben.

Einige Werte sind physiologisch bestimmt. Sie werden oft als objektiv betrachtet, als unabhängig von individuellen Anschauungen. Dazu gehört zum Beispiel das Bedürfnis, physische Schmerzen zu vermeiden, das Streben nach Lust oder auch nach Selbsterhaltung. Andere Werte werden als subjektiv eingestuft. Sie unterscheiden sich voneinander, abhängig von der individuellen Persönlichkeit, Organisation und Kultur. Es gibt zahlreiche subjektive Werte – moralische, ideologische (religiöse, politische), soziale und so weiter.

## Reaktive emotionale Neigungen

Im Verlauf der letzten dreißig Jahre haben die Fortschritte der Neurowissenschaften großes Interesse an den wissenschaftlichen Grundlagen der Gefühle und Empfindungen hervorgerufen. Emotionen wie Freude, Angst, Wut und Traurigkeit sind universell und kulturübergreifend. Mit einer unmittelbaren Gefahr konfrontiert, empfinden die Bewohner von San Francisco die gleiche Angst wie ihre Entsprechungen in Tokio oder Kinshasa (Ekman, 2007).

Einigen Theorien zufolge sind Emotionen ein Ergebnis, sprich ein Erfolgsmodell der Evolution. Charles Darwin glaubte, dass viele Tiere, insbesondere Säugetiere, fähig sind, ähnliche Gefühle wie Menschen zu empfinden. Gefühle sind in vielerlei Hinsicht nützlich. Sie erinnern uns daran, wie wichtig es ist, miteinander zu kommunizieren und Bindungen einzugehen. Außerdem dienen sie einem essenziellen evolutionären Zweck: Sie fördern das Überleben der Art. Hinter der Traurigkeit verbirgt sich oft ein Hilferuf. Er führt anderen vor Augen, dass wir leiden, und fördert die Bereitschaft, uns zu unterstützen oder zur Hilfe zu eilen. Angst kann bewirken, dass wir erstarren (uns »tot stellen«) oder die Flucht ergreifen, um uns vor einer Bedrohung zu schützen. Und Wut verleiht uns die Kraft und Energie, uns gegen irgendjemanden oder irgendetwas zur Wehr zu setzen, wenn wir das Gefühl haben, dass ein Angriff oder eine Gefahr droht (Ekman, 2007).

Emotionen spielen eine wichtige Rolle bei der Regulierung des menschlichen Verhaltens. Es ist wissenschaftlich belegt, dass sie einen Großteil des Entscheidungsverhaltens in unserem Alltag steuern. Wie bereits bei der Beschreibung der neurowissenschaftlichen Grundlagen der Entscheidungsfindung erwähnt, geschieht das oft auf der unbewussten Ebene. Das gilt vor allem für Situationen, in denen Müdigkeit, Stress und Druck ihren Tribut fordern – wenn die Amygdala auf Hochtouren arbeitet und der Neocortex auf Sparflamme geschaltet hat. Unter diesen Umständen neigen Menschen dazu, weniger rational zu handeln, weil ihre »Gefühle die Führung übernehmen« (Feser, 2011).

Wir beschäftigen uns in erster Linie mit der Frage, wie Emotionen die kognitiven Verhaltenstendenzen oder die gewohnheitsmäßigen kognitiven Prozesse und Verhaltensweisen beeinflussen und in welchem Bezug sie zum Konzept der emotionalen Dispositionen oder reaktiven Neigungen stehen. Dieses Konzept geht davon aus, dass wir zwar alle die gleichen Emotionen teilen, aber jeder Mensch anders auf sie reagiert (Davidson, 2012). Einige Leute werden in Stresssituationen hyperaktiv, während andere zu Rückzug und Antriebslosigkeit neigen.

Dieses Konzept der reaktiven emotionalen Neigungen leitet sich aus der Arbeit der klinischen Psychologin Karen Horney her. Sie stellte fest, dass bestimmte Personen mit bestimmten Bewältigungsstrategien auf Herausforderungen und Situation reagierten, die starke Emotionen auslösten.

Reaktive Neigungen beschreiben habituelle, sprich wiederholt und gewohnheitsmäßig auftretende Verhaltensmuster in Situationen, die zum Beispiel durch Stress und Druck gekennzeichnet sind. Sie spielen eine zentrale Rolle bei der Regulierung des Führungs- und Entscheidungsfindungsverhaltens. Auf Horneys Forschungen aufbauend, identifizierten die Psychologen Anderson und Adams (2015) drei primäre reaktive Neigungen: Kontrollverhalten, Schutzverhalten, Konformität.

- *Kontrollneigung:* Diese Dimension erfasst das Ausmaß, in dem eine Person auf Gefühle, die durch Rückschläge oder Herausforderungen hervorgerufen werden, mit Verhaltensweisen reagiert, die mit Aufgabenbewältigung, persönlicher Leistung, Macht und Kontrolle in Zusammenhang stehen (Anderson and Adams, 2015). Zu den Verhaltenstendenzen, die damit in Verbindung gebracht werden, gehören unter anderem: Konkurrenzdenken; hohe Maßstäbe setzen; Perfektionsstreben; mit Hilfe der persönlichen Autorität die Führung übernehmen, Einfluss ausüben und den eigenen Willen durchsetzen; immense Kraft und Mühe aufbieten, um ein Ziel zu erreichen; kein Blatt vor den Mund nehmen; sich selbst und andere antreiben, um zu gewinnen; und in den meisten Situationen das Ruder übernehmen (Anderson und Adams, 2015). Menschen mit ausgeprägten Kontrollneigungen werden von anderen oft als verärgert, genervt oder wütend wahrgenommen.
- *Schutzneigung:* Diese Dimension erfasst das Ausmaß, in dem eine Person auf Gefühle mit Verhaltensweisen reagiert, die mit Rückzug, Distanz wahren, sich verstecken, auf der Hut sein, Zynismus, Überlegenheitsgefühl und/oder vernunftgeleitetem Denken und Handeln in Zusammenhang stehen (Anderson und Adams, 2015). Zu den Verhaltenstendenzen, die damit in Verbindung gebracht werden, gehören unter anderem: sich zurückhalten und abwarten, wie sich die Situation entwickelt; herausfinden, was falsch läuft, unlogisch oder unzureichend geplant ist; Fehler in Formulierungen, Denk- und Handlungsweisen erkennen; und analysieren, was richtig oder falsch ist (Anderson und Adams, 2015). Menschen mit ausgeprägten Schutzneigungen werden von anderen oft als frustriert, einsam, enttäuscht, distanziert oder traurig wahrgenommen.

- *Konformitätsneigung:* Diese Dimension erfasst das Ausmaß, in dem Menschen auf Emotionen mit Verhaltensweisen reagieren, die den Erwartungen anderer entsprechen, statt die eigenen Vorhaben umzusetzen (Anderson und Adams, 2015). Zu den Verhaltenstendenzen, die damit in Verbindung gebracht werden, gehören unter anderem: das Bedürfnis, es allen recht zu machen, um niemanden zu verprellen; anderen etwas »Gutes zu tun«; ja sagen, obwohl sie lieber nein sagen würden; das emotionale Klima bei Meetings zu kalibrieren, um herauszufinden, ob es sicher ist, offen zu sprechen; alles doppelt und dreifach überprüfen, bevor sie handeln; und Worte mit Bedacht wählen, um keine starke emotionale Reaktion bei anderen zu provozieren (Anderson und Adams, 2015). Menschen mit ausgeprägten Konformitätsneigungen werden von anderen oft als bekümmert, besorgt, ängstlich oder aufgebracht wahrgenommen.

## Kognitive Verhaltenstendenzen als Hebel einsetzen

Kognitive Verhaltenstendenzen sind gewissermaßen »vorprogrammiert«, das heißt, sie sind weitgehend genetisch bestimmt und werden schon in der frühen Kindheit entwickelt. Sie lassen sich neu ausrichten, was aber mit einem erheblichen Aufwand an Zeit und Mühe verbunden ist, und die Veränderungen sind gewöhnlich begrenzt.

Können Menschen, die zu übermäßigem Exploit- oder Explore-Verhalten neigen, überhaupt Super-Entscheider werden?

Ja, das können sie.

Ein Mensch ist keine Insel. Menschen sind soziale Wesen, die von Natur aus die Neigung haben, altruistisch und kollaborativ zu handeln (Fehr und Gächter, 2000). Wenn wir kollaborativ mit anderen zusammenarbeiten, können wir die eigenen Unzulänglichkeiten ausgleichen, aber auch unsere eigenen Talente und einzigartigen Persönlichkeitsmerkmale in die Waagschale werfen, sofern wir herausgefunden haben, welche es sind. Dieses Wissen ist unerlässlich.

Doch es gibt noch einen weiteren Aspekt in Zusammenhang mit den kognitiven Verhaltenstendenzen, der ins Rampenlicht gerückt werden sollte, und das ist ihre Rolle bei »harten« Entscheidungen. Das Entscheidungsnavigator-Modell ermöglicht einen Ansatz, der Entweder-oder-Entscheidungen, bei denen viel auf dem Spiel steht, umwandelt und schrittweise an die Entwicklung verschiedener Optionen, das Überprüfen der Annahmen und den Feinschliff der Entscheidungen heranführt. Es ist ein experimenteller, lernorientierter, adaptiver und flexibler Ansatz, der nicht nur die Entscheidungsqualität verbessert, sondern auch das Risiko verringert, falsche Entscheidungen zu treffen. Es gibt gleichwohl Situationen, in denen keine alternativen Optionen zur Verfügung stehen oder Hypothesen nicht auf den Prüfstand gestellt werden können, weil es entweder zu teuer wäre oder keine Zeit dafür bleibt. Obwohl Entscheidungen immer ein hohes Risiko beinhalten, besteht die durchaus reale Möglichkeit, dass sie sich als totaler Fehlschlag erweisen.

An dieser Stelle kommen die kognitiven Verhaltenstendenzen ins Spiel, wenn zum Beispiel Entscheidungen auf der Grundlage persönlicher Werte getroffen werden. Bei einer harten Entscheidung ist es wichtig, zu wissen, wofür man einsteht. Wenn sich am Ende des Tages herausstellt, dass es sich um eine Fehlentscheidung handelt, ist man zumindest sich selbst und den eigenen Werthaltungen treu geblieben.

> Wenn sich am Ende des Tages herausstellt, dass es sich um eine Fehlentscheidung handelt, ist man zumindest sich selbst und den eigenen Werthaltungen treu geblieben.

Die Schlussfolgerung lautet also: »Erkenne dich selbst.« So lautete eine Inschrift am Apollotempel von Delphi. Im Lauf der Zeit haben Autoren und Forschende dieser Maxime der antiken Philosophie verschiedene Bedeutung zugeschrieben, aber heute wird sie als Aufforderung betrachtet, die innere Grundhaltung in den Blick zu nehmen.

Selbsterkenntnis bedeutet, sich die eigenen Fähigkeiten und dispositionellen Neigungen bewusst zu machen und dieses Potenzial auszuschöpfen, nicht nur, um die Teamarbeit effektiv zu gestalten, sondern auch, um harte Entscheidungen mit Hilfe des Entscheidungsnavigators zu treffen.

Inzwischen kennst du mich, Isabelle. Bevor wir fortfahren, fasse ich (wenn du ausnahmsweise erlaubst) den Inhalt noch einmal zusammen.

Viele Entscheidung unter Unsicherheit werden von kognitiven Verhaltenstendenzen getrieben. Sie stellen eine Kombination aus individuellen kognitiven und Verhaltensstrategien dar, die genetisch bestimmt sind oder bereits in der frühen Kindheit entwickelt werden. Sie sind weitgehend auf der unbewussten Ebene verortet.

Es gibt drei Dimensionen, die dazu beitragen, diese kognitiven Verhaltenstendenzen aufzudecken und besser zu verstehen: Persönlichkeit, Werte und reaktive emotionale Neigungen. Sie lassen sich nicht immer klar voneinander abgrenzen oder unterscheiden. Werte sind zum Beispiel emotional aufgeladen.

Kognitive Verhaltenstendenzen sind dispositional. Sie lassen sich neu ausrichten, aber nur mit erheblichem Aufwand an Zeit und Mühe, und die Veränderungen sind gewöhnlich begrenzt. Ein wirksamerer Ansatz ist kollaboratives Handeln. Wenn wir kollaborativ mit anderen zusammenarbeiten, können wir die eigenen Unzulänglichkeiten ausgleichen, aber auch unsere eigenen Talente und einzigartigen Persönlichkeitsmerkmale in die Waagschale werfen, sofern wir herausgefunden haben, welche es sind. Die kognitive Verhaltensdisposition ist außerdem ein »wegweisender Faktor«, wenn es um harte Entscheidungen geht, bei denen der Entscheidungsnavigator von geringem Nutzen ist, weil der Entscheidungsraum eingeschränkt ist oder keine Möglichkeit besteht, die Annahmen zu überprüfen.

Selbsterkenntnis bedeutet, sich das eigene Potenzial bewusst zu machen und es bei der Zusammenarbeit mit anderen und bei der Entscheidungsfindung auszuschöpfen.

Ich hoffe, ich konnte dir helfen.

Herzliche Grüße,

Eve

PS: Ich freue mich, dich bei meiner Hochzeit wiederzusehen und endlich deine Familie kennenzulernen. Es wird ein fantastisches Fest werden (wenn das Schweizer Wetter mitspielt ...)!

## Isabelles Selbstreflexion

Eves Ausführungen waren in der Tat hilfreich. Sie regten Isabelle zum Nachdenken an. Wer war sie wirklich? Wer war Isabelle, nicht die Firmenchefin, sondern die Person? Wofür stand sie, wofür trat sie ein?

Sie sann über ihre Persönlichkeitsmerkmale nach. Sie war zweifellos beharrlich und ausdauernd. War engagiert, ehrgeizig und perfektionistisch, was ihre Arbeit betraf. Und sie war selbstbestimmt. Sie glaubte an ihre Fähigkeiten, schwierige Situationen mit Blick auf ihre langfristigen Ziele zu lösen. Eine Überlebensstrategie, die sie bereits während der Kindheit gelernt hatte.

Sie interessierte sich für andere, sie waren ihr wichtig, vor allem ihre Familie, aber auch der Erfolg, harte Arbeit, Anstand, Aufrichtigkeit und Fairness.

Was die Gefühle anging, erkannte sie klar, dass sie Kontrollneigungen hatte. Sie war schon immer ehrgeizig und wagemutig gewesen. Sie hatte hohe Erwartungen an sich selbst, strebte nach Perfektion, scheute kein Risiko, um zu gewinnen. Sie war daran gewöhnt, in kritischen Situationen die Führung zu übernehmen, sich selbst und andere voranzutreiben, um zu gewinnen. Unter Stress lief sie oft zur Höchstform auf, war dann aber auch reizbar oder ungehalten.

Zuerst gefiel ihr das Bild nicht besonders, das sich aus ihren Überlegungen herauskristallisierte. Doch dann brachte Eves Bemerkung, sie solle ihre Talente, ihre Geheimwaffe, einsetzen, eine Saite zum Klingen, die wichtig war, wie sie herausfinden sollte.

### Kernaussagen

- Manchmal sind harte Entweder-oder-Entscheidungen unumgänglich, wenn es nicht möglich ist, den Optionsraum zu erweitern oder Annahmen zu überprüfen.
- In solchen Fällen ist es wichtig, die eigenen Werte zu kennen, zu wissen, wofür wir einstehen. Wenn die Entscheidungen auf unseren inneren Werthaltungen basieren, sind wir auch auf Fehlentscheidungen vorbereitet. Selbst wenn wir feststellen müssen, dass wir uns geirrt haben, haben wir »das Rechte getan«.

# Teil V
FAZIT

# 14 Nachwort

**Claudio Feser, David Redaschi und Karolin Frankenberger**

Isabelle sah sich einer schwierigen Situation gegenüber. Obwohl sie eigentlich kein Mensch war, der es allen recht machen wollte, war es ihr ein persönliches Bedürfnis, sich zu vergewissern, dass sie die Erwartungen ihrer unterschiedlichen Stakeholder perfekt erfüllte.

Doch allen Erwartungen gleichermaßen gerecht zu werden, ist nicht immer möglich – sie musste also versuchen, die verschiedenen Gruppen und deren Anforderungen bestmöglich zu berücksichtigen.

Isabelle erinnerte sich an eine Vorlesung zum Thema Führung, an der sie im Zuge ihres Advanced-Management-Programms in Harvard teilgenommen hatte. In dieser Lehrveranstaltung hatte Professor Robert Kegan, ein US-amerikanischer Autor und Entwicklungspsychologe, das Konzept der kognitiven Komplexität erklärt. Sie erinnerte sich an seine Aussage, dass sich Führungskräfte verzetteln, wenn sie krampfhaft versuchen, jeder Anforderung zu entsprechen, Konflikte eingeschlossen. Aber Kegan hatte auch auf einen Ausweg aus dem Dilemma hingewiesen. »Versuchen Sie, so vielen Anforderungen wie möglich zu genügen, aber lassen Sie sich schlussendlich von Ihren Werten und Ihrem inneren Kompass leiten. Führung bedeutet nicht, jeden glücklich zu machen, sondern authentisch zu sein und Entscheidungen mit Blick auf die eigenen Werte zu treffen.«

Sie dachte an die zweite Nachricht, die Eve ihr geschickt hatte. »Genau, das ist es! Meine Persönlichkeit, meine Werte und meine Emotionen sind meine Gaben, meine Geheimwaffe!« Und sie beschloss, Gebrauch von ihnen zu machen.

Sie wusste, dass es nicht fair war, Thomas allein aufgrund von Vermutungen zu entlassen, ohne entsprechende Fakten. Es war nicht fair, ihn zu feuern, nur um den Erwartungen anderer zu entsprechen, einschließlich Investorinnen und Investoren, Angehörigen des Aufsichtsrats und des Topmanagement-Teams. Es erforderte Mut, aber sie drückte im richtigen Moment den Pausenknopf, um die Situation der ATG rasch, aber mit der gebotenen Sorgfalt zu analysieren und auf der Grundlage von Fakten nach einer Lösung zu suchen. Und sie wusste auch, dass es ihre Pflicht war, eine Entscheidung zu treffen, gemeinsam mit dem Aufsichtsrat, und sie ungeschönt und transparent zu kommunizieren.

Sie rief Big Hat Jack an, den Leiter des texanischen Investmentfonds, und erklärte ihm die Situation. Sie gestand offen und ehrlich, dass es ein Problem gab und die ATG unverzüglich Nachforschungen eingeleitet hatte. Sie versprach, dass sie und die anderen Führungskräfte eine Entscheidung über das weitere Vorgehen treffen würden, sobald die Ergebnisse vorlagen, in Einklang mit den Werten und Prinzipien des Unternehmens. Sie gab ihm ihr Wort, ihn auf dem Laufenden zu halten, aber sie stellte klar, dass

Aufrichtigkeit zu ihren Werten gehörte und nicht Meinungen, sondern ausschließlich Fakten zählten. Jack hörte aufmerksam zu. Er war nicht erfreut, aber er legte sein großspuriges Gehabe ab und gewährte ihr Raum zum Durchatmen. »Ich habe verstanden, Isabelle«, sagte er. »Ich bin alles andere als erfreut, wie Sie wissen, aber ich vertraue Ihnen. Bei uns steht eine Menge Geld auf dem Spiel, also sorgen Sie dafür, dass Sie schnellstmöglich zu einem Ergebnis kommen.«

Einen ähnlichen Weg schlug sie im Umgang mit der Presse ein. Sie lehnte Interviews höflich ab, aber sicherte zu, die Öffentlichkeit zeitnah zu informieren, in Übereinstimmung mit den Prinzipien und Werten des Unternehmens.

Und schließlich bat sie den Aufsichtsrat um ein wenig mehr Zeit, damit Hugo die Probleme mit dem asiatischen Team und dem äußerst sorgfältigen Compliance Officer Lukas Berney durcharbeiten konnte, der für die firmeninterne Überwachung der Regelkonformität verantwortlich war.

Lukas‘ gründliche Nachforschungen bestätigten, dass Thomas‘ Angestellter in Guangdong nichts Unehrenhaftes getan hatte. Sein Verhalten war einwandfrei, aber er hatte seine Aktivitäten nicht ausreichend kommuniziert. Dazu kam, dass die Expansion in China, wie von Hugo und Thomas vorausgesehen, mehr Ressourcen verschlungen hatte als gedacht, aber Gewinne und Umsatzwachstum die Prognosen ebenfalls übertroffen hatten. China war zu einem der wichtigsten, erfolgreichsten Märkte der ATG geworden.

Isabelles wertegeleitete und mutige Herangehensweise an die Situation empfanden viele Personen in ihrem Umfeld als inspirierend: Shareholder, Aufsichtsrat, das GET, das Managementteam auf allen Unternehmensebenen, die Investoren der ATG, die Belegschaft in China – und ihre Familie.

Sie stellte auch ein neues Gefühl bei sich selbst fest: Sie war stolz auf sich. Stolz nicht nur auf ihre nach außen hin sichtbaren Erfolge – sie war an Topleistungen gewöhnt –, sondern auch auf ihren Wagemut und das beherzte Eintreten für ihre Prinzipien, ihre Werte. Sie hatte ihre Gaben, ihre Geheimwaffe entdeckt, wusste, wer sie wirklich war und wofür sie einstand.

Sie verspürte das zutiefst befriedigende Gefühl, eine Herausforderung gemeistert zu haben. Es ging nicht um ihre Herausforderungen als CEO. Es ging um das Gefühl, am Ende des Tages Teil eines größeren Ganzen in der ATG zu sein, die Bindung an ihre Familie wieder gestärkt, in Eve eine »kleine Schwester« oder Seelenverwandte gefunden und den Kontakt zu ihrem inneren, wahren Selbst hergestellt zu haben.

## Innerer Frieden

Eves Hochzeit fand im Sommer in der *Villa Honegg* statt, einem kleinen Hotel mit Blick auf den Vierwaldstättersee in Luzern. Das Wetter war traumhaft, genau wie Eves Anblick. Sie trug ein wunderschönes Brautkleid aus weißer Spitze.

Die Trauung fand im Freien auf der großen Terrasse des Hotels statt. Es war heiß, aber die leichte Abendbrise war einfach perfekt. Rund sechzig Gäste nahmen an der Zeremonie teil. Neben vielen Freunden hatten Eve und Raul überwiegend Kolleginnen und Kollegen von der Universität, Rauls Familie (Eve hatte ihre Eltern verloren, als sie acht Jahre alt war) und Isabelle, Marco, Marie und Annelies eingeladen.

Isabelle war Teil der Zeremonie. Eve hatte sie gebeten, ihre Brautjungfer zu sein, eine Rolle, die sie mit Freuden übernommen hatte. Sie empfand es als große Ehre, eine wichtige Person in Eves Leben zu sein.

Nach der Trauung posierten die Frischvermählten für Hochzeitsfotos mit dem Fotografen, während sich Isabelles Familie unter die Gäste mischte.

Isabelle stand ein wenig abseits, nippte an einem Glas Champagner und genoss den herrlichen Ausblick auf die majestätischen Alpen mit ihren schneebedeckten Gipfeln und dem dunkelblauen Vierwaldstättersee, der ihnen zu Füßen zu liegen schien. Sie sann über den bisherigen Verlauf ihrer Reise nach. Sie verspürte ein tiefes Gefühl der Zufriedenheit, Freude und des inneren Friedens. Zum ersten Mal in ihrem Leben fühlte sie sich in Einklang mit der Welt, mit anderen Menschen und mit sich selbst. Sie fühlte sich verbunden mit Marco, Marie und Annelies, mit Eve, Carlo und ihren Kolleginnen und Kollegen von der ATG und vor allem mit sich selbst.

Eve näherte sich. »Was machst du hier so ganz allein?«

Erst da bemerkte sie, dass Isabelle weinte.

Sie umarmten sich.

# 15 Fazit

**Claudio Feser, Daniella Laureiro-Martinez, Karolin Frankenberger und Stefano Brusoni**

Dieses Buch hat die neuesten Forschungsergebnisse in den Bereichen Management, Psychologie und Neurowissenschaften und ihren Bezug zu Entscheidungsfindungsprozessen in einer Welt zusammengefasst, die von Dynamik und Ungewissheit geprägt ist. Dank dieser Erkenntnisse haben Sie nun ein Modell zur Hand, das Entscheidungen in schwierigen Situationen, in denen viel auf dem Spiel steht, als Orientierungshilfe dient und eine effektive Umsetzung fördert.

Der sechsstufige Entscheidungsnavigator erleichtert Entscheidungen unter Unsicherheit: Er trägt dazu bei, das Dilemma zu identifizieren (die Entweder-oder-Lösungen eines Problems), den Optionsraum zu erweitern, die Exploit-Explore-Annahmen für jede Wahlmöglichkeit zu ermitteln, die Hypothesen mit Hilfe von Fakten zu überprüfen (testen), die Alternativen feinzuschleifen und zu einer Lösung/einem Beschluss zu gelangen. Der Entscheidungsnavigator beschreibt einen Pfad, der Ihnen hilft, diverse Optionen zu identifizieren und zu durchdenken, unbewusste Annahmen aufzudecken und faktenbasierte, bessere Entscheidungen zu treffen.

Die Anwendung des Entscheidungsnavigators erfordert die Bereitschaft, innezuhalten und sich Zeit für die Anpassung an Ihre spezifische Situation zu nehmen. Doch Sie werden sehen, die Investition lohnt sich. Denken Sie an den Zeit- und Energieaufwand, der mit der Umkehr einer Fehlentscheidung einhergeht, falls ein Kurswechsel überhaupt möglich ist.

Das Buch bietet Ihnen außerdem einen Ansatz, Spannungen in den Griff zu bekommen, die infolge von Entscheidungen unter Unsicherheit in einer Organisation entstehen. Sie haben damit ein Werkzeug zur Hand, das über die traditionellen Strategieumsetzungs- und Change-Management-Modelle hinausgeht: Es baut auf einer Stärkung der Topmanagement-Teams auf, sorgt für eine klare Abgrenzung der einzelnen Aktivitäten und bindet die Mitarbeitenden in Ihrem Unternehmen aktiv in den Wandel ein.

Das Buch rückt des Weiteren die Bedeutung von Teams in den Vordergrund, die divers aufgestellt sind und harmonisch zusammenarbeiten. Sie tragen sowohl zu einer effektiven Entscheidungsfindung als auch zu einem konstruktiven Umgang mit dem Spannungsfeld in Organisationen bei, in dem Entscheidungsfindungsprozesse in Zeiten der Unsicherheit stattfinden.

Und schließlich kennen Sie nun die Schlüsselfaktoren, die als treibende Kraft die individuelle Entscheidungsleistung prägen: der kognitive Zustand, die kognitiven Fähigkeiten und die kognitiven Verhaltenstendenzen. Einige dieser Faktoren lassen sich innerhalb kurzer Zeit positiv beeinflussen, bei anderen erfordert die Anpassung Zeit und Übung, und wieder andere können sich als veränderungsresistent erweisen. Doch jeder einzelne dieser Faktoren fällt ins Gewicht, deshalb haben wir Wege aufgezeigt, um sie Schritt für Schritt zu verbessern.

Welche Empfehlungen lassen sich aus diesen wissenschaftlich fundierten Erkenntnissen ableiten, sowohl auf individueller als auch auf Organisationsebene?

### Empfehlungen für Entscheidungen auf individueller Ebene

Was Sie tun können:

1. Richten Sie den Blick zuerst auf sich selbst. Überlegen Sie, wie Sie Ihren bestmöglichen kognitiven Zustand erreichen, bevor Sie darüber nachdenken, was Sie für andere tun können. Eine gesunde Ernährung, ausreichende Bewegung und gute zwischenmenschliche Beziehungen stellen eine Möglichkeit dar, die Entscheidungsfindung ohne großen Kostenaufwand zu verbessern.
2. Streben Sie nach Selbsterkenntnis. Selbstwahrnehmung und Reflexion – auch mit Hilfe von Familienangehörigen, Freunden oder Coach – können das Selbstverständnis verbessern und Ihnen vor Augen führen, was Sie zum Wohl anderer beitragen können. Sie fördern außerdem Authentizität, kollaborative Zusammenarbeit, Entscheidungsqualität und Führungskompetenz.
3. Treffen Sie wichtige Entscheidungen nicht im Alleingang. Teamarbeit und ein konstruktiver Austausch verbessern die Entscheidungsqualität.
4. Betrachten Sie lebenslanges Lernen als »Mindset«. Setzen Sie sich das Ziel, Ihr Wissen jeden Tag zu erweitern: Erwerben Sie neue Fähigkeiten und Fertigkeiten; lernen Sie eine Fremdsprache. Lassen Sie sich auf neue Erfahrungen ein. Kommen Sie in Kontakt mit Menschen, die Sie bisher nicht auf »Ihrem Schirm« hatten. Und, besonders wichtig, hören Sie aufmerksam zu, und seien Sie aufgeschlossen für Neues. Das sind nur einige der zahlreichen Aktivitäten, die Sie dauerhaft auf Ihre Agenda setzen sollten, um Ihre kognitiven Fähigkeiten zu verbessern.
5. Der Entscheidungsnavigator ist ein Werkzeug, das dem aktuellen Stand der Forschung entspricht. Wenden Sie es so oft wie möglich an. Mit zunehmender Übung wird es Ihnen leichtfallen, Dilemmata, Optionen und Annahmen umgehend zu erkennen und Ihre Fähigkeit zu kritischem Denken zu schärfen.

> Treffen Sie wichtige Entscheidungen nicht im Alleingang. Teamarbeit und ein konstruktiver Austausch verbessern die Entscheidungsqualität.

### Empfehlungen für Entscheidungen auf Organisationsebene

Was Sie auf Organisationsebene tun können:

1. Schaffen Sie ein Arbeitsumfeld, das persönliches Engagement und mentale Sicherheit fördert. Der kognitive Zustand – das Gefühl, sicher, eingebunden, engagiert und fokussiert zu sein – ist im beruflichen Bereich ungeheuer wichtig. Das

Arbeitsmilieu hat nachhaltigen Einfluss auf die Fähigkeit, effektive Entscheidungen zu treffen. Mitarbeitende, deren Erwartungen vom Unternehmen enttäuscht wurden, die innerlich gekündigt haben, frustriert oder wütend sind, teilen ihre negative Einstellung mit anderen, verbreiten ihre emotionalen Reaktionen und bringen die Arbeitsmoral zu Fall. Gefühle sind ansteckend.

Bedauerlicherweise gibt es heute viele Menschen, die sich in ihrem Unternehmen nicht mehr voll einbringen. Einer Umfrage des Markt- und Meinungsforschungsinstituts Gallup zufolge, an der annähernd 67 000 Berufstätige in den USA teilnahmen, beschränkten sich das Engagement und Commitment auf gerade mal 32 Prozent. Das Ausmaß des persönlichen Engagements wurde anhand von Fragen ermittelt, zum Beispiel: Verstehen die Mitarbeitenden, was in ihrem Aufgabenbereich von ihnen erwartet wird? Haben sie das Gefühl, dass ihre Meinung zählt? Haben sie die Chance, ihre Stärken einzubringen? Haben sie Freundschaften am Arbeitsplatz geknüpft? (Hsu, 2023).

Vor allem die Angehörigen der amerikanischen Gen Z und die jungen Millennials engagieren sich nicht mehr. Die Mitarbeitenden unter 35 hatten das Gefühl, von ihrem Unternehmen weder angemessen wahrgenommen noch angehört zu werden. Nur wenige hatten eine Bezugsperson am Arbeitsplatz, die ihre Entwicklung förderte, und sie beklagten, dass es kaum Lern- und Wachstumschancen gab (Hsu, 2023). Bei vielen fehlte das Commitment, die Identifikation mit den übergeordneten Zielsetzungen oder dem Unternehmenszweck, ein Phänomen, das sich quer durch alle Berufsgruppen zog. Und nur ein Viertel war der Ansicht, dass das Wohl der Mitarbeitenden zählte (Hsu, 2023).

In Europa, wo das Mitarbeiterengagement üblicherweise geringer ist als in den USA, könnte die Situation noch schlimmer sein (Bakos und Jolton, 2022). Maßnahmen, die Unternehmen in Betracht ziehen könnten, um diese Probleme zu adressieren, wären unter anderem, das Ausmaß des Engagements und der mentalen Gesundheit quantitativ zu erfassen, diese Schlüsselkennzahlen in die Leistungsbeurteilung ihrer Führungskräfte einzubeziehen oder mentale Unterstützung und Coaching anzubieten.

2. Experimentieren Sie mit dem Training der kognitiven Fähigkeiten. Das wäre für alle Mitarbeitenden von Vorteil, insbesondere jedoch in Positionen, die Entscheidungen von großer Tragweite betreffen, das heißt im Führungskader. Trotz der anhaltenden, weit verbreiteten Diskussionen über die »im 21. Jahrhundert unerlässlichen Skills« bieten die meisten Organisationen kein entsprechendes Training an. In einer Umfrage zum Thema Karriereentwicklung erklärten nur 20 Prozent der Teilnehmenden, dass an ihrem Arbeitsumfeld eine entsprechende Schulung vorgesehen sei und, sofern vorhanden, der Schwerpunkt auf Kommunikation und Teamwork liege (Slocum und Hora, 2020). Eine andere Umfrage in den USA mit 28 000 Teilnehmenden aus dem Topmanagement ergab, dass die meisten Organisationen ihre Führungskräfteentwicklung auf drei Bereiche beschränken: Coaching-Kompetenz, Kommunikation und Mitarbeiterengagement (Westfall, 2019).

Dessen ungeachtet sind Organisationen – aufgrund ihrer erfahrungsbezogenen DNA – der perfekte Ort, um kognitive Fähigkeiten wie Aufmerksamkeitskontrolle, kognitive Flexibilität und Empathie zu schulen, auch wenn sie in den Trainingsprogrammen für Führungskräfte fast nie enthalten sind.

Abgesehen davon sind die empirischen Forschungen zu dieser Form des Trainings am Arbeitsplatz noch begrenzt. Es gibt jedoch eine Fülle »grauer Literatur« zu diesem Thema, das heißt Non-Peer-Reviewed-Artikel – die nicht von unabhängigen Experten aus dem gleichen Fachgebiet begutachtet wurden – und Berichte von Unternehmen, die das Konzept erprobt haben (Slocum und Hora, 2020). Empirische Forschungen, die relevante Erkenntnisse aus dieser »grauen Literatur« bestätigen und die umfangreichen Erfahrungen von Trainingsexpertinnen und -experten nutzen, könnten das Verständnis der verschiedenen Herangehensweisen an die Schulung der kognitiven Fähigkeiten und die Auswirkungen auf die Qualität der Entscheidungsfindung und Unternehmensleistung verbessern. Experimente könnten Licht in das Dunkel der langfristigen Effekte von zielgerichteten Kompetenzentwicklungsmaßnahmen am Arbeitsplatz bringen. Darüber hinaus könnte die Forschung mehr Organisationen motivieren, Ressourcen für diesen wichtigen Bereich bereitzustellen.

3. Vergewissern Sie sich, dass Denk- und Verhaltensdiversität im Topmanagement-Team zum Ausdruck kommen. Der Wert der Vielfalt und Inklusion ist unumstritten. Teams und Menschen generell, die Diversität zu schätzen wissen, sind nachweislich imstande, mehr Optionen und innovative Handlungsmöglichkeiten zu entdecken, insbesondere angesichts komplexer Probleme (Laureiro-Martinez und Brusoni, 2018).

   Die Zusammensetzung von Teams spiegelt oft unterschiedliche Erfahrungen und eine sogenannte Low-Level-Diversität wider, die sich auf die offensichtlichen Kennzeichen der Vielfalt bezieht. Es fehlt jedoch eine Deep-Level-Diversität (Schoss et al., 2022), sprich Diversitätsmerkmale auf einer tieferen, psychologischen Ebene, die einen Menschen ausmachen (Schoss et al.,2022). Wenn Angehörige des Vorstands oder Aufsichtsrats Topmanagement-Teams zusammenzustellen, wären sie gut beraten, auch die kognitiven Verhaltenstendenzen der potenziellen Kandidaten genauer unter die Lupe zu nehmen – Persönlichkeit, Werte, reaktive Neigungen –, und dabei auf Diversität zu achten. Die Repräsentation dieser Vielfalt verbessert die Entscheidungsfindung, insbesondere in einer Welt, die von Unsicherheit geprägt ist.

4. Nutzen Sie die kognitiven Fähigkeiten und kognitiven Verhaltenstendenzen als Kriterien bei der Einstellung und Entwicklung von Mitarbeitenden. Sie beeinflussen damit die Optimierung der Exploit-Explore-Balance, wobei der Aufbau dieser Kompetenzen im Gegensatz zur Verbesserung des kognitiven Zustands Zeit erfordert. Die Anforderungen, die mit Führungspositionen verbunden sind, unterscheiden sich. Manche sind stärker auf eine Verbesserung der operationalen Aktivitäten ausgerichtet, zum Beispiel die Leitung einer Vertriebsorganisation, die viele

Mitarbeitende auf kurzfristige Leistungen fokussiert. Führungskräfte in einer solchen Position sollten vorzugsweise über die Fähigkeit verfügen, für die Einhaltung von Maßnahmen und Anordnungen zu sorgen. In anderen Positionen liegt der Fokus vielleicht stärker auf innovativen Tätigkeiten, zum Beispiel auf der strategischen Planung oder Entwicklung neuer Geschäftsfelder. Die am besten geeigneten Führungskräfte in solchen Positionen sollten Eigenschaften aufweisen, die in Zusammenhang mit der aktiven Suche nach neuen Wegen und einer ausgeprägten Aufmerksamkeitskontrolle stehen. Organisationen können die Bewertung der kognitiven Fähigkeiten und kognitive Verhaltenstendenzen als Bestandteil ihres Einstellungs- und Beförderungskonzepts in Positionen nutzen, die eine sorgfältige Entscheidungsfindung erfordern.

5. Schulen Sie Führungskräfte im Umgang mit dem Entscheidungsnavigator, und betten Sie diese Kompetenz in Ihr Performance- oder Leistungsmanagement-System ein. Umfragen des Chief Learning Officer Business Intelligence Boards, das sich mit dem Wissensmanagement in Organisationen und der Ausschöpfung des Potenzials von Mitarbeitenden befasst, haben ergeben, dass annähernd 95 Prozent der Unternehmen planen, ihre derzeitige Investition in die Führungskräfteentwicklung entweder zu erhöhen oder beizubehalten – eine globale Industrie, die mit 366 Milliarden US-Dollar beziffert wurde (Westfall, 2019). Dennoch bleiben die meisten Programme hinter den Erwartungen zurück (Gurdjian et al., 2014; Feser et al., 2018), weil sie nicht in den Tiefenstrukturen der Organisation verankert sind – im Leistungsmanagement-System und in der Kultur des Unternehmens. Wie bereits erwähnt, sind Arbeitsorganisationen ein perfekter Ort für die Entwicklung des kognitiven Zustands, der kognitiven Fähigkeiten und der kognitiven Verhaltenstendenzen und die praktische Umsetzung einer strukturierten Herangehensweise an die Entscheidungsfindung in einer von Unsicherheit geprägten Welt. Leistungsstarke Unternehmen mit ehrgeizigen Zielen (»mehr Exploration«), klaren Zuständigkeiten, transparenten Aktivitäten, Rollenmodellen und Unterstützung durch Führungskräfte sowie ein Mentoring- und Coachingsystem (Kegan et al., 2014) scheinen für die Umsetzung des beschriebenen Entscheidungsfindungsmodells bestens aufgestellt zu sein.

> Organisationen können ihre Entscheidungsfindung verbessern, wenn sie die kognitive Gesundheit ihrer Mitarbeitenden fördern, bereit sind, mit dem Training der kognitiven Fähigkeiten zu experimentieren, und sich vergewissern, dass sie sowohl die Gendervielfalt als auch die kognitive Diversität bei der Zusammenstellung ihrer Teams berücksichtigen. Es zahlt sich aus, diese beiden Faktoren, die sowohl die Entscheidungsfindung als auch die Entscheidungsqualität antreiben, bei der Rekrutierung von Mitarbeitenden, im Leistungsmanagement-System und bei Beförderungen einzubeziehen.

Die Forschung von Kegan und Lahey (2016) zum Aufbau von Organisationen mit gezieltem Entwicklungsfokus ist in diesem Kontext besonders relevant.

## Die große ungeklärte Frage: KI

Welche Technologie- und Wissensentwicklungen könnten zu neuen Erkenntnissen führen, die eine Evolution der menschlichen Entscheidungsfindung unterstützen? Ein Themenbereich befindet sich an der vordersten Front der Debatten: Künstliche Intelligenz (KI).

Der Einsatz von ChatGPT hat sowohl in der breiten Öffentlichkeit als auch in akademischen Kreisen für hitzige Diskussionen und einen verbalen Schlagabtausch zwischen Optimisten und Pessimisten gesorgt.

Einige Kritiker befürchten, KI könne unsere Fähigkeit beeinträchtigen, kluge Entscheidungen zu treffen. Zu ihnen gehört auch der israelische Historiker und Autor Yuval Noah Harari. Er vertritt die Ansicht, dass sie uns aufgrund ihrer Möglichkeiten, durch Wort-, Ton- und Bildmanipulation eine künstliche Realität zu generieren, dazu verleiten kann, politische Entscheidungen ohne fundierte Informationen zu treffen, und somit dazu beiträgt, die Demokratie zu untergraben (*The Economist,* 2023). Ein Beispiel, das die Gefahren einer künstlich erzeugten Realität veranschaulicht, sind Deepfakes. Im Juni 2022 wurden mehrere Bürgermeister europäischer Großstädte durch ein Deepfake von ihrem Amtskollegen Vitali Klitschko, Bürgermeister von Kiew, in die Irre geführt. Der falsche Klitschko versuchte die Politikerinnen und Politiker zu überzeugen, dass die Unterstützung der Ukraine und somit eine Verlängerung des Krieges die Migrationsströme und Kriminalität in Westeuropa verstärke.

Andere sind sogar der Meinung, dass Künstliche Intelligenz irgendwann imstande sein wird, das menschliche Urteilsvermögen und die Entscheidungsfindung vollständig zu ersetzen. Sie weisen darauf hin, dass dies bereits in einigen Bereichen gelungen ist, zum Beispiel bei der Identifizierung und Priorisierung von Restaurants für Gesundheitskontrollen oder bei der Identifizierung von Jugendlichen mit hohem Risiko, straffällig zu werden (Satopää et al., 2021).

Die Diskussion erinnert an die sogenannten »Ludditen«, die neue Technologien mit Angst und Sorge betrachten. Der Ausdruck geht auf den Luddismus zurück, eine radikale Bewegung englischer Textilarbeiter im neunzehnten Jahrhundert, die im Zuge der industriellen Revolution gezielt Maschinen zerstörten. Sie fürchteten, ihre Existenzgrundlage zu verlieren und zu verelenden (Andrews, 2019).

Allen Befürchtungen zum Trotz haben die technologischen Fortschritte im Verlauf der beiden letzten Jahrhunderte aber auch dazu beigetragen, die Lebenserwartung zu erhöhen, die Anzahl der Arbeitsstunden zu verringern, Kinderarbeit weitgehend auszumerzen und Wohlstand zu schaffen. Ihnen ist zu verdanken, dass zahlreiche »niedere«, monotone und gesundheitsgefährdende Aktivitäten abgeschafft wurden. Die Tätigkeiten, die Menschen heute am Arbeitsplatz verrichten, sind komplexer, vielseitiger und interessanter geworden.

Fakt ist gleichwohl, dass diese Vorteile erst im Verlauf eines langen und schmerzvollen Prozesses erzielt wurden. Und das wird vermutlich auch in Zukunft so bleiben. Wir hoffen, dass einige der im Buch beschriebenen Ideen, zum Beispiel die Anwendung des Entscheidungsnavigators, Führungskräften helfen, die mit unzähligen Entscheidungen verbundenen Zielkonflikte zu erkennen und den technologiegestützten Transformationsprozess ihres Unternehmens durch kluges Abwägen effektiv zu steuern. Obwohl wir hinsichtlich der Rolle, die Technologie in der Gesellschaft spielt, unseren Optimismus bewahren (gelegentlich mit einiger Mühe), ist uns durchaus bewusst, dass die Vorteile möglicherweise ungleich verteilt sind, vor allem zeitweilig.

1967, als Computer ein absolutes Novum darstellten und hitzige Debatten entbrannten, ob sich Unternehmen einen dieser sogenannten Großrechner anschaffen sollten (ganz zu schweigen von Einzelpersonen; der PC wurde erst 1974 entwickelt), schrieb der Ökonom Peter Drucker:

> Langsam wird uns bewusst, dass der Computer keine Entscheidungen treffen, sondern nur Befehle ausführen kann. Er ist Hohlkopf; darin liegt seine Stärke, setzt ihm jedoch auch Grenzen. Er zwingt uns, nachzudenken, die Kriterien festzulegen. Je dümmer das Werkzeug, desto klüger muss der Meister sein, der es handhabt - und der Computer ist das dümmste Werkzeug, das wir jemals hatten. Seine Sprache ist auf Nullen und Einsen beschränkt, auf die er zugreifen kann, wenngleich unfassbar schnell. Er zeigt keine Ermüdungserscheinungen und stellt keine Überstunden in Rechnung. Er erweitert unser Leistungsspektrum mehr als jedes andere langjährig genutzte Werkzeug, weil er zahlreiche Tätigkeiten verrichten kann, die keiner Ausbildung bedürfen. Durch die Übernahme dieser Tätigkeiten erlaubt er uns - zwingt er uns, genauer gesagt -, das, was wir tun, gründlich zu durchdenken.

Es wäre zu kurz gegriffen, KI als Hohlkopf zu bezeichnen. In der Forschung und bei der Anwendung der Künstlichen Intelligenz werden schon heute in vielen Bereichen Fortschritte mit atemberaubender Geschwindigkeit erzielt. KI wird in den kommenden Jahren erheblichen Einfluss auf die Gestaltung des Arbeitsplatzes, des Arbeitslebens und darüber hinaus auf unser Leben generell erlangen, auch wenn noch viele Fragen ungeklärt sind.

Abgesehen davon gibt es gute Gründe, zu glauben, dass die KI das menschliche Urteilsvermögen und die Entscheidungsfindung in Situationen, die von Unsicherheit geprägt sind, zwar schärfen, aber niemals völlig ersetzen kann. Der im dritten Kapitel erwähnte Gittins-Index ist die einzige allgemein anwendbare Formel für die Entscheidungsfindung unter Unsicherheit. Hier sind die Bedingungen festgeschrieben, die erfüllt sein müssen, damit er in einem solchen Szenario einen gültigen Algorithmus liefert: 1) wenn Entscheidungen angesichts einer begrenzten Anzahl von Optionen getroffen werden müssen; 2) wenn er die erwartete Belohnung für jede Option bewertet, unter Berücksichtigung der Wahrscheinlichkeit, dass sie gewählt wird; und 3) wenn die Entscheiderinnen und Entscheider den zukünftigen Wert der Belohnung oder Investition, die mit jeder Option verbunden ist, auf den heutigen Wert umrechnen können. KI optimiert die Fähigkeit, den Wert der Belohnungen mit der Zeit besser einzuschätzen, wird aber niemals in der Lage sein, eine erfolgversprechende Strategie aus einer begrenzten Anzahl von Optionen mit unbekannten Belohnungen und unbekannten Wahrscheinlichkeiten auszuwählen.

Wir gehen von der Hypothese aus, dass KI dazu beitragen kann, den Explorationsradius, das heißt den Optionsraum der Entscheiderinnen und Entscheider, zu erweitern, indem sie unbewusste Annahmen (oder systematische kognitive Verzerrungen) aufdeckt und einem Faktencheck unterzieht. Sie kann hilfreich sein, wenn es gilt, die menschliche Entscheidungsfindung zu optimieren, aber sie kann uns die Entscheidungen nicht abnehmen.

Leider fehlen derzeit sowohl das Know-how als auch die Möglichkeit, unsere Hypothese auf den Prüfstand zu stellen. Fortschritte auf diesem Gebiet und der Lauf der Zeit werden zu einem besseren Verständnis führen, wie die Künstliche Intelligenz gezielt dazu beitragen kann, die menschliche Entscheidungsfindung zu unterstützen, zu optimieren und vielleicht sogar ganz zu ersetzen.

Eines ist jedoch sicher: Unsere Wahrnehmungen werden schon heute von KI-gestützten traditionellen Massenmedien und Social Media geprägt. Beide überschütten uns fortwährend mit Informationen, die unsere Neigungen und kognitiven Verzerrungen bestätigen, Echokammern schaffen, eine echte Debattenkultur aufweichen und zu schlechten Entscheidungen führen, gleich ob in Organisationen oder darüber hinaus. Eine Fülle von Beispielen belegt, wie die KI mittels Manipulation Angehörige des politischen Establishments oder Wählerinnen und Wähler dazu bewogen hat, schlechte Entscheidungen zu treffen. Die Risiken sind real, und deshalb ist der Entscheidungsnavigator hervorragend geeignet, diese Risiken zu verringern. Er setzt den erfahrungsbasierten kognitiven Verzerrungen einen wissenschaftlich fundierten, explorativen Ansatz entgegen, der das kritische Denken fördert und als Kompass für eine effektive Steuerung durch das klippenreiche Gewässer in unserer von KI geprägten Welt dient.

Der Entscheidungsnavigator ist nicht nur für Führungskräfte in Organisationen, sondern für uns alle ein zuverlässiger Wegweiser zum Erfolg.

## Der Aufbau einer besseren Zukunft

Das Gehirn verlässt sich auf mentale Abkürzungen, um die kognitive Last zu reduzieren; dabei schleichen sich systematische fehlerhafte Neigungen ein. In Situationen, die unbekannt oder von Unsicherheit geprägt sind, können diese kognitiven Verzerrungen zu schlechten Entscheidungen führen, und diese schlechten Entscheidungen können sowohl in Organisationen als auch im Leben kostenaufwändig und bisweilen fatal sein.

Doch wenn wir kollaborativ mit anderen zusammenarbeiten, Zeit und Mühe investieren, um unsere Optionen gründlich zu durchdenken und wichtige Entscheidungen auf der Grundlage wissenschaftlich fundierter Erkenntnisse und Fakten zu treffen, können wir einen Unterschied bewirken. Teamarbeit und der Entscheidungsnavigator ebnen den Weg, der dazu befähigt, Super-Entscheidungen zu treffen.

Eine Grundvoraussetzung ist die Arbeit an uns selbst, an unserem kognitiven Zustand, an unseren kognitiven Fähigkeiten und an unseren Neigungen. Sie ebnet den Weg, der dazu befähigt, uns als Super-Entscheiderinnen und -Entscheider zu erweisen.

Partnerwahl, Kindererziehung, soziales Engagement oder die Ausübung unseres Rechts, zu wählen und am demokratischen Prozess teilzunehmen, sind mit wichtigen Entscheidungen unter Unsicherheit verbunden.

Als Super-Entscheiderinnen und -Entscheider können wir einen aktiven Beitrag zur Gestaltung der Welt und zum Aufbau einer besseren Zukunft leisten.

# Anhänge

Anhang 1– Beschreibung der Alpina Travel Group (ATG)

Anhang 2 – Lebenslauf, Isabelle Dubois

Anhang 3 – Fallbeispiel 1: Die Wirtschaft

Anhang 4 – Fallbeispiel 1: Der Reisemarkt

Anhang 5 – Fallbeispiel 1: Die finanzielle Situation

Anhang 6 – Fallbeispiel 2: Digitale Trends in der Reisebranche

Anhang 7 – Fallbeispiel 2: Wettbewerbsmonitoring

Anhang 8 – Fallbeispiel 2: Trends und SWOT-Analyse

Anhang 9 – Fallbeispiel 3: Internationale Expansionsdaten

Anhang 10 – Fallbeispiel 4: Belegschaftsumfrage ATG

## Anhang 1 – Beschreibung der Alpina Travel Group (ATG)

Das Jahr, in dem Isabelle zur CEO ernannt wurde.

| | |
|---|---|
| Beschreibung | ATG ist ein unabhängiger Reiseveranstalter mittlerer Größe. ATG ist seit der Gründung kontinuierlich gewachsen und genießt einen ausgezeichneten Ruf als Experte für Planung, Gestaltung und Koordination von Reisen. |
| Hauptsitz des Unternehmens | Zürich |
| Chief Executive Officer (CEO) | Isabelle Dubois |
| Aufsichtsratsvorsitzender | Carlo Proconi |
| Topmanagement-Team (Group Executive Team, GET) | Hugo Werner (CFO) |
| | Frank de Vries (Vertriebsleiter International) |
| | Conny Keller (Vertriebsleiterin Schweiz und Marketingleiterin) |
| | Alessandro Rossi (Leiter Information and Operations) |
| | Alison Brown (Leiterin Personalwesen) |
| Anzahl der Kundinnen/Kunden | Ca. 2,5 Millionen |
| Einnahmen | Ca. 1,3 Milliarden Schweizer Franken |
| Anzahl der Mitarbeitenden | Ca. 1.800 weltweit |
| Infrastruktur | 280 Reisebüros, 3 Hotels |
| Vertrieb | Eigene Reisestellen und ca. 7.000 Partner-Reisebüros in der Schweiz, Deutschland, Österreich, den Niederlanden, Belgien, Frankreich und USA. |
| Urlaubsgebiete/Destinationen | Balearen, Kanarische Inseln, Andalusien, Türkei, Israel, Ägypten, Tunesien, Portugal, Bulgarien, Griechenland, Kroatien, Montenegro, Italien, Malta, Zypern, Kapverdische Inseln und Ferndestinationen: Karibik, Mexiko, Thailand, Sri Lanka, Bali, Malediven, Mauritius, Vereinigte Arabische Emirate, Nordamerika (US-Rocky-Mountain-Staaten, Florida, Alaska, Canada). Und Deutschland, Österreich, Niederlande, Belgien, Polen und Schweiz. |
| Hotel- und Kreuzfahrtpartnerschaften | Über 5.000 Hotels in mehr als 60 europäischen Urlaubs- und Ferndestinationen, einschließlich fast aller namhaften Hotelketten weltweit. ATG bietet auch Kreuzfahrt-Kombinationsreisen mit AIDA, Costa und TUI an. |
| Flugreisepartnerschaften | ATG bietet in der Sommersaison ca. 6.500 wöchentliche Abflüge mit allen namhaften Airlines von fast allen kommerziellen europäischen Flughäfen an. |

# Anhang 2 – Lebenslauf (CV), Isabelle Dubois

| **Berufliche Laufbahn** | |
|---|---|
| Aktuell | ATG, Zürich. Schweiz, CEO |
| Vor 8 Jahren | The Travel Group, Kopenhagen, Dänemark, Vice President Marketing und Vertrieb |
| Vor 2 Jahren | The Travel Group, Kopenhagen, Dänemark, Leiterin Marketing |
| Vor 3 Jahren | ATG, Zürich, Schweiz, Leiterin Customer Service |
| Vor 3 Jahren | ATG, Zürich, Schweiz, Leiterin Controlling |
| Vor 2 Jahren | ATG, Zürich, Schweiz, Leiterin Finanzen und Controlling |
| Vor 1 Jahr | ATG, Zürich, Schweiz, Finanzanalystin |
| **Ausbildung** | |
| 6 Wochen | Advanced Management Program, Harvard, Boston, USA |
| 2 Jahre | Executive MBA, ETH und Universität St. Gallen, Zürich und St. Gallen, Schweiz |
| 5 Jahre | Master in Finanzen und Rechnungswesen, Universität Zürich, Zürich, Schweiz |
| **Persönliche Daten** | |
| Familie | Verheiratet mit Marco Dubois, Autor und Booker-Preis-Nominierter; Töchter Marie Isadora Dubois und Annelies Elsa Dubois |
| Interessen | Reisen, Sprachen, Geografie, Geschichte, Fotografie, Joggen |

# Anhang 3 – Fallbeispiel 1: Die Wirtschaft

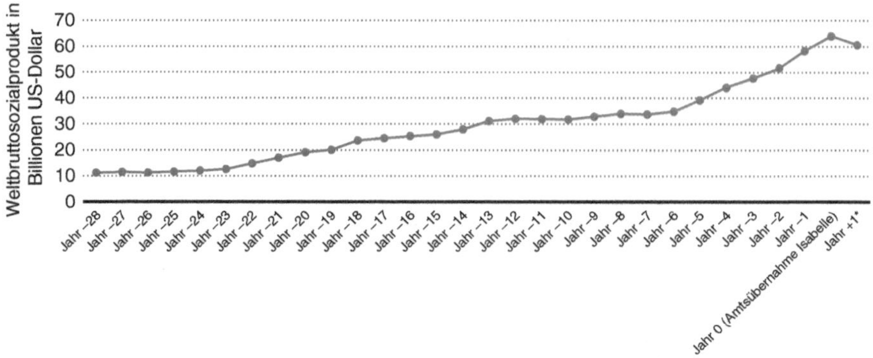


**Abbildung Anhang 3.1:** Weltbruttosozialprodukt weltweit, aktuelle Preise, bis zum Jahr 0 (Amtsübernahme Isabelle) mit Prognose für Jahr +1 (in Billionen US-Dollar) *Quellen:* Weltweit * Prognose für Jahr +1.

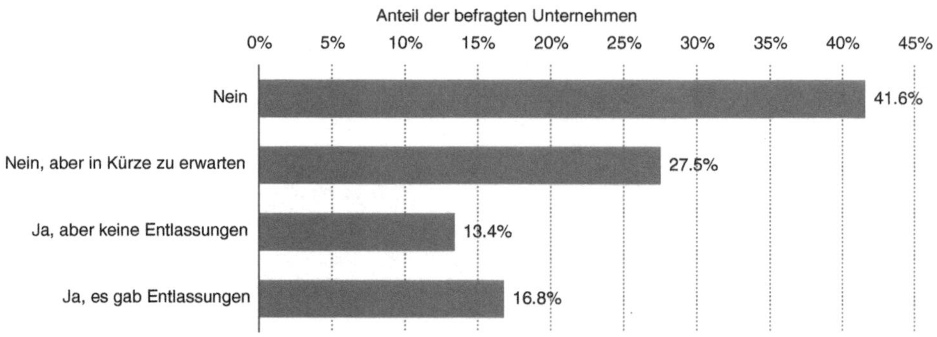


**Abbildung Anhang 3.2:** Hat sich die Rezession bereits auf Ihre Belegschaft ausgewirkt? *Quelle:* Europa, 4.219 kleine und mittelständische Unternehmen (KMU) mit weniger als 500 Mitarbeitenden.

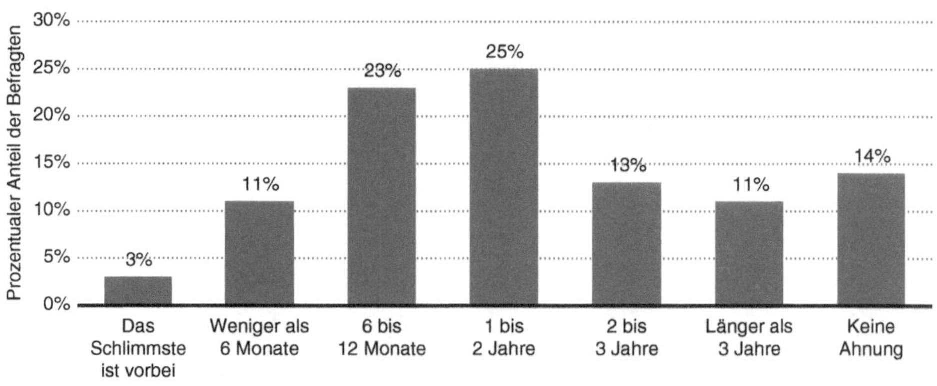


**Abbildung Anhang 3.3:** Wie lange wird die Rezession nach Ihrer Einschätzung andauern? *Quelle:* Europa, 1.102 Teilnehmende, Alter 15 bis 65 Jahre.

# Anhang 4 – Fallbeispiel 1: Der Reisemarkt

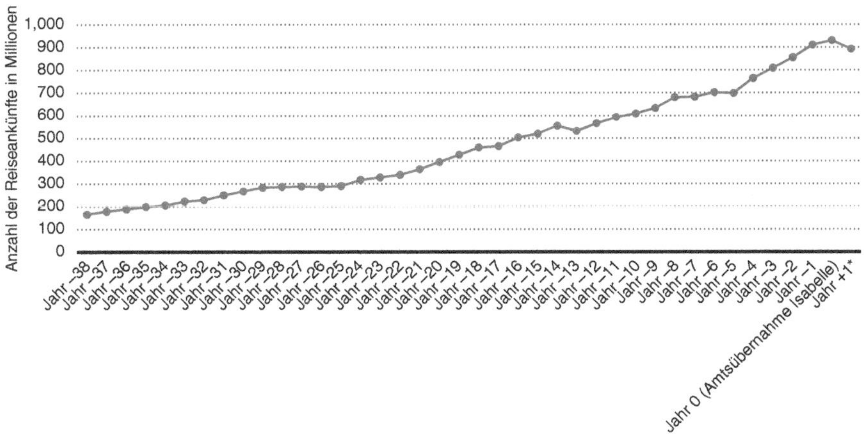


**Abbildung Anhang 4.1:** Weltweites Tourismusaufkommen nach Anzahl der Ankünfte in den Jahren - 8 bis Jahr 0 (Amtsübernahme von Isabelle) mit Prognose für Jahr +1 (in Millionen). *Quellen:* Weltweit * Prognose für Jahr +1.

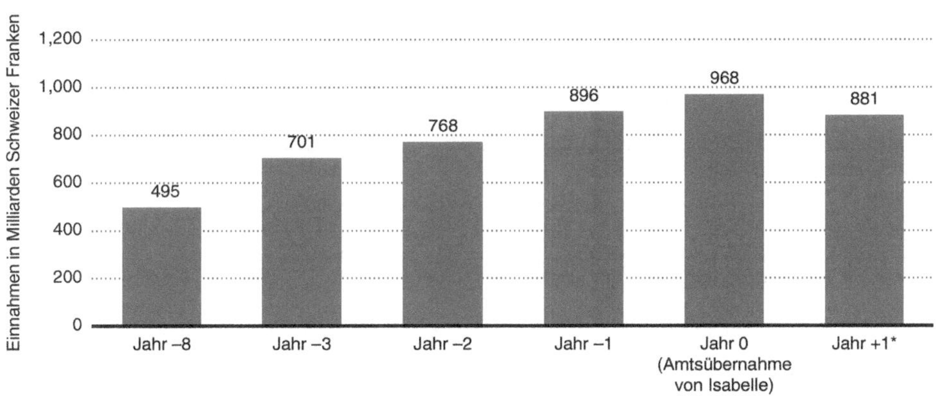


**Abbildung Anhang 4.2:** Weltweite Tourismuseinnahmen von Jahr -8 bis Jahr 0 (Amtsübernahme Isabelle) mit Prognose für Jahr +1 (in Milliarden Schweizer Franken). *Quellen:* Weltweit * Prognose für Jahr +1.

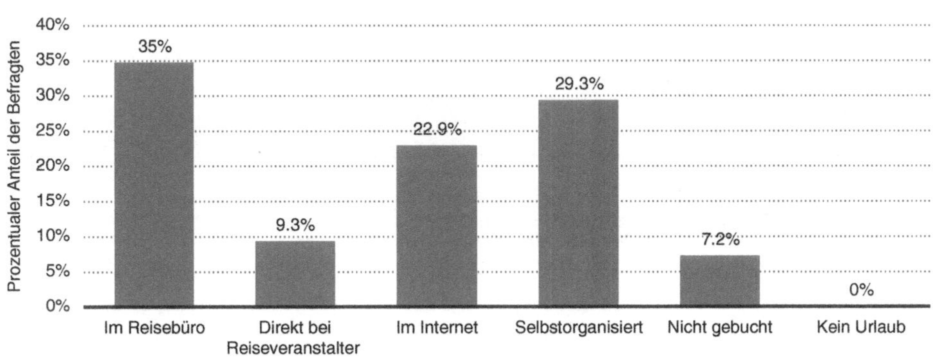


**Abbildung Anhang 4.3:** Umfrage zum Ort der Reisebuchung (z. B. Reisebüro, Internet usw.). *Quelle:* EU.

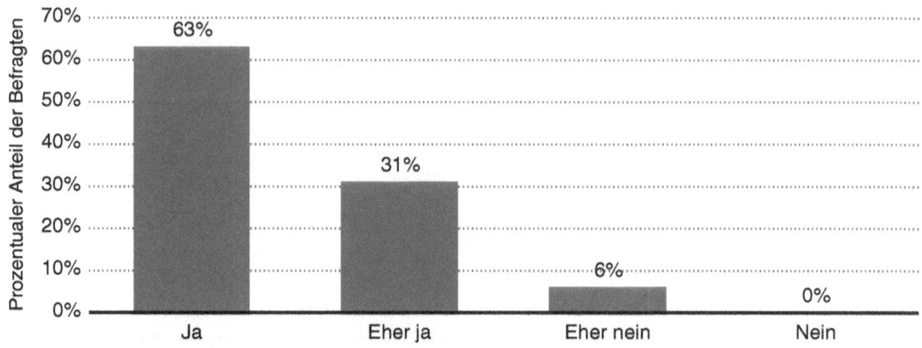


**Abbildung Anhang 4.4:** Prozentualer Anteil des Preisanstiegs, Übernachtungsabgabe, Luftverkehrsabgabe und andere Gebühren. Erwarten Sie, dass Reisen im Jahr +1 teurer wird? *Quelle:* EU, 2010, 252 Befragte, Entscheidungsträger*innen (Geschäftsleitung, Vertriebs- und Marketingmanagement usw.) in Unternehmen aus der Tourismusbranche.

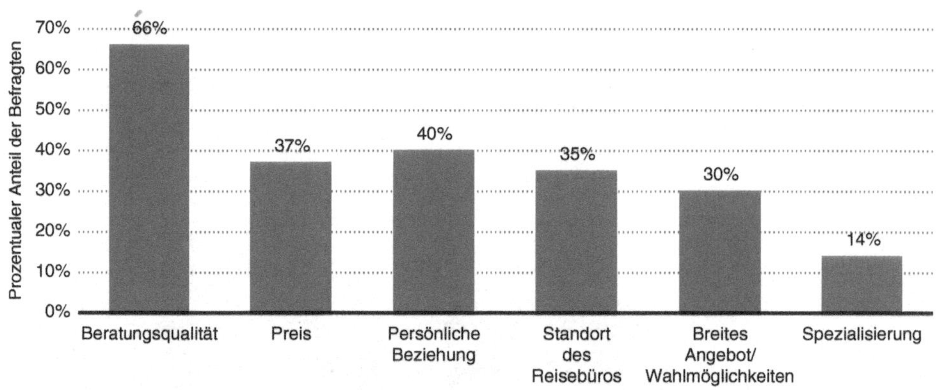


**Abbildung Anhang 4.5:** Was ist für Sie bei der Wahl eines Reisebüros wichtig? Ausgewählte Kriterien für die Schweiz im Jahr 0 (Amtsübernahme Isabelle). *Quellen:* 1.024 Umfrageteilnehmende.

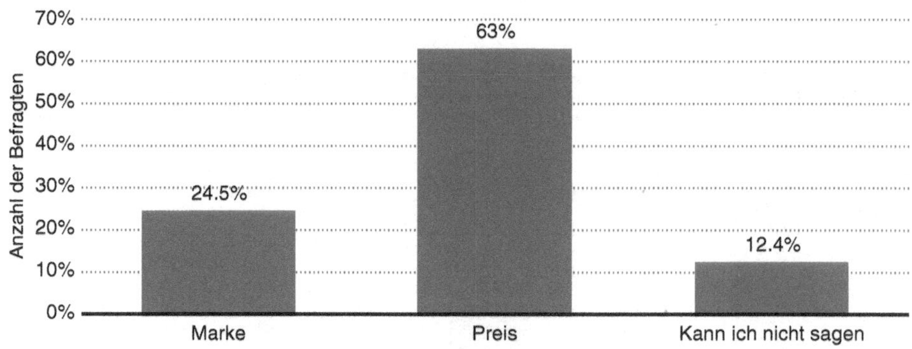


**Abbildung Anhang 4.6:** Achten Sie bei der Buchung einer Reise mehr auf die Marke/den Reiseveranstalter oder auf den Preis? Markenbewusstsein und Preisbewusstsein bei der Reisebuchung im Jahr 0 (Amtsübernahme Isabelle). *Quelle:* Europa.

## Anhang 5 – Fallbeispiel 1: Die finanzielle Situation

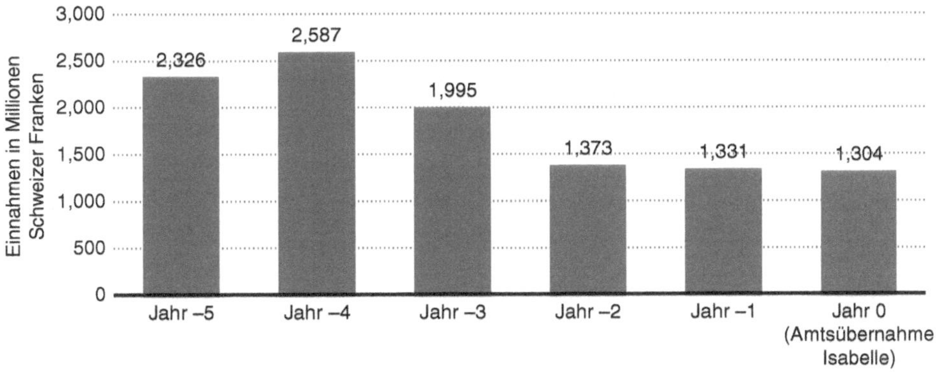


**Abbildung Anhang 5.1:** Einnahmen der ATG von Jahr -5 bis Jahr 0 (Amtsübernahme Isabelle).

| | Jahr -2 (Mayer ist CEO) | Jahr -1 (Mayer ist CEO) | Jahr 0 (Isabelle wird CEO) | Jahr +1 (Prognose CFO) | Jahr +2 (Prognose CFO) |
|---|---|---|---|---|---|
| Einnahmen | 1.373 | 1.331 | 1.304 | 1.199 | 1.152 |
| Brutto-Betriebsergebnis | 259 | 260 | 254 | 222 | 225 |
| Vertriebskosten | 241 | 141 | 139 | 143 | 141 |
| Deckungsbeitrag 1 | 118 | 119 | 115 | 79 | 84 |
| Marketing/Customer Service/Ops. | 35 | 35 | 36 | 37 | 35 |
| Deckungsbeitrag 2 | 83 | 84 | 79 | 42 | 49 |
| Zentrale Dienste (HR, IT, Finanzen) | 28 | 28 | 29 | 29 | 29 |
| Deckungsbeitrag 3 | 55 | 56 | 50 | 13 | 20 |
| Abschreibungen | 23 | 23 | 23 | 24 | 24 |
| Sonderposten | 0 | 0 | 0 | 0 | 0 |
| Gewinn vor Steuern und Zinsen | 32 | 33 | 27 | -11 | -4 |
| Zinsen | 1 | 1 | 11 | 1 | 1 |
| Steuern | 9 | 8 | 7 | -2 | -1 |
| Nettogewinn | 22 | 24 | 19 | -10 | -4 |

**Abbildung Anhang 5.2:** Erfolgsrechnung der ATG (in Millionen Schweizer Franken).

| Bilanz | Jahr -2 (Mayer ist CEO) | Jahr -1 (Mayer ist CEO) | Jahr 0 (Isabelle wird CEO) | Jahr +1 (Prognose CFO) | Jahr +2 (Prognose CFO) |
|---|---|---|---|---|---|
| Umlaufvermögen | 218 | 211 | 207 | 190 | 182 |
| Sachanlagen und Ausrüstung | 349 | 347 | 345 | 343 | 345 |
| Aktiva | 567 | 558 | 551 | 533 | 525 |
| Kurzfristige Verbindlichkeiten | 361 | 351 | 343 | 315 | 303 |
| Langfristige Verbindlichkeiten | 33 | 32 | 26 | 45 | 53 |
| Eigenkapital | 173 | 175 | 181 | 173 | 189 |
| Passiva | 567 | 558 | 552 | 534 | 525 |
| Kapitalflussrechnung | | | | | |
| Nettogewinn | 22 | 24 | 19 | -10 | -4 |
| + Abschreibungen | 23 | 23 | 23 | 24 | 24 |
| - Erhöhung Umlaufvermögen | 0 | 7 | 4 | 17 | 8 |
| + Erhöhung kurzfristiger Verbindlichkeiten | 0 | -10 | -8 | -28 | -12 |
| = Operativer Freier Cashflow | 45 | 44 | 38 | 3 | 16 |
| Investitionen | -24 | -21 | -20 | -22 | -22 |
| Langfristige Verbindlichkeiten | 0 | -1 | -6 | +19 | =8 |
| Cashflow vor Dividenden | 21 | 22 | 12 | 0 | 2 |
| Dividenden | 20 | -16 | -11 | 0 | 0 |

**Abbildung Anhang 5.3:** Bilanz und Kapitalflussrechnung ATG (in Millionen Schweizer Franken).

| Dezile | Deckungsbeitrag 1 (%) | % in der Schweiz | Durchschnittsalter Jahre | Geschäftsstellen <3 Jahre alt |
|---|---|---|---|---|
| 1 | 23 | 53 | 33 | 0 |
| 2 | 20 | 44 | 26 | 0 |
| 3 | 18 | 70 | 25 | 5 |
| 4 | 17 | 26 | 31 | 0 |
| 5 | 17 | 70 | 15 | 9 |
| 6 | 12 | 53 | 31 | 10 |
| 7 | 9 | 35 | 12 | 42 |
| 8 | 2 | 18 | 4 | 85 |
| 9 | -10 | 18 | 18 | 11 |
| 10 | -18 | 9 | 12 | 7 |

**Abbildung Anhang 5.4:** Verteilung der ATG-Reisebüros nach Deckungsbeitrag, Standort und Alter.

# Anhang 6 – Digitale Trends in der Reisebranche

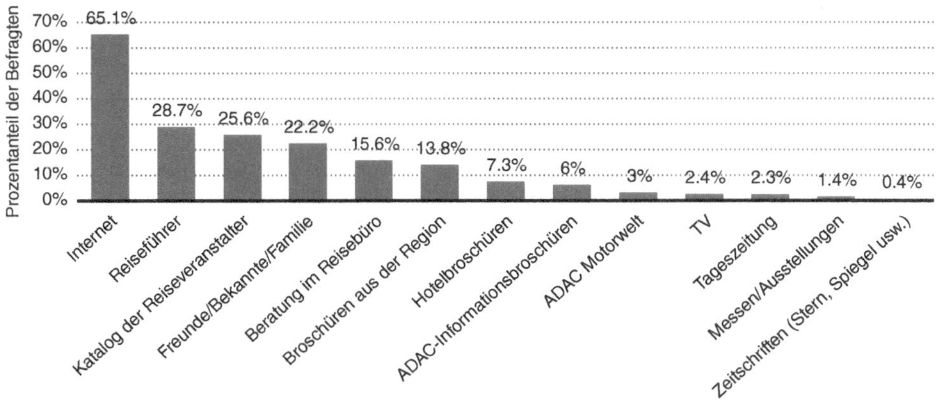


**Abbildung Anhang 6.1:** Informationsquellen, die für Urlaubsplanung in eigener Regie genutzt wurden. *Quellen:* EU, ca. 4.000 private Haushalte.

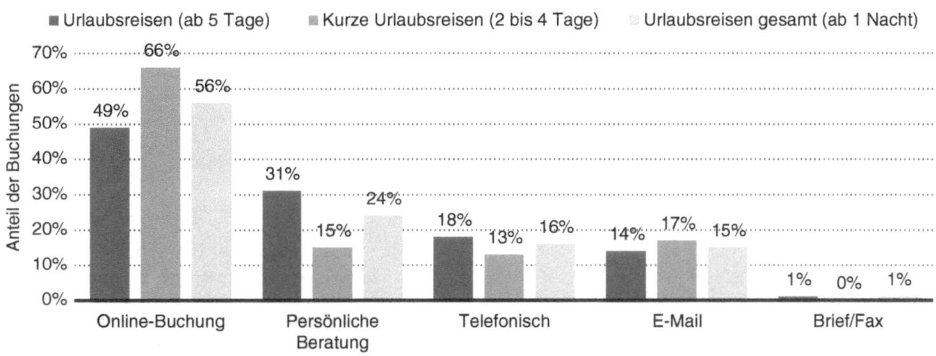


**Abbildung Anhang 6.2:** Verteilung der Urlaubsreisen in Europa nach Länge und Buchungsmethode. *Quellen:* Europa, n = 6.207 Befragte, 14 Jahre oder älter.

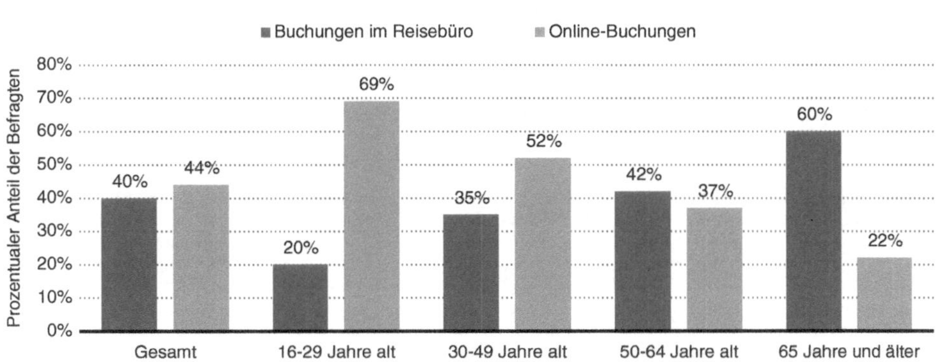


**Abbildung Anhang 6.3:** Wo buchen Sie gewöhnlich Individualreise-Serviceleistungen? Umfrage zum Buchungsort. *Quellen:* 1.007 Befragte, 16 Jahre und älter.

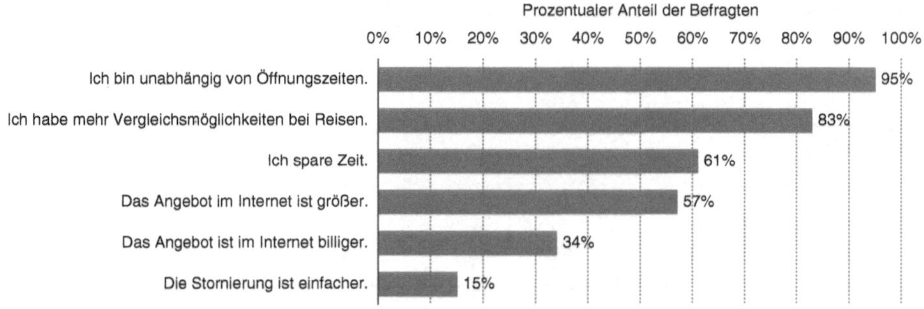


**Abbildung Anhang 6.4:** Warum buchen Sie Individualreise-Serviceleistungen gewöhnlich online statt offline? Umfrage zu den Gründen der Online-Urlaubsreisebuchungen. *Quellen:* Europa, 399 Befragte, 16 Jahre und älter.

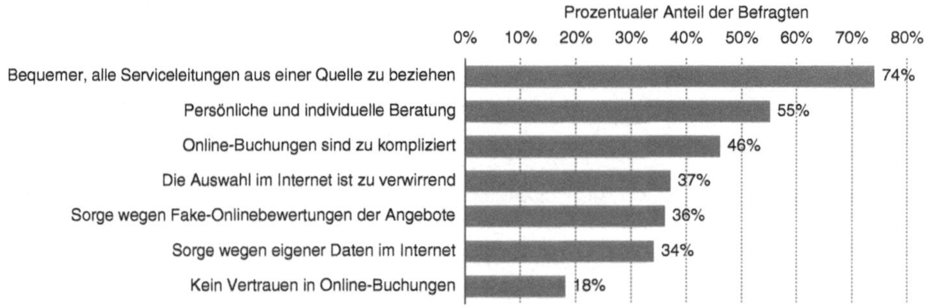


**Abbildung Anhang 6.5:** Warum buchen Sie Individualreise-Serviceleistungen nicht im Internet? Umfrage zu den Gründen der Offline-Urlaubsreisebuchungen. *Quellen:* Europa, 1.007 Befragte, 16 Jahre und älter.

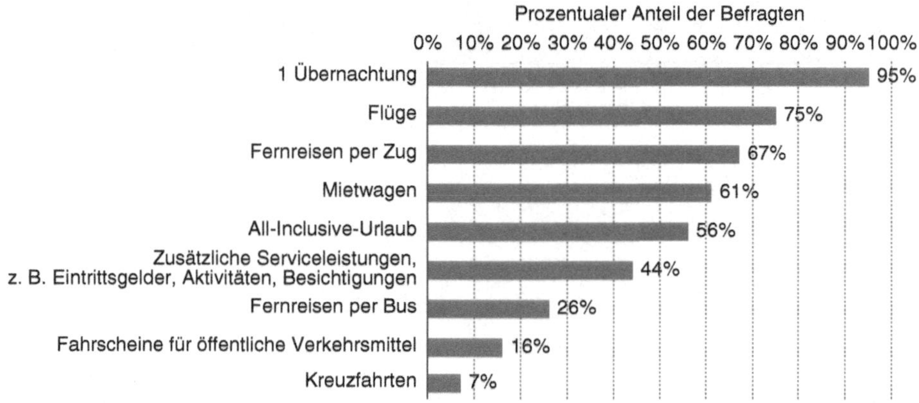


**Abbildung Anhang 6.6:** Welche Reise- und Urlaubs-Serviceleistungen haben Sie schon im Internet erworben oder gebucht? Umfrage zur Buchung von Reise-Serviceleistungen im Internet. *Quellen:* Europa, 399 Online-Bucher*innen, 16 Jahre und älter.

# Anhang 7 – Fallbeispiel 2: Wettbewerbsmonitoring

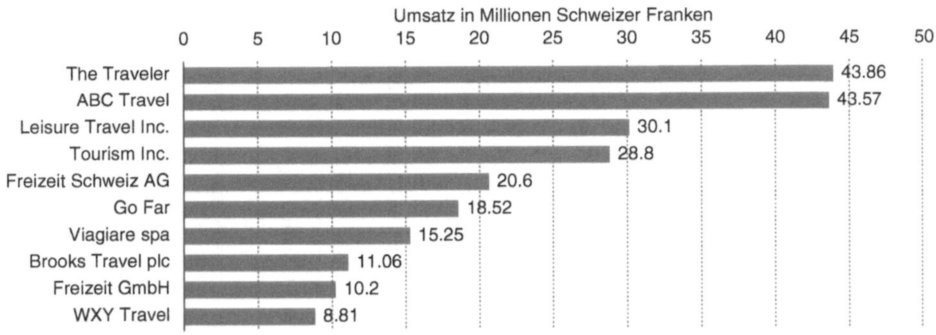


**Abbildung Anhang 7.1:** Die größten Reiseveranstalter in Europa im Jahr 0 (Amtsübernahme Isabelle) nach Umsätzen (in Millionen Schweizer Franken). *Quellen:* EU.

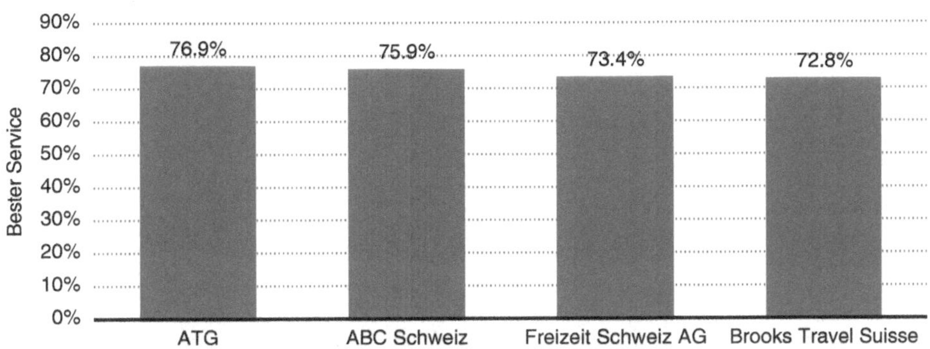


**Abbildung Anhang 7.2:** Ranking der Reiseveranstalter in der Schweiz mit dem besten Service im Jahr 0 (Amtsübernahme Isabelle). *Quellen:* Schweiz, 300 Kundinnen und Kunden, 14 Jahre und älter (je nach Branche), repräsentative Stichprobe, Top 5.

# Anhang 8 – Fallbeispiel 2: Trends und SWOT-Analyse

*Online-Markt*: Es ist kein Geheimnis, dass Planung und Buchung von Tourismus-Serviceleistungen inzwischen auch digital stattfinden. Buchungsplattformen wie Booking.com verdrängen immer mehr Reisebüros und Reiseveranstalter mit physischer Infrastruktur.

*Digital gestützte Reisen*: Reisen werden zunehmend digitalisiert. Von QR-Codes und Gesichtserkennungssoftware an den Flughäfen bis hin zu Wifi und Robotern in Hotels oder standortbezogenen Serviceleistungen in Großstädten kommt die Technologie überall zum Einsatz, um das Reisen einfacher, angenehmer und effizienter zu machen. Quelle: Possessed Photography/Un Splash

*VR-Erlebnisse*: Menschen legen Wert auf einzigartige, faszinierende Erfahrungen, wenn sie verreisen. Viele wünschen sich aber auch authentische Erlebnisse, ohne auf Reisen zu gehen. Virtual Reality bietet die Möglichkeit immersiver Erfahrungen, das Eintauchen in eine computergenerierte Umgebung in Echtzeit, zum Beispiel in Form von Simulationen und Spielen aller Art. Ein Abstecher in die virtuelle Welt könnte vor allem für Reisende interessant sein, die sich schon vor der Abreise ein Bild von den Attraktionen an ihrem weit entfernten Urlaubsort machen wollen. Quelle: Rawpixel.com/Adobe

*Primär mobil*: Reiseerfahrungen werden zunehmend digital und mobil organisiert. Das Smartphone ist ein ständiger Begleiter aller gut vernetzten Touristen. Dank der zahlreichen Funktionen kann es zum Telefonieren, zum Surfen in verschiedenen sozialen Netzwerken und zur Aufnahme qualitativ hochwertiger und erinnerungswürdiger Fotos genutzt werden. Ungefähr 68 Prozent der Touristen halten auch nach Informationen via Mobiltelefon statt Computer oder Tablet Ausschau; für 42 Prozent der Umfrageteilnehmenden ist das Smartphone unverzichtbar, um Reiseerlebnisse auf Social-Media-Profilen zu teilen; und 39 Prozent geben damit Kommentare und Bewertungen auf verschiedenen Apps und Websites ab (statista.com).

*Gaming*: Bei Städtetrips gibt es eine neue Aktivität, die immer erfolgreicher wird: Indoor Virtual Reality (in geschlossenen Räumen; die Sensoren werden am Körper getragen). Gleich ob Virtual Reality Escape Rooms oder Laser Tags (Spiele, bei denen mehrere Teilnehmende als Team versuchen, Aufgaben in verschiedenen Räumen zu erfüllen) – die Gamifizierung ist ein rasant zunehmender Trend und bei Städtetrips nahezu ein Muss. Quelle: Imaginechina Limited/Alamy Stock Photo

**Abbildung Anhang 8.1:** Aktuelle Trends in der Reisebranche, 1.

*Erlebnistourismus*: Viele Menschen haben keine Lust mehr auf Reisen nach konventionellem Muster. Sie sind bereit, mehr für einen Urlaub mit Erfahrungen auszugeben, die man nur einmal im Leben macht und die für immer im Gedächtnis bleiben. Es muss sich dabei nicht um atemberaubende Abenteuer handeln, sondern um hautnahe, erinnerungswürdige und vor allem individuelle Erlebnisse. Airbnb weist in der Werbung für die Unterkünfte bei privaten Gastgeber*innen, die das Unternehmen vermittelt, darauf hin. Auf der Airbnb-Website werden in nahezu jeder größeren Ortschaft weltweit Unterbringungsmöglichkeiten und Erlebnisse aller Art angeboten, abgestimmt auf die Kundenbedürfnisse. Quelle: mannmayvinze/Shutterstock

*Ökotourismus*: Verständlicherweise machen sich heute mehr Menschen als je zuvor Sorgen um die Umwelt und die Auswirkungen, die ihre Reisepläne darauf haben. Sie wissen um die $CO_2$-Emissionen, die dabei entstehen, und überlegen, wie sie umweltfreundlicher reisen könnten. Sie halten nach ethisch vertretbaren Reiseoptionen Ausschau, und das gilt für alle Sektoren der Tourismusindustrie. Ein Beispiel ist die gestiegene Nachfrage nach E-Leihwagen. Quelle: Rupesh Sali/Shutterstock

*Lokale kulturelle Reiseerfahrungen*: Im Social-Media-Zeitalter sind authentische Erfahrungen wichtiger denn je und genau das, was viele Touristen heute verlangen. Daher bevorzugen sie Reisen, die ihnen ermöglichen, die lokale Kultur hautnah und mit allen Sinnen mitzuerleben, statt ihren Urlaub in einem Touristen-Ghetto zu verbringen. Immer weniger Menschen interessieren sich für Reiseerlebnisse aus der Retorte. Quelle: Steven Rio/Shutterstock

*Personalisierung*: Heute wird alles Mögliche mit einem individuellen Stempel versehen, weil Kundinnen und Kunden es verlangen. Die Reise- und Tourismusbranche ist von diesen Veränderungen nicht verschont geblieben. Die Reiseerfahrungen sollten auf die jeweiligen Ideen, Prioritäten und Bedürfnisse abgestimmt sein, und es wird erwartet, dass die Reiseunternehmen dieser Anforderung gerecht werden. Quelle: Helena Lopes/Pexels

*Leisure Travel = Bleisure Travel*: Der High-End-Markt der Reisebranche ist zunehmend auf Geschäftsreise-Buchungen fokussiert. Viele Spitzenunternehmen nutzen Gruppenreisen und Freizeitveranstaltungen, um Erfahrungen zu teilen und den Teamgeist zu stärken. Die Kombination aus Geschäfts- und Freizeitreisen wird als Bleisure Travel (= Business + Leisure) bezeichnet. Gewöhnlich sind diese Reisen, die einige der weltweit größten Unternehmen nutzen, im oberen Marktsegment verortet. Infolgedessen müssen sie maßgeschneidert werden, um den Bedürfnissen der Klientel zu entsprechen und gleichzeitig dem Freizeitaspekt der Reise Rechnung zu tragen. Quelle: Muhammedkazeez/Shutterstock

**Abbildung Anhang 8.2:** Aktuelle Trends in der Reisebranche, 2.

| | Segment Größe | Wachstum | Relevanz US | Relevanz EU | Relevanz Asien | Kompetenz ATG |
|---|---|---|---|---|---|---|
| Online-Markt | +++++ | ++++ | +++++ | +++++ | +++++ | + |
| Digital gestützte Reisen | ++ | ++++ | +++ | +++ | +++++ | + |
| VR-Erlebnisse | + | +++++ | +++ | +++ | +++++ | + |
| Primär mobil | ++++ | +++++ | ++++ | +++ | +++++ | + |
| Gaming | + | +++++ | +++ | ++ | +++++ | + |
| Erlebnistourismus | +++ | +++++ | ++++ | ++++ | ++ | +++ |
| Ökotourismus | ++ | +++++ | +++ | +++++ | + | + |
| Lokale kulturelle Erlebnisse | + | +++ | +++ | +++++ | + | ++ |
| Personalisierung | ++ | +++ | ++++ | +++++ | + | +++++ |
| Leisure/Bleisure Travel | ++++ | ++++ | +++++ | +++ | ++ | ++ |

**Abbildung Anhang 8.3:** Aktuelle Trends in der Reisebranche: Größe und Wachstum von Teilmärkten/Serviceleistungen.

| Stärken | Chancen |
|---|---|
| • Traditionelles Unternehmen mit sehr guter landesweiter Reputation<br>• Wettbewerbsvorteil in Planung, Gestaltung und Koordination von Reisen (Beratung)<br>• Umfangreiche Produktpalette<br>• Großes Reisebüro-Netzwerk/starke Präsenz in Europa | • Reisen ist langfristig ein attraktiver Wachstumsmarkt in etablierten und aufstrebenden Märkten<br>• Zunehmender Wohlstand und Nachfrage nach Erlebnisreisen in Asien, Lateinamerika und Afrika<br>• Konsolidierung der Branche<br>• Mehrere Trends, auf geführte Reisen im arktischen Raum zugeschnitten<br>• Einbeziehung der Technologie |
| **Schwächen** | **Risiken** |
| • Analysten beschreiben das Unternehmen als starr – es hat sich im Lauf der Jahre kaum verändert<br>• Abhängigkeit von Europa und der DACH-Region (Deutschland, Österreich, Schweiz)<br>• Keine Marktattraktion im B2B-Geschäft<br>• Umsatz stagniert unter durchschnittlichem Wachstumsniveau<br>• Mittelständischer Reiseveranstalter in Europa (Top 12)<br>• Geringe Rentabilität | • Aufstrebende digitale Konkurrenten<br>• Globale Wirtschaft in einer Rezession<br>• Rückläufiger Reisemarkt<br>• Veränderung der Kundenbedürfnisse<br>• Intensiver Wettbewerb mit vielen Teilnehmenden |

**Abbildung Anhang 8.4:** SWOT-Analyse (Stärken, Schwächen, Chancen, Risiken) der ATG im Jahr 0 (Amtsübernahme Isabelle).

## Anhang 9 – Fallbeispiel 3: Internationale Expansionsdaten

| Jahr | Freier Cashflow für Investitionen in Nordamerika | Freier Cashflow für Investitionen in Asien | Diskontsatz (%) |
|---|---|---|---|
| 1 (Aktuelles Datum) | -1.504 | -2.967 | |
| 2 | 341 | 711 | |
| 3 | 580 | 987 | 12 |
| 4 | 735 | 1546 | |
| 5 | 903 | 2307 | |

**Abbildung Anhang 9.1:** Daten zur geplanten Expansion in Nordamerika oder Asien (in Tausend Schweizer Franken)

# Anhang 10 – Fallbeispiel 4: Belegschaftsumfrage ATG

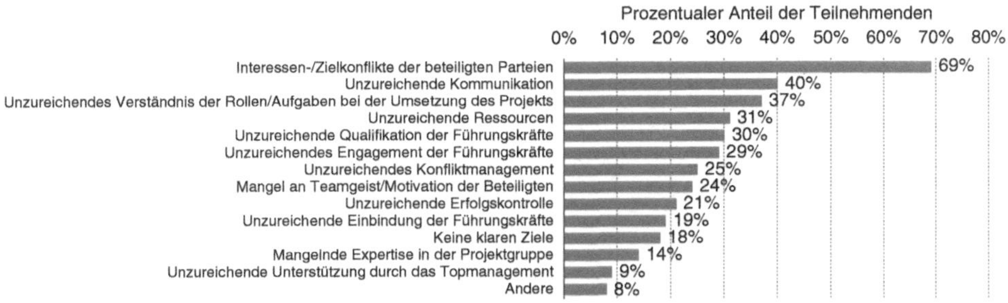


**Abbildung Anhang 10.1:** Allgemeine Einschätzung der Mitarbeitenden hinsichtlich der größten Schwierigkeiten und Probleme im Transformationsprozess der ATG. *Quellen:* ATG-Belegschaftsangehörige, 301 Befragte.

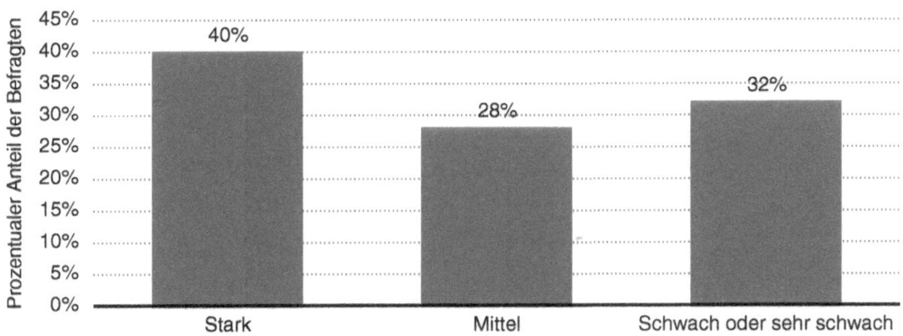


**Abbildung Anhang 10.2:** Wie stark ist die innere Bindung an Ihr Unternehmen? *Quellen:* ATG-Belegschaftsangehörige, 261 Befragte.

# Literaturverzeichnis

Addicott, M.A., Pearson, J.M., Froeliger, B., Platt, M.L und McClernon, F.J.: »Smoking automaticity and tolerance moderate brain activation during explore–exploit behavior«, *Psychiatry Research: Neuroimaging* 224(3), 2014, S. 254–261, https://doi.org/10.1016/j.pscychresns.2014.10.014.

Almaatouq, A., Alsobay, M., Yin, M. und Watts, D. J.: »Task complexity moderates group synergy«, *PNAS* 118(38), 2021, https://doi.org/10.1073/pnas.2101062118.

Anderson, R.J. und Adams, W.A.: *Mastering Leadership: An Integrated Framework for Breakthrough Performance and Extraordinary Business Results*, Wiley, Hoboken, NJ 2015.

Andrews, E.: »Who were the Luddites?« https://www.history.com/news/who-were-the-luddites, 2019.

Ashkenas, R.: »Change management needs to change«, *Harvard Business Review*, 16. April 2013.

Bajraktarov, S., Novotni, A., Arsova, S., Gudeva-Nikovska, D. und Vujovik, V.: »Character and temperament dimensions in subjects with depressive disorder: Impact of the affective state on their expression«, *Open Access Macedonian Journal of Medical Science* 5(1), 2017, S. 64–67, https://doi.org/10.3889/oamjms.2017.022

Bakos, R. und Jolton, J.: »Stability is an illusion – take a closer look. Global trends in employee engagement«, 2022, *Kincentric*. www.kincentric.com/-/ media/kincentric/2022/GTEE/Global_Trends_in_Employee_Engagement_2022.pdf

Balcetis, E. und Dunning, D.: Wishful seeing: »More desired objects are seen as closer«, *Psychological Science* 21(1), 2010, S. 147–152, https://doi.org/10.1177/0956797609356283

Barba, V.: »Kite gets freedom to fly after separation from Gilead«, *Bio Pharma Reporter*, 8. Mai 2019, https://www.biopharma-reporter.com/article/2019/05/08/gilead-separates-kite-pharma, abgerufen am 6. Juni 2023.

Basford, T. und Schaninger, B.: »The four building blocks of change. Four key actions influence employee mind-sets and behavior«, *McKinsey Quarterly*, April 2016.

Basso, J.C., McHale, A., Ende, V., Oberlin, D.J., Suzuki, W.A.: »Brief, daily meditation enhances attention, memory, mood, and emotional regulation in non-experienced meditators«, *Behavioral Brain Research* 356, 2019, S. 208–220, https://doi:10.1016/j.bbr.2018.08.023

Bechara, A.: »Decision making, impulse control and loss of willpower to resist drugs: A neurocognitive perspective«, *Nature Neuroscience* 8(11), 2005, S. 1458–1463, https://doi.org/10.1038/nn1584

Beer, M. und Nohria, N: »Cracking the code of change«, *Harvard Business Review* 78(3), 2000, S. 133–141, 216.

Beinhocker, E.D: *The Origino Of Wealth: Evolution, Complexity, and the Radical Remaking of Economics*, Harvard Business School Press, Boston 2006.

Birkinshaw, J., Zimmermann, A. und Raisch, »How do firms adapt to discontinuous change? Bridging the dynamic capabilities and ambidexterity perspectives«, *California Management Review* 58(4), S. 2016), S. 36–58. https://doi.org/10.1525/cmr.2016.58.4.36

Bloomfield, B.P. und Dale, K.: »Limitless? Imaginaries of cognitive enhancement and the labouring body«, *History of the Human Sciences* 33(5), 2020), S. 37–63. https://doi.org/10.1177/0952695119888995

Bolte-Taylor, J: *Mit einem Schlag*, Knaur, München 2010.

Brauer, M. und Laamanen, T.: »Workforce downsizing and firm performance: An organizational routine perspective«, *Journal of Management Studies* 51, 2014, https://doi.org/10.1111/joms.12074

Brown, K.M., Hoye, R. und Nicholson, M.: »Self-esteem, self-efficacy, and social connectedness as mediators of the relationship between volunteering and well-being, *Journal of Social Service Research* 38(4), 2012, S. 68–483, https://doi.org/10.1080/01488376.2012.687706

Brusoni, S. und Laureiro-Martinez, D.: »Cognitive flexibility and adaptive decision-making: Evidence from a laboratory study of expert decision makers«, *Strategic Management Journal*, 18. Januar 2018, https://doi.org/10.1002/smj.2774

Brusoni, S., Laureiro-Martínez, D., Canessa, N. und Zollo, M.: »Exploring exploration: The role of affective states as forces that hinder change«, *Industrial and Corporate Change* 29(1), 2020, S. 207–223, https://doi.org/10.1093/icc/dtz070

Brusoni, S., Feser, C. und Laureiro-Martinez, D.: »The neuroscience of decision making under uncertainty«, Chapter submitted, 2023.

Calabretta, G., Gemser, G. und Wijnberg, N.M.:« The interplay between intuition and rationality in strategic decision making: A paradox perspective«, *Organization Studies* 38(3–4), 2017, S. 365–401, https://doi.org/10.1177/0170840616655483

Camuffo, A., Cordova, A., Gambardella, A. und Spina, C.: »A scientific approach to entrepreneurial decision making: Evidence from a randomized control trial«, *Management Science* 66(2), 2020, S. 564–586, https://doi.org/10.1287/mnsc.2018.3249

Carmeli, A.: »Top management team behavioral integration and the performance of service organizations«, *Group and Organization Management* 33(6), 2008, S. 712–735, https://doi.org/10.1177/1059601108325696

Carmeli, A. und Halevi, M.Y.: »How top management team behavioral integration and behavioral complexity enable organizational ambidexterity: The moderating role of contextual«, *The Leadership Quarterly* 20(2) 2009, S. 207–218, https://doi.org/10.1016/j.leaqua.2009.01.011

Cattell, R.B.: *Intelligence: Its Structure, Growth, and Action*, North-Holland, Amsterdam 1987

Chee, M.W.L. und Chuah, L.Y.M.: »Functional neuroimaging insights into how sleep and sleep deprivation affect memory and cognition«, *Current Opinion in Neurology* 21(4), 2008, S. 417–423, https://doi.org/10.1097/WCO.0bref3e3283052cf7

Cloninger, C.R.: *The Temperament and Character Inventory (TCI): A Guide to Its Development and Use*, Center for Psychobiology of Personality, St. Louis, MO, Washington University 1994.

Cloninger, C.R., Svrakic, D.M. und Przybeck, T.R.: »A psychobiological model of temperament and character«, *Archives of´General Psychiatry* 50(12), 1993, S. 975–990. https://doi.org/10.1001/ archpsyc.1993.01820240059008

Cockburn, J., Man, V., Cunningham, W. und O'Doherty, J.P.: »Novelty and uncertainty interact to regulate the balance between exploration and exploitation in the human brain«, *Neuroscience* 2021, https://doi.org/10.1101/2021.10.13.464279

Cohen, J.D., McClure, S.M. und Yu, A.J.: »Should I stay or should I go? How the human brain manages the trade-off between exploitation and exploration«, *Philosophical Transactions of the Royal Society B: Biological Sciences* 362(1481), 2007, s. 933–942. https://doi.org/10.1098/rstb.2007.2098

Cole, S., Balcetis, E. und Zhang, S.: »Visual perception and regulatory conflict: Motivation and physiology influence distance perception«, *Journal of Experimental Psychology: General* 142(1), 2013, S. 18–22. https://doi.org/10.1037/a0027882

Comaford, C.: »Achieve your goals faster: The latest neuroscience of goal attainment«, *Forbes*, 22. November 2015

Congleton, C., Hölzel, B.K. und Lazar, S.W.: »Mindfulness can literally change your brain«, *Harvard Business Review*, 8. Januar 2015

Dane, E. und Pratt, M.G.: »Exploring intuition and its role in managerial decision making«, *Academy of Management Review* 32(1), 2007, https://doi.org/10.5465/ amr.2007.23463682

Davidson, R.J.: *The Emotional Life of Your Brain: How Ist Unique Patterns Affect the Way You Think, Feel, and Live, and How You Can Change Them*, Hudson Street Press, New York 2012

Deák, G.O.: »The development of cognitive flexibility and language abilities, in R.V. Kail (Hrsg.), *Advances in Child Development and Behavior*, Bd. 31, Academic Press, New York, S. 271–327

Descartes, R.: *Abhandlung über die Methode*, Create Space Independent Publishing Plattform 2013

De Smet, A., Jost, G. und Weiss, L.: »Three keys to faster, better decisions, *McKinsey Quarterly*, Mai 2019

Diamond, A.: »Executive functions. *Annual Review of Psychology* 64, 2013, S. 135–168. https://doi.org/10.1146/annurev-psych- 113011-143750

Dodich, A., Zollo, M., Crespi, C., Cappa, S.F., Laureiro Martinez, D., Falini, A. und Canessa, N.: »Short-term Sahaja Yoga meditation training modulates brain structure and spontaneous activity in the executive control network«, *Brain and Behavior* 9(1), 2019, S. e01159. https://doi.org/10.1002/brb3.1159

Drucker, P.F.: »The manager and the moron«, *McKinsey Quarterly*, 1. Dezember 1967.

Dubois, M., Habicht, J., Michely, J., Moran, R., Dolan, R.J., und Hauser, T.U.: »Human complex exploration strategies are enriched by noradrenaline-modulated heuristics«, *ELife* 10, 2021, S.e59907. https://doi.org/10.7554/eLife.59907

Duhigg, C.: »What Google learned from its quest to build the perfect team« *The New York Times*, 25. Februar 2016, https://www.nytimes.com/2016/02/28/magazine/what-google-learned-from-its-quest-to-build-the-perfect- team.html

Durmer, J.S. und Dinges, D.F.: »Neurocognitive consequences of sleep deprivation«, *Seminars in Neurology* 25(01), 2005, S. 117– 129, https://doi.org/10.1055/s-2005-867080

Dweck, C.S.: *Mindset: The New Psychology of Success*, Ballantine Books, New York 2006

Edmondson, A.: »Psychological safety and learning behavior in work teams«, *Administrative Science Quarterly* 44(2), 1999, S. 350–383, https://doi.org/10.2307/2666999

Ekman, P.: *Emotions Revealed: Recognizing Faces and Feelings to Improve Communication and Emotional Life*, St. John's Press, New York 2007

Ewenstein, B., Smith, W. und Sologar, A.: »Changing change Management«, *McKinsey Digital*, Juli 2015

Fehr, E. und Falk, A.: »Psychological foundations of incentives«, *European Economic Review* 46, 2002, S. 687–724

Fehr, E. und Gächter, S.: »Cooperation and punishment in public good experiments«, *American Economic Review* 90(4), 2000, S. 980–994. https://doi.org/10.1257/aer.90.4.980

Feser, C.: *Serial Innovators: Firms That Change the World*, John Wiley and Sons, Inc., Hoboken, NJ 2011

Feser, C.: »*When Execution Isn't Enough: Decoding Inspirational Leadership*, John Wiley and Sons, Inc.Hoboken, NJ 2016

Feser, C., Rennie, M. und Nielsen, N.C.: *Leadership at Scale. Better Leaders, Better Results*, Nicholas Brealey Publishing, London 2018

Fisher, M. und Keil, F.C.: »The binary bias: A systematic distortion in the integration of information«, *Psychological Science* 29(11), 2018, S. 1846–1858, https://doi.org/10.1177/0956797618792256

Fleming, S.M.: »The power of reflectons«, *Scientific American Mind* 25(5), 2014, S. 30–37, https://doi.org/10.1038/scientificamericanmind0914-30

Gershman, S.J. und Tzovaras, B.G.: »Dopaminergic genes are associated with both directed and random exploration«, *Neuropsychologia* 120, 2018, S. 97–104. https://doi.org/10.1016/j.neuropsychologia 2018.10.009

Geurts, H.M., Corbett, B. und Solomon, M.: »The paradox of cognitive flexibility in autism«, *Trends in Cognitive Sciences* 13(2), 2009, S. 74–82. https://doi.org/10.1016/j.tics.2008.11.006.

Gibson, C.B. und Birkinshaw, J.: »The antecedents, consequences, and mediating role of organizational ambidexterity«, *Academy of Management Journal*, 47(2), 2004, S. 209–226. https://doi.org/10.2307/20159573

Gilovich, T., Griffin, D. und Kahneman, D.: *Heuristics and Biases: The Psychology of Intuitive Judgment*, Cambridge University Press, New York 2002

Gist, M.E.: »Self-efficacy: Implications for organizational behavior and human resource management. *The Academy of Management Review*, 12(3), 1987, S. 472, https://doi.org/10.2307/258514

Gittins, J.C.: »Bandit processes and dynamic allocation indices«, *Journal of the Royal Statistical Society, Serien B* 41, 1979, S. 148–177

Gittins, J.C. und Jones, D.M.: »A dynamic allocation index for the sequential design of experiments, in J. Gans (Hrsg.), *Progress in Statistics*, North-Holland, Amsterdam, The Netherlands 1974, S. 241–266

Glöckner, A. und Witteman, C.: »Beyond dual-process models: A categorisation of processes underlying intuitive judgement and decision making, *Thinking and Reasoning* 16(1), 2010, S. 1–25, https://doi.org/10.1080/13546780903395748

Gneezy, U., Meier, S. und Rey-Biel, P.: »When and why incentives (don't) work to modify behavior, *Journal of Economic Perspectives* 25(4), 2011, S. 191–210

Grant, A.: *Die Kraft des flexiblen Denkens*, Piper, München 2024

Greene, J.: *Moral Tribes: Emotion, Reason, and the Gap Between Us and Them*, Penguin Books, New York 2014

Gurdjian, P., Halbeisen, T. und Lane, K.: »Why leadership-development programs fail«, *McKinsey Quarterly*, 1. Januar 2014

Hambrick, D.C.: »Top management groups: A conceptual integration and reconsideration of the »team« label. *Research in Organizational Behavior* 16, 1994a, S. 171

Hambrick, D.C.: »Corporate coherence and the top management Team«, in D.C. Hambrick, D.A. Nadler und M.L. Tushman (Hrsg.): *Navigating Change: How Ceos, Top Teams, and Boards Steer Transformation*, Harvard Business School Press, Boston, MA 1994, S. 123–140

Haney, A.B., Pope, J. und Arden, Z.: »Making it personal: Developing sustainability leaders in business«. *Organization and Environment* 33(2), 2020, S. 155–174, https://doi.org/10.1177/10860266 18806201

Harrison, E.F.: »A process perspective on strategic decision Making«, *Management Decision* 34(1), 1996, S. 46–53. https://doi.org/10.1108/00251749610106972

Hayward, J.W. und Varela, F.J.: *Gentle Bridges: Conversations with the Dalai Lama on the Science of the Mind*, Shambhala, Boston 1992

He, Z.-L. uand Wong, P.-K.: »Exploration vs. exploitation: An empirical test of the ambidexterity hypothesis, *Organization Science*, 15(4), 2004, S. 481–494. https://doi.org/10.1287/orsc.1040.0078

Heath, C. und Heath, D.: *Decisive: How to Make Better Choices in Life and Work*, Currency, New York 2013

Hill, S.A. und Birkinshaw, J.: »Ambidexterity and survival in corporate venture units«, *Journal of Management*, 40(7), 2014, S. 1899– 1931. https://doi.org/10.1177/0149206312445925

Hoffman, B.J., Woehr, D.J., Maldagen-Youngjohn, R. und Lyons, B.D.: »Great man or great myth? A quantitative review of the relationship between individual differences and leader Effectiveness«, *Journal of Occupational and Organizational Psychology*, 84(2), 2014, S. 347–381, https://doi.org/10.1348/096317909X485207

Honn, K.A., Hinson, J.M., Whitney, P. und Van Dongen, H.P.: »Cognitive flexibility: A distinct element of performance impairment due to sleep deprivation. *Accident Analysis Prevention* 126, 2019, S. 191–197. https://doi.org/10.1016/j.aap.2018.02.013

Hsu, A.: »America, we have a problem. People aren't feeling engaged with their work«, NPR, 25. Januar 2023, https://www.npr.org/2023/01/25/1150816271/employee-engagement-gallup-survey-workers-hybrid-remote

Janssen, C., Segers, E., McQueen, J. M. und Verhoeven, L.: »Lexical specificity training effects in second language learners: Lexical specificity training in L2 learners«, *Language Learning* 65(2), 2015, S. 358–389. https://doi.org/10.1111/lang.12102

Junni, P., Sarala, R.M., Taras, V. und Tarba, S.Y.: »Organizational ambidexterity and performance: A meta-analysis«, *Academy of Management Perspectives* 27(4),2013, S. 299–312. https://doi.org/10.5465/amp.2012.0015

Kahneman, D.: »Maps of bounded rationality: A perspective on intuitive judgment and choice«, Nobelpreis-Vortrag 8. Dezember 2002, S.455

Kahneman, D.: *Schnelles Denken, langsames Denken,* Penguin, München 2016

Kahneman, D. und Tversky, A. (Hrsg.): *Choices, Values, and Frames*, Cambridge University Press, Cambridge 2000

Kauppila, O.-P. und Tempelaar, M.P.: »The social-cognitive underpinnings of employees' ambidextrous behaviour and the supportive role of group managers' leadership: The underpinnings of employees' ambidextrous behaviour, *Journal of Management Studies* 53(6), 2016, S. 1019–1044. https://doi.org/10.1111/joms.12192

Kayser, A.S., Mitchell, J.M., Weinstein, D. und Frank, MJ.: »Dopamine, locus of control, and the exploration-exploitation Tradeoff, *Neuropsychopharmacology* 40(2), 2015, S. 454–462. https://doi.org/10.1038/npp.2014.193

Kegan, R. und Lahey, L.L.: *An Everyone Culture: Becoming a Deliberately Developmental Organization*, Business Review Press, Boston, MA 2016

Kegan, R., Lahey, L., Fleming, A. und Miller, M.: »Making business personal«, *Harvard Business Review*, April 2014

Keller, T. und Weibler, J.: »What it takes and costs to be an ambidextrous manager: Linking leadership and cognitive strain to balancing exploration and exploitation«, *Journal of Leadership and Organizational Studies* 22(1), 2015, S.54–71. https://doi.org/10.1177/1548051814524598

Kets de Vries, M.F.R.: *The Leader on the Couch: A Clinical Approach to Changing People and Organizations*, Jossey-Bass, San Francisco 2006

Khodarahimi, S.: »Self-reported nutritional status, executive functions, and cognitive flexibility in adults. *Journal of Mind and Medical Sciences*, 5(2)2018, Artikel 11, https://doi.org/10.22543/7674.52.P210217

Killgore, W.D.S.: »Sleep deprivation and behavioral risk-taking«, in: R.R. Watson (Hrsg.): *Modulation of Sleep by Obesity, Diabetes, Age, and Diet*, Academic Press, New York 2015, S. 279–287, https://doi.org/10.1016/B978-0-12-420168-2.00030-2

Kleinsinger, F.: »The unmet challenge of medication nonadherence«, *The Permanente Journal* 22, S. 18-033. https://doi.org/10.7812/TPP/18-033

Kolbe, L.M., Bossink, B. und de Man, A.-P.: »Contingent use of rational, intuitive and political decision-making in R&D«, *Management Decision* 58(6), 2020, S. 997–1020, https://doi.org/10.1108/ MD-02-2019-0261

Kopalle, P.K., Kuusela, H. und Lehmann, D.R.: »The role of intuition in CEO acquisition decisions«, *Journal of Business Research* 167, 2023, https://doi.org/10.1016/j.jbusres.2023.114139.

Kounios, J., Fleck, J.I., Green, D.L., Payne, L., Stevenson, J.L., Bowden, E.M. und Jung-Beeman, M.: »The origins of insight in resting-state brain activity«, *Neuropsychologia* 46(1), 281–291. https://doi.org/10.1016/j.neuropsychologia.2007.07.013.

Kruger, J. und Dunning, D.: 2Unskilled and unaware of it: How difficulties in recognizing one's own incompetence lead to inflated self-assessments, *Journal of Personality and Social Psychology* 77(6), 1999, S. 1121–1134, https://doi.org/10.1037/0022-3514.77.6.1121

Landsberg, M.: *The Power of the Dao. Seven Essential Habits for Living in Flow, Fulfillment and Resilience*, LID Publishing, New York 2023

Latham, G.P. und Locke, E.A.: »Enhancing the benefits and overcoming the pitfalls of goal setting«, *Organizational Dynamics*, 35(4), 2006, S. 332–340. https://doi.org/10.1016/j.orgdyn.2006.08.008

Laureiro-Martinez, D.: »Cognitive control capabilities, routinization propensity, and decision-making performance, *Organization Science* 25(4), 2014, S. 1111–1133

Laureiro-Martinez, D.: *Self-Assessment Report. Technology and Innovation Management.* ETH Zürich, Zürich 2022

Laureiro-Martínez, D. und Brusoni, S.: »Cognitive flexibility and adaptive decision-making: Evidence from a laboratory study of expert decision makers«, *Strategic Management Journal* 39(4), 2018, S. 1031–1058. https://doi.org/10.1002/smj.2774

Laureiro-Martínez, D., Brusoni, S., Canessa, N. und Zollo, M.: »Understanding the exploration-exploitation dilemma: An fMRI study of attention control and decision-making performance: Understanding the exploration-exploitation dilemma«, *Strategic Management Journal* 36(3), 2015, S. 319–338. https://doi.org/10.1002/smj.2221

Laureiro-Martínez, D., Brusoni, S. und Zollo, M.: »The neuroscientific foundations of the exploration–exploitation dilemma«, *Journal of Neuroscience, Psychology, and Economics* 3(2), 2010, S. 95–115. https://doi.org/10.1037/a0018495

Laureiro-Martínez, D., Canessa, N., Brusoni, S., Zollo, M., Hare,T., Alemanno, F. und Cappa, S.F.: »Frontopolar cortex and decision-making efficiency: Comparing brain activity of experts with different professional background during an exploration-exploitation task«, *Frontiers in Human Neuroscience* 7, 2014, S. 927

Lawson, E. und Price, C.: »The psychology of change management«, *McKinsey Quarterly*, August 2003

Lick, D.J., Alter, A.L. und Freeman, J.B.: »Superior pattern detectors efficiently learn, activate, apply, and update social stereotypes«, *Journal of Experimental Psychology: General* 147(2), 2018, S. 209– 227, https://doi.org/10.1037/xge0000349

Linden, D.J.: *The Accidental Mind: How Brain Evolution Has Given Us Love, Memory, Dreams, and God* (1. Aufl.), Belknap Press, Cambridge, MA 2008

Liu, L., Oroz Artigas, S., Ulrich, A., Tardu, T., Mohr, P.N.C, Wilms, B., Koletzko, B., Schmid, S.M. und Park, S.Q.: »Eating to dare: Nutrition impacts human risky decision and related brain function«, *NeuroImage* 233, 2021 https://doi.org/10.1016/j.neuroimage.2021.117951

Lubatkin, M.H., Simsek, Z., Ling, Y. und Veiga, J.F.: »Ambidexterity and performance in small- to medium-sized firms: The pivotal role of top management team behavioral integration«, *Journal of Management* 32(5), 2006, S. 646–672, https://doi.org/10.1177/0149206306290712

Macnamara, B.N. und Burgoyne, A.P.: »Do growth mindset interventions impact students' academic achievement? A systematic review and meta-analysis with recommendations for best practices«, *Psychological Bulletin* 149(3–4), 2023, S.133–173, https://doi.org/10.1037/bul0000352

Mandolesi, L., Polverino, A., Montuori, S., Foti, F., Ferraioli, G., Sorrentino, P. und Sorrentino, G.: »Effects of physical exercise on cognitive functioning and wellbeing: Biological and psychological benefits«, *Frontiers in Psychology* 9, 2018, S. 509, https://doi.org/10.3389/fpsyg.2018.00509

Manly, J. et al.: »Reaching new heights in uncertain times: Most innovative companies in 2023«, *Bericht BCG*, 23. Mai 2023

March, J.G.: »Exploration and exploitation in organizational Learning«, *Organization Science* 2(1), 1991, S. 71–87. https://doi.org/10.1287/orsc.2.1.71

Masley, S., Roetzheim, R. und Gualtieri, T.: »Aerobic exercise enhances cognitive flexibility«, *Journal of Clinical Psychology in Medical Settings* 16(2), 2009, S. 186–193. http://doi.org/10.1007/s10880-009-9159-6

Massey, M.: *The People Puzzle. Understanding Yourself and Others*, Brady, New York 1973

Matthews, G.: »The impact of commitment, accountability, and written goals on goal achievement«, Psychology, Faculty Presentations 3, 2007, https://scholar.dominican.edu/psychology-faculty-conference- presentations/ (aufgerufen am 28. August 2023)

McCrae, R.R. und John, O.P.: »An introduction to the five-factor model and its applications«, *Journal of Personality* 60, 1992, S. 175–215. http://dx.doi.org/10.1111/j.1467-6494.1992.tb00970.x

Mellers, B., Stone, E., Atanasov, P., Rohrbaugh, N., Metz, S.E., Ungar, L., Bishop, M.M., Horowitz, M., Merkle, E. und Tetlock, P.: »The psychology of intelligence analysis: Drivers of prediction accuracy in world politics«, *Journal of Experimental Psychology: Applied*, 21(1), 2015a. S. 1–14, https://doi.org/10.1037/xap0000040

Mellers, B., Stone, E., Murray, T., Minster, A., Rohrbaugh, N.,Bishop, M., Chen, E., Baker, J., Hou, Y., Horowitz, M., Ungar,L. und Tetlock, P.: »Identifying and cultivating superforecastersas a method of improving probabilistic predictions«, *Perspectives on Psychological Science* 10(3), 2015b, S. 267–281. http ://doi.org/10.1177/1745691615577794

Moore, A. und Malinowski, P.: »Meditation, mindfulness and cognitive flexibility«, *Consciousness and Cognition* 18(1), 2009, S. 176–186. http://doi.org/10.1016/j.concog.2008.12.008

Newell, A. und Simon, H. A.: *Human Problem Solving*, Prentice-Hall, Englewood Cliffs, NJ 1972

O Reilly, C.A. und Tushman, M.L.: »The ambidextrous organization«, *Harvard Business Review* 82(4), 2004, S. 74–83

O'Reilly, C.A. und Tushman, M.L.:« Ambidexterity as a dynamic capability: Resolving the innovator's dilemma«, *Research in Organizational Behavior* 28, 2008, S. 185–206, https://doi.org/10.1016/j.riob.2008.06.002

Parker-Pope, T.: »Better ways to learn«, *New York Times*, 6. Oktober 2014

Peterson, S.J.und Luthans, F.: »The impact of financial and nonfinancial incentives on business-unit outcomes over time«, *Journal of Applied Psychology* 91(1), 2006, S. 156–165.

Pilkington, P.D., Windsor, T.D. und Crisp, D.A.: »Volunteering and subjective well-being in midlife and older adults: the role of supportive social networks«, *Journal of Gerontology, Series B, Psychological Sciences and Social Sciences* 67(2), 2012, S. 249–260. https://doi.org/10.1093/geronb/gbr154

Posner, M.I., Rothbart, M.K., Sheese, B.E. und Voelker, P.: »Developing attention: behavioral and brain«, *Advances in Neuroscience* 2014, https://doi.org/10.1155/2014/405094

Posner, M.I., Rothbart, M.K. und Tang, Y.-Y.: »Enhancing attention through training«, *Current Opinion in Behavioral Sciences* 4, 2015, S. 1–5, https://doi.org/10.1016/j.cobeha.2014.12.008

Post, S.G.: »It's good to be good: 2014 biennial scientific report on health, happiness, longevity, and helping others«, *International Journal of Person Centered Medicine* 2, 2014, S. 1–53.

Raichle, M.E. und Gusnard, D.A.: »Appraising the brain's energy budget«, *PNAS* 99(16), 2014, S. 10237–10239, https://doi.org/10.1073/pnas.172399499

Raisch, S. und Birkinshaw, J.: »Organizational ambidexterity: Antecedents, outcomes, and moderators«, *Journal of Management* 34(3), 2008, S. 375–409, https://doi.org/10.1177/0149206308316058

Randhawa, K., Nikolova, N., Ahuja, S. und Schweitzer, J.:« Design thinking implementation for innovation: An organization's journey to ambidexterity, *Journal of Product Innovation Management* 38(6), 2021, S. 668–700, https://doi.org/10.1111/jpim.12599

Rock, D. und Schwartz, J.: »The neuroscience of leadership«, *Strategy Business* 43, 2006, S. 72–82

Rokeach, M.: *The Nature of Human Values*, The Free Press, New York 1973

Sana, F., Weston, T. und Cepeda, N.J.: »Laptop multitasking hinders classroom learning for both users and nearby peers«, *Computers and Education* 62, 2013, S. 24–31, https://doi.org/10.1016/j.compedu.2012.10.003

Satopää, V.A., Salikhov, M., Tetlock, P.E. und Mellers, B.: »Bias, information, noise: The BIN model of forecasting«, wissenschaftliche Arbeit für *Management Science*, 2021

Savage, L.J.: *Foundations of Statistics*, Wiley, New York 1954

Schacter, D., Gilbert, D., Wegner, D. und Hood, B.: *Psychology*, Europäische Ausgabe, Palgrave Macmillan, Basingstoke 2011

Schirrmeister, E., Göhring, A. und Warnke, P.: »Psychological biases and heuristics in the context of foresight and scenario processes«, *Futures and Foresight Science* 2020, https://doi.org/10.1002/ffo2.31

Schoemaker, P.J.H. und Tetlock, P.E.: »Superforecasting: How to upgrade your company's judgment: How to dramatically improve your company's prediction capability!«, *Harvard Business Review*, Mai 2016

Schoss, S., Urbig, D., Brettel, M. et al.: »Deep-level Diversity in entrepreneurial teams and the mediating role of conflicts on team efficacy and satisfaction«, *International Entrepreneurship and Management Journal* 18, 2022, S. 1173–1203, https://doi.org/10.1007/s11365-020-00654-1

Schulze, P., Heinemann, F. und Abedin, A.: »Balancing exploitation and exploration«, *Academy of Management Proceedings* 2008(1), 2008 1–6, https://doi.org/10.5465/ambpp.2008.33622934

Schunk, D.H. und Pajares, F.: »The development of academic self-efficacy«, in *Development of Achievement Motivation*, S. 15–31, Elsevier, Oxford 2002, https://doi.org/10.1016/B978-012750053-9/50003-6

Sharot, T.: *The Influential Mind: What the Brain Reveals About Our Power to Change Others*, Henry Holt and Company, New York 2017

Sharp, R.: »The rise of performance-enhancing drugs«, *HR Magazine*, 7. November 2018

Simon, H.A.: »Rational decision making in business organizations, *The American Economic Review* 69(4), 1979, S. 493–513

Slocum, S. und Hora, M.T.: »Workplace training and cognitive, intra-and interpersonal skills: A literature review«, Center for Research on College-Workforce Transitions (CCWT), 2020, University of Wisconsin Madison

Stajkovic, A.D. und Luthans, F.:« A meta-analysis of the effects of organizational behavior modification on task performance 1975–1995, *Academy of Management Journal* 40(5), 1997, S. 1122–1149

Tang, Y.Y., Tang, Y., Tang, R. und Lewis-Peacock, J.A.: »Brief mental training reorganizes large-scale brain networks«, *Frontiers in Systems Neuroscience* 11, 2017, https://doi.org/10.3389/fnsys- 2017.00006

Tarba, S.Y., Jansen, J.J.P., Mom, T.J.M., Raisch, S. und Lawton, T.C.: »A microfoundational perspective of organizational ambidexterity: Critical review and research directions«, *Long Range Planning* 53(6), 2020, S. 102048, https://doi.org/10.1016/j.lrp.2020.102048

Teding van Berkhout, E. und Malouff, J.M.: »The efficacy of empathy training: A meta-analysis of randomized controlled trials«, *Journal of Counseling Psychology* 63(1), 2016, S. 32–41. https://doi.org/10.1037/cou0000093

Tetlock, P.E. und Gardner, D.: *Superforecasting: The Art and Science of Prediction*, Crown Publishing, New York 2016.

Thaler, R.H. und Sunstein, C.R.: *Wie man kluge Entscheidungen anstößt*, Econon, Düsseldorf 2022

*The Economist:* Yuval Noah Harari behauptet, dass KI das Betriebssystem der menschlichen Zivilisation gehackt hat, 28. April 2023

Tomov, M.S., Truong, V.Q., Hundia, R.A. und Gershman, S.J.: »Dissociable neural correlates of uncertainty underlie different exploration strategies«, *Nature Communications* 11(1), 2020, S. 2371, https://doi.org/10.1038/s41467-020-15766-Z

Tomporowski, P.D., Davis, C.L., Miller, P.H. und Naglieri, J.A.: »Exercise and children's intelligence, cognition, and academic achievement«, *Educational Psychology Review* 20(2), 2008, S. 111– 131, https://doi.org/10.1007/s10648-007-9057-0

Toulmin, S.E.: *The Uses of Argument*, Cambridge University Press, Cambridge 2003

Tucker, A.M., Whitney, P., Belenky, G., Hinson, J.M. und Van Dongen, H.P.: »Effects of sleep deprivation on dissociated components of executive functioning«, *Sleep* 33(1), 2010, S. 47–57, https://doi.org/10.1093/sleep/33.1.47

Turner, M.: *The Literary Mind: The Origins of Thought and Language*, Oxford University Press, Oxford 1996

Tushman, M.L. und O'Reilly III, C.A.: »Ambidextrous organizations: Managing evolutionary and revolutionary change«, *California Management Review* 38(4), 1996, S. 8–29

Tversky, A., and Kahneman, D.: »Heuristics and biases, *Science*, New Series 185(4157), 1974, S. 1124–1131.

Tzu, L.: *Tao Te Ching*, CreateSpace Independent Publishing Platform, 2016

Unsworth, N., Fukuda, K., Awh, E. und Vogel, E.K.: »Working memory and fluid intelligence: Capacity, attention control, and secondary memory retrieval«, *Cognitive Psychology* 71, 2014, S.1–26, https://doi.org/10.1016/j.cogpsych.2014.01.003

Volz, K.G. und Gigerenzer, G.: »Cognitive processes in decisions under risk are not the same as in decisions under uncertainty«, *Frontiers in Neuroscience* 6, 2014, https://doi.org/10.3389/fnins.2012.00105

Weiss, H.M. und Cropanzano, R.: »Affective events theory: A theoretical discussion of the structure, causes and consequences of affective experiences at work«, in: B.M. Staw and L.L.Cummings (Hrsg.): *Research in Organizational Behavior: An Annual Series of Analytical Essays and Critical Reviews,* Bd. 18, S. 1-74, Elsevier Science/JAI Press

Westfall, C.: »Leadership development is a $366 billion industry: Here's why most programs don't work«, *Fortune*, 20. Juni 2019, www.forbes.com/sites/chriswestfall/2019/06/20/leadership-development-why-most-programs-dont-work/?sh=1570df6761de

Wiehler, A., Branzoli, F., Adanyeguh, I., Mochel, F. und Pessiglione, M.: »A neurometabolic account of why daylong cognitive work alters the control of economic decisions, *Current Biology* 32(16), 2022, S. 3564–3575, https://doi.org/10.1016/j.cub.2022.07.01

Winne, J.F. und Gittinger, J.W.: »An introduction to the Personality Assessment System, *Journal of Community Psychology* 1(2), 1973, S. 99–163, https://doi.org/10.1002/1520-6629(197304)1:2<99: AID-JCOP2290010202>3.0.CO;2-U

Woolley, A.W., Chabris, C.F., Pentland, A., Hashmi, N. und Malone,T.W.: »Evidence for a collective intelligence factor in the performance of human groups«, *Science 330*(6004), 2010, S. 686–688, https://doi.org/10.1126/science.1193147

Yukl, G., Seifert, C.F. und Chavez, C.: »Validation of the Extended Influence Behavior Questionnaire«, *The Leadership Quarterly* 19(5), 2008, S. 609–621

Zaccaro, S.J., Gilbert, J.A., Thor, K.K. und Mumford, M.D.: »Leadership and social intelligence: Linking social perspectiveness and behavioral flexibility to leader effectiveness«,*The Leadership Quarterly* 2(4), 1991, S. 317–342, https://doi.org/10.1016/1048-9843(91)90018W

# Die Autoren

*Ana Procopio-Schön* ist Senior Learning and Development Manager, die in Zusammenarbeit mit der ETH Zürich Executive Education Initiativen koordiniert und maßgeschneiderte Programme für Unternehmen betreut. Mit den internationalen beruflichen Erfahrungen, die ihre Karriere geprägt haben, bringt sie ihre Expertise als wissenschaftliche Mitarbeiterin und Projektmanagerin im Hochschul- und IT-Bereich und in der Tourismusbranche ein. Sie hat einen Ph.D. in Management & Economics und ein Masterabschluss in Entrepreneurship and Innovation Management.

*Claudio Feser* ist Honorarprofessor für Betriebswirtschaftslehre an der Universität St. Gallen und Seniorpartner Emeritus und Senior Advisor der Unternehmens- und Strategieberatung McKinsey & Company, Inc. Zudem gehört er dem Board verschiedener Wirtschaftsunternehmen und dem Executive Education Committee der Universität St. Gallen an. Darüber hinaus ist er als Dozent an der Universität St. Gallen und der ETH Zürich tätig. Er ist Co-Autor und Autor mehrerer Bücher, Artikel und Fallstudien zum Thema Transformation, Innovation, Strategie und Führungskompetenz.

*Daniella Laureiro-Martinez* ist in der Technology and Innovation Management Group der ETH Zürich tätig, wo sie das COLAB leitet, ein international anerkanntes, auf Lernen und adaptives Verhalten fokussiertes Forschungslabor. Der Schwerpunkt der Gruppe sind die kognitiven Einflussfaktoren auf Entscheidungsfindungs- und Problemlösungsprozesse, die damit verbundenen Zielkonflikte, Vorteile, gesellschaftlich relevanten Ergebnisse und verschiedenen Zeithorizonte. Ihre Forschungsprojekte wurden in führenden Wissenschaftsmagazinen aus Fachbereichen wie Management, Psychologie und kognitive Neurowissenschaften veröffentlicht. Sie hat einen Doktortitel der Bocconi University in Management und Wirtschaft (Strategie und Innovation). Vor Beginn ihrer akademischen Laufbahn war sie als wissenschaftliche Mitarbeiterin und Unternehmens- und Regierungsberaterin an der Entwicklung kleiner Unternehmen in Lateinamerika beteiligt.

*David Redaschi* ist derzeit PhD-Doktorand am Institute of Management and Strategy (IoMS) der Universität St. Gallen (HSG) und Visiting-PhD der Harvard Business School (HBS). Schwerpunkt seiner Forschungsarbeit sind Design und Innovation von Geschäftsmodellen. Während seines Wirtschaftsstudiums gründete er Swapooks, eine erfolgreiche und etablierte Handelsplattform für Lernmaterialien. Er hat einen Master-Abschluss (mit Auszeichnung) in Business Management der Universität St. Gallen (HSG) und einen Bachelor-Abschluss in Business and Economics der Universität Basel.

*Karolin Frankenberger* ist ordentliche Professorin für Strategisches Management und Innovation und akademische Direktorin des Executive MBAs an der Executive School of Management, Technology und Law der Universität St. Gallen. Vor Beginn ihrer akademischen Laufbahn war sie sieben Jahre für McKinsey & Company tätig. Ihre Forschungsprojekte mit Schwerpunkt digitale Geschäftstransformation, Ökosysteme, Geschäftsmodellinnovation und Kreislaufwirtschaft erhielten zahlreiche Auszeichnungen und werden regelmäßig in renommierten akademischen und praxisorientierten Fachzeitschriften wie der *Harvard Business Review* und dem *Academy of Management Journal* veröffentlicht. Sie ist Co-Autorin des Bestsellers *The Business Model Navigator (Geschäftsmodelle entwickeln)*, der in zahlreiche Sprachen übersetzt wurde und heute als Standardreferenz in der Literatur zur Geschäftsmodellinnovation gilt. Sie gründete außerdem ein Spin-off, gehört zu den international gefragten Keynote Speakern und unterstützt weltweit Führungskräfte aus verschiedenen Branchen bei ihren Strategie- und Innovationsherausforderungen. Sie promovierte mit der höchsten Auszeichnung an der Universität St. Gallen und war Gastdoktorandin an der Harvard Business School, der University of Connecticut und der SGI-HSG in Singapur. Sie ist verheiratet und hat zwei Kinder.

*Stefano Brusoni* (DPhil, University of Sussex) ist Professor für Technologie- und Innovationsmanagement und Prorektor im Bereich Weiterbildung an der ETH Zürich. Sein Schwerpunkt ist die Erforschung und Entwicklung innovativer Ansätze zur Lösung von Konflikten im Spannungsfeld unternehmerischer und gesellschaftlicher Erwartungen. Seine Arbeit zielt auf die Entwicklung von Organisationen und Führungskräften im gewinnorientierten und Non-Profit-Bereich ab. Seine Beiträge wurden unter anderem in renommierten Fachzeitschriften wie *Strategic Management Journal, Administrative Science Quarterly, Academy of Management Journal* und *Organization Science* veröffentlicht. Darüber hinaus ist er als Gründer und Entrepreneur im EdTech-Bereich mit dem Einsatz digitaler Innovationen im Bildungsbereich befasst (ww.sparkakademy.com).

# Stichwortverzeichnis

**F**



**G**



**H**